故意犯罪停止形态新论

徐跃飞 著

群 众 出 版 社
·北 京·

图书在版编目（CIP）数据

故意犯罪停止形态新论 / 徐跃飞著 .—北京 ：群众出版社，2021. 12
ISBN 978-7-5014-6122-6
Ⅰ. ①故… Ⅱ. ①徐… Ⅲ. ①故意（法律）—犯罪学—研究—中国
Ⅳ. ①D924. 114
中国版本图书馆 CIP 数据核字（2021）第 241655 号

故意犯罪停止形态新论

徐跃飞 著

出版发行：群众出版社
地　　址：北京市丰台区方庄芳星园三区 15 号楼
邮政编码：100078
经　　销：新华书店
印　　刷：北京市泰锐印刷有限责任公司

版　　次：2021 年 12 月第 1 版
印　　次：2021 年 12 月第 1 次
印　　张：14. 75
开　　本：787 毫米×1092 毫米　1/16
字　　数：265 千字

书　　号：ISBN 978-7-5014-6122-6
定　　价：50. 00 元

网　　址：www. qzcbs. com
电子邮箱：qzcbs@ sohu. com

营销中心电话：010-83903991
读者服务部电话（门市）：010-83903257
警官读者俱乐部电话（网购、邮购）：010-83901775
教材分社电话：010-83903259

前言

参加工作以来，本人一直从事刑法学的教学，深感刑法学理论的博大精深，每次教学过程，也是自己学习和思考的过程，每一次的学习与思考，总能使自己有新的收获。随着新时代的到来，一些传统的刑法理论架构被打破，新理论、新观点不断涌现，使刑法这门古老的法律焕发出了青春与活力，诸如故意犯罪停止形态理论在传统与创新的争鸣中产生出新的火花。关于故意犯罪停止形态，现代各国刑法理论均普遍承认故意犯罪在其发展过程中存在犯罪预备、犯罪未遂、犯罪中止和犯罪既遂等不同的犯罪停止形态，但在不同法系国家有不同名称和归类。在英美法系国家的刑法理论中，犯罪既遂被称为完整的犯罪，犯罪未遂、犯罪中止、犯罪共谋与犯罪教唆一并纳入“不完整犯罪”的范畴。在大陆法系国家的刑法理论中，犯罪中止通常被视为犯罪未遂。在我国刑法理论中，故意犯罪停止形态包括犯罪预备、犯罪未遂、犯罪中止和犯罪既遂四种停止形态。其中犯罪既遂是犯罪的完成形态，而犯罪预备、犯罪未遂和犯罪中止是犯罪的未完成形态。关于犯罪停止形态，本人在不断思考过程中，慢慢形成了自己的一些想法，经过一段时间的沉淀，最终产生了冲动，要将自己的想法写出来，形成文字的东西记录下来。于是本人于2019年申报了湖南省教育厅重点科研课题，并决定以专著的形式将研究成果公开出版。这就是本人出版这本书的由来。

本书系湖南省教育厅重点科研项目“故意犯罪停止形态新论”（湘教通〔2019〕90号，编号：18A501）和湖南警察学院科研创新团队“新时代社会治安规律与管控研究团队”的阶段性研究成果。

本书具体包括：绪论、犯罪既遂论、犯罪预备论、犯罪未遂论、犯罪中止论以及共同犯罪停止形态论。主要内容如下：

绪论部分：主要对故意犯罪停止形态的概念、特征以及故意犯罪停止形态与相关范畴的关系进行了分析论证，厘清了故意犯罪停止形态与犯罪阶段、犯罪构成的内在联系。

犯罪既遂论部分：明确提出行为犯、结果犯、危险犯、举动犯不是犯罪既遂类型，而是犯罪成立形态，对犯罪既遂判断标准之通说“构成要件齐备说”进行了评析，提出判断犯罪既遂的标准应采用“期待结果出现说”，并对行为犯、结果犯、危险犯、举动犯成立犯罪既遂的标准分别进行了论证。

犯罪预备论部分：通过中外比较研究的方法，对犯罪预备立法模式、处罚原则进行了比较全面的探讨，主张对预备犯应以不处罚为原则，以处罚为例外，并对我国犯罪预备存在的立法缺陷提出了立法完善建议。

犯罪未遂论部分：通过比较研究，对犯罪未遂的概念、特征、分类、处罚等问题进行了深入剖析，分别确立了行为犯、结果犯、危险犯未遂的具体判断标准，并对结果加重犯、想象竞合犯、牵连犯的未遂问题进行了分析研究。

犯罪中止论部分：对在犯罪中止问题上存在的理论争议进行了剖析，对犯罪中止的特征、种类、处罚原则进行了深入的分析，对我国犯罪预备存在的立法缺陷提出了修改建议，对危险犯中止问题、放弃重复侵害行为的定性问题提出了自己的观点。

共同犯罪停止形态部分：对共同犯罪停止形态的概念、特征进行了界定，对不同共同犯罪完成形态的既遂问题进行了探讨，对共同犯罪不同停止形态的构成特征进行了分析，对共犯脱离理论进行了梳理，对不同共同犯罪人成立共犯脱离的条件进行了界定。

之所以将这本书取名为《故意犯罪停止形态新论》，是基于本人在该书中提出的一些新的观点：

1. 关于犯罪既遂，本人主张行为犯、结果犯、危险犯、举动犯非犯罪既遂的类型，而是犯罪成立形态，应以“期待结果出现说”，即以行为人对自己故意实施的犯罪行为所期待的危害结果部分出现或全部出现作为犯罪既遂的标志，并对不同犯罪成立形态的犯罪既遂判断标准进行了充分论证。

2. 关于犯罪预备，本人主张对预备犯的处罚应坚持以不处罚为原则，以处罚为例外。只对危害国家安全、危害公共安全、严重破坏市场经济秩序、严重危及公民人身权利等犯罪的预备犯在刑法分则中加以明确规定，并给予刑罚处罚。

3. 关于犯罪未遂，本人主张对于未遂犯，“应当”比照而不是“可以”比照既遂犯从轻或减轻处罚。行为人主观恶性大小通常从犯罪预备直到完成犯罪不会有所改变，故行为人主观恶性大小不应成为影响未遂犯比照既遂犯是从轻处罚还是减轻处罚的重要依据，应以行为的社会危害性大小作为处罚犯罪未遂的依据。未遂犯应当比照既遂犯所具体实施的犯罪在犯罪既遂状态下所应承担的刑事责任从轻或减轻处罚，而不是笼统比照刑法对该既遂犯罪的一般规定从轻或减轻处罚。结果加重犯只有构成与否的问题，不存在既遂与未遂的问题。想象竞合犯、牵连犯应根据实际成立的重罪的停止形态来决定其最终呈现的停止形态。

4. 关于犯罪中止，本人主张预备中止不可罚。非实害危险犯中止是典型的有效防止犯罪结果发生而成立的犯罪中止。自动放弃可重复侵害行为成立犯罪中止应同时具备五个条件：前行为足以造成刑法所禁止的危害结果；前行为没有造成刑法所禁止的危害结果；可重复侵害行为不必是同一性质的犯罪方法行为；重复侵害行为必须是针对同一或整体犯罪对象的行为；可重复侵害行为的后行为与前行为之间具有继续性或持续性特点。

5. 关于共同犯罪停止形态，本人主张共同犯罪停止形态的判断只能以正犯（实行犯）的行为最终停止而使犯罪所呈现出来的形态作为共同犯罪停止形态。在同一共同犯罪中，虽然其中有共同犯罪人自动放弃犯罪或犯罪未得逞，但如果整个共同犯罪行为最终完成，则共同犯罪成立犯罪既遂。共同犯罪既遂的判断标准同样应采用“期待结果出现说”，即共犯脱离按犯罪中止论处。不同的共同犯罪人成立共犯脱离的标准不同。

当然，上述观点不一定正确，期待各位专家学者批评指正。

徐跃飞

2021 年 8 月 20 日

目录

第三编 犯罪未遂论

第四编 犯罪中止论

第五编 共同犯罪停止形态论

绪　论

一、故意犯罪停止形态概述

（一）故意犯罪停止形态的概念

一个完整的故意犯罪通常要经历犯意的产生→犯罪的准备→犯罪的实施→犯罪的完成这样一个过程。但是，犯罪作为一种复杂的社会现象，并非总是能够顺利地从行为人产生犯意，到准备实施犯罪，再到着手实施犯罪，并一次性最终顺利完成犯罪。由于受主客观方面因素的制约，有些犯罪在准备阶段就由于犯罪分子意志以外的原因而被迫停止，没有继续向前推进，于是就出现了犯罪预备。有些犯罪则在行为人着手实施犯罪实行行为阶段被迫停下来，无法最后完成犯罪，从而使犯罪呈现犯罪未遂形态。还有一些犯罪，由于行为人在犯罪预备阶段或犯罪着手实施阶段主动放弃犯罪，或者在犯罪实施阶段，法定危害结果出现前，主动采取有效措施，防止了危害结果的发生，从而使犯罪停止，最终没有完成犯罪，使犯罪出现犯罪中止形态。当然，还有许多犯罪，从行为人产生犯意，到做好犯罪的准备，再到着手实施犯罪，并最终顺利完成犯罪，最终使犯罪呈现犯罪既遂形态。由此可见，并非所有的故意犯罪都能使其达到完成形态，许多故意犯罪在其发展推进的过程中，总是会因各种主客观方面因素的制约，而使犯罪中途停止，从而使故意犯罪存在不同的犯罪停止形态。

1. 故意犯罪停止形态的世界语境。关于故意犯罪停止形态，现代各国刑法理论均普遍承认故意犯罪在其发展过程中存在不同的犯罪停止形态，只不过在不同国家有不同名称和归类。在英美法系国家的刑法理论中，犯罪既遂被称为完整的犯罪，犯罪未遂、犯罪中止、犯罪共谋（预备性质的独立犯罪）与犯罪教唆一并纳入“不完整犯罪（亦称未完成罪、不完全罪）”的范畴。[①] 在大陆法系国家的刑法理论中，则对犯罪未遂、犯罪中止等并不作概括，而是直呼其

① 储槐植、江溯著：《美国刑法》，北京大学出版社 1987 年版，第 86 页。

名。在苏联、东欧国家的刑法理论中，是将犯罪预备、犯罪未遂与犯罪既遂称为故意犯罪发展的一定阶段（或称为犯罪活动的发展阶段、故意犯罪发展中可能停顿的阶段），犯罪中止则是在犯罪预备阶段或犯罪未遂阶段均可能出现的犯罪特殊情况。[①] 我国刑法学曾受苏联刑法理论的影响，在相当长一段时间内，一直把犯罪预备、犯罪中止、犯罪未遂和犯罪既遂等不同的故意犯罪停止形态统称为犯罪阶段或故意犯罪的发展阶段。自 20 世纪 80 年代始，这种观点已开始受到质疑。时下，刑法学界普遍认为故意犯罪的阶段与故意犯罪停止形态是两个不同的范畴，国内几乎所有的教科书以及相关论述文章均已将犯罪阶段改称为“故意犯罪的停止形态”。[②]

2. 故意犯罪停止形态的中国当下语境。我国当代著名刑法学家高铭暄教授认为，故意犯罪停止形态就是故意犯罪在其发生、发展过程中，由于主客观因素的作用，而使犯罪在不同的发展阶段出现停止的形态。在我国刑法理论中，故意犯罪停止形态包括犯罪预备、犯罪未遂、犯罪中止和犯罪既遂四种停止形态。按其停止时犯罪是否已经完成为标准，可将其区分为两种基本形态：一是犯罪的完成形态，二是犯罪的未完成形态。所谓犯罪的完成形态，是指故意犯罪在其发展过程中，中途没有停止下来，从而使犯罪得以完成的形态。犯罪既遂即犯罪的完成形态。所谓犯罪的未完成形态，是指故意犯罪在其发展过程中，中途停止下来，从而没有完成犯罪所呈现出的犯罪停止形态。具体包括犯罪预备、犯罪未遂和犯罪中止形态。

（二）故意犯罪停止形态的特征

1. 故意犯罪停止形态只存在于部分直接故意犯罪中。首先，故意犯罪停止形态只存在于直接故意犯罪中，过失犯罪和间接故意犯罪均不存在犯罪停止形态。过失犯罪行为人主观上没有犯罪的目的，危害结果的发生违背其意志，不可能存在为进行犯罪而做犯罪准备的行为，且只有当其行为造成了严重的危害结果才构成犯罪。因此，过失犯罪只有单一的犯罪成立形态，不可能存在犯罪预备、犯罪未遂、犯罪中止和犯罪既遂形态。间接故意行为人对危害结果的可能发生持放任态度，而这种放任的态度在危害结果出现之前是无法判明的，只有当放任的危害结果出现之时，行为人的间接故意才会显现出来，其行为才能被认定为间接故意犯罪，也才可定罪量刑。因此，就间接故意犯罪而言，无论危害结果是否发生，均不违背行为人意志，故间接故意犯罪不存在犯罪既遂、

---

① 赵秉志主编：《刑法总论》，中国人民大学出版社 2012 年版，第 210 页。

② 刘宪权：《故意犯罪停止形态相关理论辩证》，载《中国法学》2010 年第 1 期。

未遂问题。在间接故意犯罪场合，行为人不可能为实施犯罪而有意做准备工作，也不可能自动放弃犯罪或有效防止危害结果发生，故间接故意犯罪也不存在犯罪停止形态。因此，间接故意犯罪和过失犯罪只有犯罪成立与不成立的问题，不存在犯罪的既遂、预备、未遂、中止等形态。① 其次，只有部分直接故意犯罪存在犯罪停止形态。并非所有的直接故意犯罪均存在犯罪的停止形态。在一些突发的直接故意犯罪中，行为人临时起意实施犯罪，通常没有犯罪的预备阶段，而直接进入犯罪的实施阶段，瞬间造成犯罪结果的发生，达到犯罪的完成状态。由于犯罪实施的时间比较短暂，再加上激情之下，行为人不可能会自动放弃犯罪，故这些犯罪通常也不会存在犯罪中止形态。对于我国刑法将"情节严重""情节恶劣"作为犯罪成立要件的情节犯，由于只存在犯罪成立与否的问题，因此不可能存在犯罪未完成形态。对于我国刑法将"数额较大"作为犯罪成立要件的数额犯，同样也只存在犯罪成立与否的问题，因而也不可能存在犯罪未完成形态。

2. 各停止形态相互独立，彼此不能相互转化。一个直接故意犯罪行为从准备实施犯罪开始，进入到下一个实施阶段后就不可以再回到以前的状态，同样，行为进入到犯罪未遂就不能返回到犯罪预备，进入到犯罪既遂就不可以回到犯罪预备、犯罪中止或犯罪未遂。故意犯罪停止形态是故意犯罪停止时固定下来的静止状态，表现为在犯罪过程中的某一时空上出现了停顿，从而使犯罪停止下来。如果没有这种犯罪过程中的停顿，也就不可能出现故意犯罪的停止形态。犯罪停止在不同的犯罪阶段，就出现了犯罪的不同停止形态。各停止形态是相互独立的，彼此不能相互转化，犯罪预备形态不能再前进至犯罪未遂形态，犯罪未遂形态也不能再转化为犯罪既遂形态。每一具体的犯罪只能出现一种犯罪形态。

3. 犯罪停止形态是犯罪过程中出现的不同停止形态。犯罪过程包括犯罪的预备阶段和犯罪的实施阶段。在犯罪过程之外，不存在犯罪停止形态。因此，在犯罪预备之前不存在犯罪的停止形态，如犯罪意图的取消不属于犯罪的停止形态。行为人在犯罪既遂后又恢复原状的行为，如盗窃他人财物到手后又将所盗财物偷偷放回原处的行为，不属于刑法理论上所讲的犯罪停止形态。因此，犯罪停止形态只能存在于犯罪的预备阶段和犯罪的实施阶段。

---

① 高铭暄主编：《刑法学原理》（第2卷），中国人民大学出版社1994年版，第269-272页。

二、故意犯罪停止形态与相关范畴的关系

（一）犯罪停止形态与犯罪阶段

1. 犯罪阶段的含义。所谓犯罪阶段是指直接故意犯罪行为从犯意形成、发展到犯罪完成（既遂）的过程中，前后所可能经历的具有明显先后次序的若干段落和时期，如预谋犯罪阶段、着手与实行犯罪阶段、完成犯罪阶段等。犯罪阶段既不是指故意犯罪活动的整个过程，也不是指故意犯罪过程中已经停顿下来的各种犯罪形态。[①] 就一个完整的故意犯罪而言，其犯罪阶段通常包括犯罪的预备阶段和犯罪的实施阶段两个阶段。犯罪的预备阶段以行为人开始实施犯罪的预备行为为起点，至行为人完成犯罪预备行为但尚未着手实施犯罪的实行行为时为终点。犯罪的实施阶段以行为人开始着手实施某一具体犯罪客观方面要件的犯罪实行行为为起点，至行为人完成整个犯罪为终点。不同的犯罪阶段反映出犯罪的进程状态，由前一个阶段进入后一个阶段，说明距离犯罪完成的时间越来越短，犯罪的社会危害性越来越大。

虽然犯罪的不同阶段反映了犯罪进程的不同状态，但是，在一个故意犯罪发展的整个过程中，各犯罪阶段是前后相互衔接、相互贯通、递进发展的关系，具有不可逆转性。即行为进入犯罪预备阶段后不可能再回到没有进行犯罪预备的阶段，行为进入实施阶段后不可能再回到犯罪的预备阶段，完成犯罪后不能再回到犯罪未完成的阶段。此外，对于一个完整的故意犯罪而言，尽管在犯罪阶段上存在犯罪的预备阶段和犯罪的实施阶段，但我们不能将一个完整的犯罪行为人为地分为独立的预备阶段、实施阶段和完成阶段来加以研究，否则势必破坏犯罪的完整性，并引起定性的混乱。如故意杀人罪，行为人甲首先从市场购买了准备杀人的水果刀，然后闯入被害人乙家中，对乙连捅三刀，最终将被害人杀害。在此案中，我们不能将甲到市场买水果刀然后闯入乙家中的行为确定为故意杀人预备阶段，属于犯罪预备，将杀乙三刀的行为确定为故意杀人实施阶段，属于故意杀人未遂，而将乙被杀害确定为故意杀人完成阶段，属于故意杀人既遂，然后按处理吸收犯的原则处理，将甲的行为定性为故意杀人罪。

2. 故意犯罪停止形态与犯罪阶段的关系。故意犯罪停止形态与犯罪阶段是两个既相互联系又相互区别的概念。故意犯罪停止形态只能发生在不同的犯罪阶段，没有犯罪阶段，也就意味着没有故意犯罪的停止形态。不同的犯罪阶

---

① 马克昌主编：《犯罪通论》，武汉大学出版社 1999 年版，第 491 页。

段，相应地存在不同的故意犯罪停止形态。在犯罪的预备阶段，可以存在犯罪预备和犯罪中止两种停止形态，在犯罪实施阶段，可以存在犯罪未遂、犯罪中止和犯罪既遂三种犯罪停止形态。

如果将一个完整的故意犯罪用一条时间射线来表示，那么，故意犯罪停止形态与犯罪阶段的关系如下图所示。①

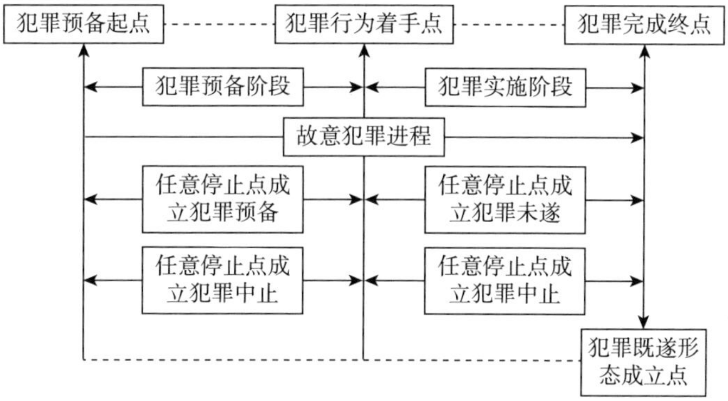

从上图可以看出，故意犯罪的整个进程可以分为两个阶段，即犯罪预备阶段和犯罪实施阶段，这两个阶段就是两个犯罪阶段，每个阶段都有一定的时间进程。当然，每个阶段的时间进程并非按一定比例分配，有时预备阶段的时间长而实施阶段的时间短，反过来，有时预备阶段的时间短而实施阶段的时间长。在犯罪预备阶段的每个时间点，由于犯罪分子意志以外的原因而使犯罪停止下来，均可成立犯罪预备。同样，在犯罪预备阶段的每个时间点，由于犯罪分子自动放弃犯罪而使犯罪停止下来，均可成立犯罪中止。而在犯罪实施阶段，直至犯罪完成前的每个时间点，由于犯罪分子意志以外的原因而使犯罪停止下来，均可成立犯罪未遂。同样，在犯罪实施阶段，直至犯罪完成前的每个时间点，犯罪分子自动放弃犯罪或自动有效防止犯罪结果发生，而使犯罪停止下来，均可成立犯罪中止。在犯罪的实施阶段，当犯罪最后达到完成点时，即意味着犯罪完成，犯罪达到既遂状态。由此我们可以看出，犯罪阶段是一个故意犯罪的某个过程阶段，这个过程阶段延续了一定的时间，是动态发展的，在一个故意犯罪中，可以共存不同的犯罪阶段。而犯罪停止形态是某个犯罪阶段中的某个点，犯罪在该点上停止下来，形成某种具体的犯罪停止形态，该犯罪停止形态一旦出现，就不会再出现其他的犯罪停止形态。

---

①　该图参考了中国人民大学出版社 2012 年 8 月出版的由赵秉志主编的《刑法总论》（第二版）第 211 页之图 12-1 故意犯罪过程、阶段暨停止形态关系示意图，并在原图基础上做了修改。

（二）故意犯罪停止形态与犯罪构成

1. 犯罪构成的概念。作为诉讼法意义的犯罪构成或构成要件的概念，最早可以追溯到中世纪意大利纠问式程序中的“犯罪的确证”概念。后来经过发展演变，德国著名刑法学者费尔巴哈于19世纪初率先明确把犯罪构成作为刑法各论上的概念使用。20世纪以后，经过德国刑法学家内林格、迈耶、迈兹格等人的不断努力，构成要件才从刑法各论的概念中抽象出来，发展成为刑法总论的基本概念。① 当代，在西方大陆法系国家刑法理论中，普遍确立了犯罪构成的理论。主张犯罪成立必须同时具备三个要件，即构成要件符合性（该当性）、违法性和有责性。

英美法系国家刑法中的犯罪构成分为实体意义上的犯罪要件和诉讼意义上的犯罪要件。实体意义上的犯罪要件是指犯罪行为和犯罪意图，它规定在犯罪定义之中。犯罪定义以外的责任要件是诉讼意义上的犯罪要件，通过合法抗辩事由体现出来。犯罪行为和犯罪心态是犯罪本体要件，要成立犯罪，除应具有犯罪本体要件外，还必须排除合法抗辩的可能，即具备责任充足条件。在理论结构上，犯罪本体要件（行为和心态）为第一层次，责任充足条件为第二层次，故将其称为双层次的犯罪构成体系。②

苏联刑法学家在批判借鉴大陆法系刑法理论中的构成要件论的基础上，创立了自己独具特色的犯罪构成理论。在苏联犯罪构成理论形成过程中，著名刑法学家特拉伊宁起了重要作用。他于1946年出版了苏联关于犯罪构成理论的第一部专著——《犯罪构成的一般学说》。这部著作全面、系统论述了犯罪构成的概念、意义和犯罪构成理论的内容体系结构，研究了与犯罪构成有关的各种问题。

我国刑法中的犯罪构成理论于20世纪50年代从苏联引进，时至今日，该理论虽有所创新和发展，但占主体地位的依然是犯罪构成四要件说。该说认为，犯罪构成就是依照我国刑法的规定，决定某一具体行为的社会危害性及其程度而为该行为构成犯罪所必需的一切客观和主观要件的有机统一。主张任何一种犯罪均必须具备犯罪客体、犯罪客观方面、犯罪主体、犯罪主观方面四个构成要件。③

四要件说中的犯罪客体是指刑法所保护的而被犯罪行为所侵犯的社会关系。犯罪客观方面是指犯罪活动的客观外在表现，包括危害行为、危害结果、危害行为与危害结果之间的因果关系、犯罪的时间、地点和方法（手段）等。犯罪主体是指达到法定刑事责任年龄、具有刑事责任能力的自然人和单位。犯

---

① 赵秉志主编：《刑法总论》（第二版），中国人民大学出版社2012年版，第108页。

② 周光权著：《刑法总论》（第三版），中国人民大学出版社2016年版，第74页。

③ 高铭暄、马克昌主编：《刑法学》，北京大学出版社、高等教育出版社2011年版，第49页。

罪主观方面是指行为人对自己实施危害社会的行为所产生的危害结果所持有的主观心理态度。其中，犯罪客体和犯罪客观方面被称为犯罪的客观要件，犯罪主体和犯罪主观方面被称为犯罪的主观要件。

从上面的分析可知，犯罪构成实际上是解决行为是否构成犯罪，即犯罪成立的标准问题：一个行为要构成犯罪必须具备哪些具体条件，强调犯罪是主观要件与客观要件的统一。如果将两者割裂开来，只注重犯罪的客观要件或主观要件，就会陷入客观归罪或主观归罪的泥沼，不能科学把握犯罪的本质，导致对行为定性不准，甚至定性错误。

研究犯罪构成的意义，首先在于帮助我们正确区分罪与非罪的界限。某一行为是否构成犯罪，必须以犯罪构成作为标准来衡量，当行为符合某一具体犯罪的犯罪构成时，其行为成立犯罪，否则行为就不构成犯罪，因此，犯罪构成为区分罪与非罪提供了法律依据。其次，犯罪构成为我们正确区分此罪与彼罪提供了法律标准。一方面，某些犯罪之所以非常相似，就在于其在犯罪构成四个要件上存在相同或相似之处，从而导致这些犯罪容易混淆，难以区分。如故意杀人罪与故意伤害（致死）罪，由于其在客观要件方面都造成了被害人死亡的结果，主观要件方面都是一般主体，且都是出于故意，由此导致两种犯罪容易混淆，难以区分。其区分的关键就在于客体不同，前者侵犯的是他人生命的权利，而后者侵犯的是他人身体健康的权利。另一方面，这些容易混淆难以区分的犯罪，要将它们区分开来，关键点往往就是犯罪构成四个要件的某个要件上存在差别，甚至仅仅是某个要件的某一点上存在不同，从而导致犯罪的性质完全不同。如抢劫罪与抢夺罪，其本质的区别就在于犯罪手段不同。抢劫罪使用暴力、胁迫或者其他强制手段劫取财物，而抢夺罪则采用乘人不备的手段，公然夺取财物。可见，所有犯罪必须具备犯罪构成的共同要件，但不同的犯罪却存在各自不同的犯罪构成。最后，犯罪构成有助于正确量刑。犯罪构成的意义不仅仅在于为正确定罪提供了法律依据，而且对量刑的意义亦不可忽视。定罪是量刑的前提和基础，只有定性正确，才能量刑适当，尤其在加重构成与减轻构成的情况下，正确适用犯罪构成更具有直接意义。①

2. 故意犯罪停止形态与犯罪构成的关系。四要件说认为，构成要件的功能除了区分罪与非罪、此罪与彼罪、重罪与轻罪外，还区分完成罪与未完成罪。这实际上混淆了犯罪构成与犯罪形态的关系，夸大了犯罪构成的功能。② 犯罪

---

① 王作富主编：《刑法学》，中国人民大学出版社 2011 年版，第 37 页。

② 苏彩霞：《我国危险犯理论通说质疑》，载《环球法律评论》2006 年第 3 期。

构成旨在解决行为构成犯罪所必须具备的条件问题，行为同时具备了犯罪构成的四个要件，则行为构成犯罪，不具备犯罪构成的四个要件，哪怕缺少其中任何一个要件，则行为不构成犯罪。犯罪停止形态中的犯罪既遂，是犯罪的完成形态，在犯罪既遂的情况下，故意犯罪行为当然已经完全具备某一具体犯罪的全部构成要件，但某一故意犯罪行为完全具备某一具体犯罪的全部构成要件并不一定就是犯罪既遂。因为犯罪构成只负责判定行为是否构成犯罪，至于在行为构成犯罪之后，到底是哪种停止形态，犯罪构成理论并不能给出科学的解释。因为犯罪构成只整体评价行为是否构成犯罪，并不评价也无法评价犯罪行为动态的过程，所以无法对不同犯罪停止形态作出科学界定。当某一故意犯罪行为没有具备或没有完全具备某一具体犯罪客观方面的全部要件时，该行为就只能认定为没有构成犯罪。犯罪停止形态与犯罪构成的关系如下图所示。

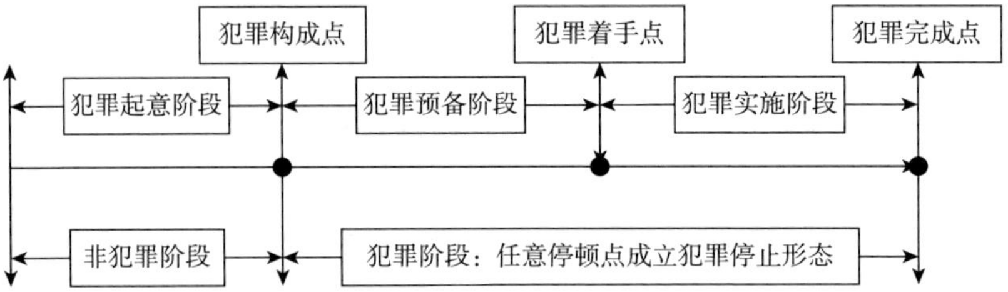

从上图可以看出，在犯罪预备行为开始前的时间段，即犯罪起意阶段，无犯罪构成，故犯罪意图不能构成犯罪。犯罪预备开始的时间，为犯罪构成时间，即意味着从该时刻起犯罪成立，行为就具备完整的犯罪构成。犯罪构成是一个静止的判断犯罪是否成立的标准。而犯罪停止形态是在犯罪构成的基础上，犯罪发展进程中的不同阶段出现的停顿状态，是行为已经构成犯罪后在运动过程中出现的停顿。在犯罪停止形态中，无论是完成形态的犯罪既遂，还是未完成形态的犯罪预备、犯罪未遂、犯罪中止，由于其均已构成犯罪，因此每一种犯罪形态均有自己独立的、完整的犯罪构成，否则，就不可能成立犯罪。故意犯罪停止形态是在行为已经成立犯罪的前提下，再来研究、解决犯罪处于何种停止形态的问题，即先以犯罪构成理论确认行为是否构成犯罪，然后在行为已经构成犯罪的基础上，再通过犯罪停止形态理论，确认行为处于何种停止形态。因此，犯罪构成理论旨在解决定罪问题，而故意犯罪停止形态理论旨在解决量刑问题。① 犯罪构成与犯罪停止形态是两个不同的范畴，不能混同。

① 徐跃飞：《非实害危险犯未遂说实证》，载《社科纵横》2010 年第 11 期。

第一编

犯罪既遂论

第一章 犯罪既遂概论

第一节 境外犯罪既遂概述

犯罪既遂作为故意犯罪停止形态中的完成形态，是正确认定其他停止形态的重要参考标准。因此，正确界定犯罪既遂，有助于正确界定和区分不同的犯罪停止形态。目前，世界各国的刑法，无论是大陆法系国家还是英美法系国家的刑法，通常在刑法总则中对犯罪预备、犯罪未遂、犯罪中止做了专门的规定，而对犯罪既遂未加以专门规定。之所以出现这种情形，有学者认为，“犯罪既遂是犯罪的一般形态，可以直接按照刑法分则条文定罪处刑，因而在刑法总则未予专门规定。而犯罪的预备、未遂和中止则是犯罪的特殊形态，因而在刑法总则有必要加以规定，刑法总论有必要加以研究”。① “对于犯罪构成内容之完全实现，不难予以认定，是以既遂犯之概念，毋庸见诸法律之规定，若何种情形属于犯罪构成研究内容之不完全实现或不实现，殊属不易认定，此以有在法律予以规定之必要”。② 但在笔者看来，各国刑法之所以没有将犯罪既遂的标准在刑法中加以明确规定，原因就在于各种具体犯罪具有不同的特征，要统一确定其既遂的标准不是一件容易的事，与其规定得不周全，留下缺陷，不如不加以明确规定。基于大陆法系国家刑法以德日为代表，英美法系国家刑法以美国为代表，故下面就分别对德日刑法和美国刑法就犯罪既遂的认定标准展开论述。

---

① 陈兴著：《本体刑法学》，商务印书馆 2001 年版，第 473 页。

② 蔡墩铭著：《现代刑法思潮与刑事立法》，台湾汉林出版社 1977 年版，第 275 页。

一、德国犯罪既遂认定标准

作为大陆法系国家刑法的典型代表，德国刑法关于犯罪既遂的标准深刻影响着大陆法系国家的刑事立法和刑法理论研究。

德国刑法同其他多数国家一样，在刑法典中并没有对犯罪既遂加以直接规定，其犯罪既遂的标准是从《德国刑法典》关于犯罪未遂的规定中推导出来。《德国刑法典》第 22 条规定："行为人已经直接实施犯罪，而未发生行为人预期的结果的，是未遂犯。" 由该规定我们可以推断，德国刑法以行为人预期的犯罪结果的发生作为犯罪既遂成立的标准。然而，关于未遂犯的标准，在德国刑法理论界，多数学者并不认同《德国刑法典》的规定。德国刑法学界一般认为，法律并非总是将结果的发生视为犯罪完成，实际上还存在很多将行为的完成规定为既遂的场合。[①] 德国刑法学界均认为分则中罪状部分对行为的描述属于既遂形态，而许多行为并不一定产生实际的犯罪结果。德国刑法将犯罪分为重罪和轻罪，并且在条文中以轻重罪的划分为基础明确规定未遂的处罚范围。未遂的处罚包括两种类型，其一是所有重罪的未遂。对于重罪来说，刑法处罚所有重罪的犯罪未遂，分则条文中的重罪对应的刑罚属于既遂犯的法定刑。其二是在分则中有明确规定才处罚的轻罪的未遂。对于轻罪来说，刑法分则对既遂条款和未遂条款分别进行规定，因而很容易能够判断出分则中基本罪状的规定是属于犯罪既遂形态。例如，《德国刑法典》第 107 条中"妨碍选举"的规定，在第一款的罪状部分描述了妨碍选举具体行为，在第二款直接写明"本罪未遂也应该予以处罚"。因此，以行为人预期的犯罪结果的发生作为犯罪既遂成立的标准是不科学的。实际上，德国刑法中判断行为是否成立既遂只需要依据构成要件，行为符合构成要件，是既遂；欠缺构成要件要素的，不是既遂。因此，德国刑法理论认为，判断犯罪是否既遂，关键看行为是否满足某种具体犯罪的全部构成要件要素。可见，在既遂标准问题上，德国刑法理论采用"构成要件充要说"。

二、日本犯罪既遂认定标准

作为典型的大陆法系国家，日本刑法立法模式和理论研究成果对我国刑事立法和刑法理论研究产生了深远影响。

---

① ［德］弗兰茨·冯·李斯特著：《德国刑法教科书》，徐久生译，法律出版社 2000 年版，第 329 页。

日本刑法典中同样没有明确规定犯罪既遂的概念，只是对犯罪未遂做了规定。《日本刑法典》第43条规定："已经着手实施犯罪而未遂的，可以减轻处罚……"在日本刑法理论界，关于犯罪既遂的标准主要存在三种观点：第一种观点是"犯罪完成说"。日本学者香川达夫认为，犯罪未遂就是"犯罪不完成，即没有达到完成犯罪"。① 反过来就是说，犯罪既遂就是完成了犯罪。第二种观点是"发生结果说"。日本学者藤木英雄认为，"未遂是指着手实行犯罪但没有发生结果的情况"。② 第三种观点是"充足构成要件说"。也就是说，犯罪既遂是充足犯罪构成要件的犯罪形态。日本学者小野清一郎认为，没有既遂"是指没有充足构成要件，特别是指没有发生构成要件的结果"。西原春夫主张，没有既遂"意味着由于意外障碍未能充足构成要件"。③ 日本刑事立法原则上只处罚既遂犯，未遂犯只有在刑法典有明确规定的情况下才给予处罚。综观日本刑法分则，对未遂的规定可以归纳为以下两种方式：其一，在某具体条文中以单独条款表明前项犯罪未遂的，应当处罚，如内乱罪。其二，以单独条文规定某部分条款或某章条款犯罪的未遂，应当处罚，如第102条、第112条的规定。在刑法典中，单个规定的构成要件以既遂的形式规定，原则上犯罪成立即等于犯罪既遂。因此，在既遂标准问题上，"充足构成要件说"在日本刑法理论界已基本成为通说。

三、美国犯罪既遂认定标准

美国是英美法系国家的典型代表，美国作为联邦制国家，其各州有自己的刑法典，因而各州刑法典关于犯罪完成形态的规定不尽相同。但与世界绝大多数国家的刑法规定一样，刑法典中并没有明确规定犯罪既遂概念及处罚原则，犯罪既遂也只能通过犯罪未遂的规定来加以论证。而未遂的定义在美国各州刑法典中的规定也不尽相同。《纽约州刑法典》规定：犯罪未遂就是行为人怀有犯罪意图而实施了接近完成犯罪的行为。《亚拉巴马州刑法典》规定：当一个人具有实施某一犯罪的意愿，并为完成犯罪实施了明显的犯罪行为时，可以成立这一犯罪的未遂。《威斯康星州刑法典》规定：未遂犯罪要求行为人具有实施犯罪行为和达到犯罪结果的那种意图，并且要求他确实实施了接近完成犯罪的行为。而具有宏观上的指导和参考作用的《美国模范刑法典》第5.01条中关于犯罪未遂的定义是：具有成立实质犯罪所要求的可责性条件，并实施下列

---

① 张明楷著：《未遂犯论》，法律出版社、成文堂1997年版，第133页。
② 张明楷著：《未遂犯论》，法律出版社、成文堂1997年版，第134页。
③ 张明楷著：《未遂犯论》，法律出版社、成文堂1997年版，第133-134页。

行为的，构成犯罪未遂：如果附随情状与行为人设想的一致，行为人的行为将构成实质犯罪，而行为人蓄意实施该行为；或者当产生特定的结果为实质犯罪的一项要件时，以产生该结果的目的而实施某项行为，或者确信如果不为相关行为就会发生该结果，而不实施相关行为；或者行为人相信自己的作为或者不作为是完成所欲达成的犯罪的行为过程中的实质性步骤，而蓄意作为或者不作为。但由于《美国模范刑法典》仅仅具有宏观上的指导和参考作用，致使该说并没有广泛地流行开来。从上述美国相关刑法典的规定我们可以看出，在美国，大多数州在犯罪既遂的标准问题上，以行为的是否完成或结果的是否发生作为判断标准。但如何理解行为的完成或结果的发生，却依然是一个需要进一步解决的刑法理论问题。

第二节 犯罪既遂的中国语境

我国关于犯罪既遂的标准，刑法理论界同样存在争议，主要有三种不同观点，即“目的实现说”“结果出现说”及“构成要件齐备说”，其中“构成要件齐备说”为通说。①

一、“目的实现说”之观点及评价

“目的实现说”主张，犯罪是否既遂应以行为人的犯罪目的是否达到作为判断标准，达到犯罪目的的是犯罪既遂，没有达到犯罪目的的是犯罪未遂。②由于犯罪既遂只存在于直接故意犯罪中，而直接故意犯罪不可能没有犯罪目的，因此“目的实现说”在多数情况下是正确的。但“目的实现说”明显存在以下三个缺陷：其一，将犯罪既遂局限于犯罪目的的实现，会缩小某些犯罪既遂的范围。如行为人盗窃金融机构，其目的是窃取数额巨大的财物，结果只

① 高铭暄、马克昌主编：《刑法学》，北京大学出版社、高等教育出版社 2011 年版，第 146-147 页。

② 刘之雄著：《犯罪既遂论》，中国人民公安大学出版社 2003 年版，第 9 页。

窃取到数额较大的财物。按照“目的实现说”的主张，行为人的行为只能属于盗窃未遂，显然该观点在此不能成立。其二，将犯罪既遂局限于犯罪目的的实现，则会使一些犯罪不可能出现犯罪既遂形态。如分裂国家罪、颠覆国家政权罪等，行为人的目的在于将国家分裂、政府颠覆，但现实情况是行为人的目的永远无法实现。按照“目的实现说”的主张，这些犯罪就永远不可能出现犯罪既遂形态，这也不符合犯罪既遂理论的要求。其三，当行为人对行为对象发生错误认识时，该说不能准确界定犯罪的既遂与未遂问题。如甲误将乙当成丙枪杀，其目的是将丙加以杀害，结果却由于对侵害对象发生错误认识而杀害了乙。在此情形下，显然甲杀人的目的没有达到。按“目的实现说”主张，此时甲杀害乙的行为构成过失致人死亡罪，对丙构成故意杀人（未遂）罪，依据想象数罪处理原则从一重罪处罚，对甲就只能以故意杀人（未遂）罪定罪处罚。但此处理结果使行为人承担的刑事责任明显与刑法理论认为因侵害性质相同对象其行为按故意杀人罪的既遂论处要轻，不符合罪责刑相适应原则的要求。

二、“结果出现说”之观点及评价

“结果出现说”主张，既遂与未遂的区分在于是否发生了犯罪结果，犯罪结果发生成立犯罪既遂，否则是犯罪未遂。[①] 此说对犯罪结果的理解存在两种观点，一种观点认为犯罪结果是指法律规定的犯罪结果，即法定结果，另一种观点认为犯罪结果是指行为人所追求的、犯罪行为的性质所要求的结果，即目的结果。[②] 在我国刑法的规定中，尽管有不少犯罪是以法定结果的出现作为犯罪既遂与未遂的判断标准，但犯罪结果是否出现并非是衡量所有犯罪是否既遂的标准。“结果出现说”至少在以下三种情形下无法成为犯罪既遂与未遂的判断标准：其一，当刑法规定不以犯罪结果是否出现均成立犯罪时，“结果出现说”就丧失了评判犯罪是否既遂的依据。如行为犯、危险犯均无须出现特定的犯罪结果就能成立犯罪。在这两类犯罪中，虽然行为本身可能、甚至导致犯罪结果发生，但刑法条文并没有将这种犯罪结果作为犯罪构成客观方面的必要要件，如果事实上发生了预期的危害结果，也只是从重处罚的量刑情节。[③] 其二，将犯罪既遂局限于特定的犯罪结果的出现，则会使一些犯罪不可能出现犯罪既遂形态。如煽动分裂国家罪、煽动颠覆国家政权罪等，在这些犯罪中，无论行为人怎样煽动，也无论被煽动者是否接受行为人的煽动并采取行动，由于我国

---

① 刘之雄著：《犯罪既遂论》，中国人民公安大学出版社 2003 年版，第 3 页。

② 王作富主编：《刑法》，中国人民大学出版社 2011 年版，第 107-108 页。

③ 马克昌主编：《犯罪通论》，武汉大学出版社 2001 年版，第 494 页。

现行的政治体制决定，这些煽动行为均无法造成我国国家分裂、国家政权颠覆的犯罪结果出现。故“结果出现说”不能适用于所有故意犯罪，不能作为所有故意犯罪既遂与未遂的判断标准。其三，在一些侵犯复杂客体的犯罪中，即使特定的犯罪结果没有出现，也可以成立犯罪既遂。如抢劫罪刑法规定有八种加重处罚的情形，其中有一种情形是抢劫致人重伤、死亡。抢劫罪属于侵犯财产罪中的一种犯罪，其法定结果是将他人的公私财物非法据为己有。一旦行为人已将他人的公私财物非法据为己有，即成立抢劫罪既遂。在行为人抢劫致人重伤、死亡的情况下，其可能已将他人的财物非法据为己有，也可能没有抢到任何财物。当行为人抢劫致人重伤、死亡，同时没有抢到任何财物时，其行为是既遂还是未遂？从立法意图来看，立法者将抢劫致人重伤、死亡规定为八种加重处罚情节，并规定了最严厉的刑罚，我们完全可以推断，立法者已将该情形设定为犯罪既遂，刑法理论界也通常认定为犯罪既遂。而按“结果出现说”的主张，该情形却只能认定为犯罪未遂，这显然与立法宗旨不符。

三、“构成要件齐备说”之观点及评价

“构成要件齐备说”认为，认定犯罪是否既遂，应当以行为人所实施的行为是否具备了刑法分则所规定的某一具体犯罪全部构成要件为标准，具备了某一具体犯罪全部构成要件成立犯罪既遂，否则是犯罪未遂。主张“犯罪既遂是指已经成立直接故意的犯罪行为，其客观方面齐备刑法分则规定的具体构成要件的犯罪形态”。① 已故著名刑法学家马克昌教授认为，“构成要件齐备说”才是解决犯罪既遂问题的科学理论，第一，它避免了“目的实现说”和“结果出现说”的缺陷，使得对各种类型的犯罪既遂问题的认定获得了统一标准，并据此区分出结果犯、结果加重犯、举动犯、行为犯和危险犯五种不同犯罪既遂形态。第二，把犯罪构成要件是否齐备，作为犯罪既遂的唯一标准，不仅使犯罪构成理论与犯罪既遂问题得到了有机的结合，而且也为研究完成形态的犯罪找到了正确的基点。② 尽管“构成要件齐备说”在区分犯罪既遂与未遂问题上比“目的实现说”和“结果出现说”更科学，但其仍旧存在难以克服的不足：其一，“构成要件齐备说”是建立在我国刑法分则罪名规定采用既遂模式上。在我国刑法理论上，关于我国刑法分则的立法模式，存在三种模式的争议，即既遂模式、犯罪成立模式、混合模式。③ 事实上，刑法分则立法模式并非都是采

① 王作富主编：《刑法》，中国人民大学出版社 2011 年版，第 108 页。

② 马克昌主编：《犯罪通论》，武汉大学出版社 2001 年版，第 494 页。

③ 徐光华：《论我国刑法分则的立法模式》，载《刑法论丛》2009 年第 2 卷，第 168 页。

用犯罪既遂模式。通常认为过失犯罪和间接故意犯罪不存在犯罪既遂问题，因而其立法模式不可能采用既遂模式。即使直接故意犯罪也并非都是既遂模式，如参加黑社会性质组织罪实际上只是犯罪预备。可见，“构成要件齐备说”所提出的我国刑法分则罪名规定采用既遂模式的说法不能使人信服。其二，“构成要件齐备说”不能解决危险犯成立后的中止问题。“构成要件齐备说”认为，危险犯是犯罪既遂的一种类型，不存在犯罪中止的问题。其理由是：（1）危险犯既遂后成立犯罪中止的观点违背了我国刑法关于故意犯罪停止形态排他性的规定；在同一个犯罪中，任何犯罪形态都是排他的，行为人对同一犯罪，只能在犯罪预备、未遂中止和既遂形态中择一构成，一个犯罪中不可能同时出现两种或两种以上的停止形态。[①]（2）不符合犯罪中止的时间特征。犯罪中止形态的时间范围是：从犯罪预备形态发生开始到形成犯罪既遂形态前这段时间，且犯罪又处于运动中而尚未停止在预备形态或未遂形态。[②]（3）尽管这种情况下不宜以犯罪中止论处，但仍可以对犯罪分子在量刑上酌情考虑予以从轻处罚，从而鼓励罪犯及时悔罪，停止犯罪行为。[③] 但是，随着刑法理论研究的繁荣和刑事司法的不断变化，越来越多的学者和法律实务工作者主张危险犯存在犯罪中止形态，此观点正逐步取代通说而成为新的通说（具体理由后文再述）。

第三节 犯罪既遂类型的理论纷争

一、刑法理论通说对犯罪既遂类型的分类

在我国刑法理论中，“构成要件齐备说”是判断犯罪既遂标准之通说。依据该通说，犯罪既遂分为结果犯、行为犯、举动犯和危险犯，并明确了这四种犯罪既遂类型的概念。

---

① 鲜铁可：《论危险犯概念与特征》，载《法律科学》1995年第4期。

② 杨兴培：《危险犯质疑》，载《中国法学》2000年第3期。

③ 刘宪权主编：《刑法学》，上海人民出版社2008年版，第213页。

所谓结果犯，是指行为人所实施的某种犯罪行为造成了刑法规定的犯罪结果，即成立该种犯罪既遂的犯罪。如刑法所规定的故意杀人罪即为结果犯，行为人不但要实施故意杀人的犯罪行为，还必须导致被害人死亡的结果才构成故意杀人罪的既遂，如果故意杀人行为没有导致被害人死亡，则构成故意杀人罪的未遂。在结果犯中，犯罪结果既可以是物质性的损害后果，也可以是非物质性的损害后果。前者如被害人受伤、死亡、公私财产遭受的损失等，这些损害后果人们看得见、摸得着，有些可以用金钱计算出其损失的大小。后者如对他人人格、名誉的破坏，对他人人身自由的侵害等，这些损害通常人们看不见、摸不着，无法用金钱来衡量，这些非物质性的危害结果，刑法通常规定必须达到情节严重或情节恶劣的程度才成立犯罪并构成犯罪既遂。

所谓行为犯，是指只要行为人实施了刑法所规定的某种犯罪行为即成立该种犯罪既遂的犯罪。行为犯强调的是法定犯罪行为的实施或完成，至于犯罪结果是否出现不影响该种犯罪既遂的成立。如诬告陷害罪，只要行为人捏造了犯罪事实，并向有关机关告发，不管被诬者是否受到刑事追究，都是诬告陷害罪的既遂。[①] 就行为犯造成的危害结果而言，通常是非物质性的、无形的损害后果，但也不排除物质性危害结果产生的可能性。如非法拘禁罪，行为人在对他人实施非法拘禁过程中也可能造成被害人人身一定的伤害，但这种物质性的伤害通常是伴随非物质性的伤害而出现的，一般情形下不可能单独出现。

所谓举动犯，是指行为人一经着手实施刑法所规定的某种犯罪行为即成立该种犯罪既遂的犯罪。举动犯一般包括两种情况：一种是有组织犯罪的组织形成行为，主要包括组织、领导、参加犯罪组织的行为，如我国《刑法》第 120 条规定的组织、领导、参加恐怖组织罪和第 294 条规定的组织、领导、参加黑社会性质组织罪就属于这种情形。另一种情况是煽动类犯罪，如我国《刑法》第 103 条第 2 款规定的煽动分裂国家罪、第 105 条第 2 款规定的煽动颠覆国家政权罪和第 278 条规定的煽动暴力抗拒法律实施罪等。[②] 举动犯从本质上讲属于行为犯，是行为犯的一种情形，因此，有的教材将犯罪既遂的类型分为三种，即结果犯、行为犯、危险犯，而将举动犯予以排除。

所谓危险犯，是指行为人实施的犯罪行为足以造成危害结果发生的危险状态，严重后果尚未发生，即构成既遂的犯罪。[③] 如我国《刑法》第 114 条规定的放火罪、爆炸罪、决水罪、投放危险物质罪、以危险方法危害公共安全罪

① 苏惠渔主编：《刑法学》，中国政法大学出版社 2007 年版，第 135 页。
② 贾宇主编：《刑法学》（上册 · 总论），高等教育出版社 2020 年版，第 213 页。
③ 高铭暄主编：《中国刑法学》，中国人民大学出版社 1989 年版，第 170 页。

等，第 116 条规定的破坏交通工具罪、第 117 条规定的破坏具体设施罪等，就是以危险状态的形成作为犯罪既遂的标志。

二、在犯罪既遂类型问题上存在的争议

在我国当代刑法理论界，随着理论研究的不断深入，刑法通说关于犯罪既遂类型的分类受到了越来越多专家学者的质疑。

（一）对犯罪既遂类型划分标准的质疑

持刑法理论通说的学者通常把犯罪既遂的类型划分为四类：即行为犯、结果犯、危险犯和举动犯。① 另有学者主张将犯罪既遂的类型划分为阴谋犯、行为犯、危险犯、结果犯。② 还有学者认为应当划分为结果犯、行为犯和危险犯三种。③

在刑法理论通说中所讲的结果犯是既遂层面上的结果犯，而在我国刑法的规定中，还存在构成犯罪层面的结果犯，如我国刑法分则所规定的所有过失犯罪。就成立犯罪层面的结果犯而言，张明楷教授认为："即发生结果才构成犯罪的，是结果犯……这种结果犯只有是否成立的问题，而不可能存在犯罪既遂、未遂、中止与预备之分。"④ 就该结果犯而言，出现了法定的犯罪结果，行为即构成犯罪，没有出现法定的犯罪结果，则行为不构成犯罪。因此，刑法通说之结果犯不周延。

有学者对举动犯提出质疑，认为在刑法学意义上，犯罪行为是具有严重社会危害性的行为，而这里的"严重社会危害性"必然是量上的积累，是行为"过程"的持续。因此，物理意义上的"举动"并不具有刑法意义。换言之，即便某个"举动"在物理意义上具有"非过程性"，但在刑法学看来，该"举动"从开始实施到结束都需要一个"过程"。此外，从举动犯既遂的犯罪构成中不存在危害结果要素这一点来看，它亦应被纳入"行为犯"之列，而不应将其与"行为犯"相并列。否则，这将意味着在对犯罪既遂形态进行同一次划分的时候，采用了两个不同的标准：该划分一方面依据犯罪客观要素是否存在"危害结果"这一要素，将犯罪既遂形态划出"结果犯"与"行为犯"这两种类型；另一方面则依据犯罪实行行为的实施有无程度上的要求，再划分出与其

---

① 高铭暄、马克昌主编：《刑法学》，北京大学出版社、高等教育出版社 2000 年版，第 150 页。

② 何秉松著：《犯罪构成系统论》，中国法制出版社 1995 年版，第 334-336 页。

③ 苏惠渔主编：《刑法学》，法律出版社 2001 年版，第 176-177 页。

④ 张明楷主编：《刑法学》，法律出版社 2003 年版，第 166 页。

并列的“举动犯”。如此划分是“对事物进行同一分类只能运用同一标准”这一逻辑规则的严重违背。[①] 因此主张举动犯实际上就是行为犯。

（二）对行为犯与结果犯是否是两种不同的犯罪既遂类型的质疑

认为行为犯本质上也是结果犯。首先，行为犯不要求造成物质性或者有形的危害结果，并不等于行为犯就没有危害结果。其次，通说认为行为犯以行为发展到某个状态作为犯罪既遂为标志，其逻辑推理就在于，通说认为只有物质性的有形的结果才属于危害结果，非物质性的无形的结果就不属于危害结果的范畴，这无疑缩小了危害结果的外延。

任何行为的完成，如果不对人或物的存在状态造成一定的改变，它就不可能侵犯到任何利益，因而也就不应当被规定为犯罪，而一旦对刑法所保护的人或物的存在状态造成改变，犯罪结果也就发生了。以脱逃罪为例，行为人从依法被关押的场所逃离出来，就是对其被依法关押状态的改变，因此发生了脱逃罪的犯罪结果，此时脱逃罪也就达到了既遂状态。若按通说将脱逃罪认为是行为犯，只要行为人实施相应的脱逃行为就构成犯罪既遂，那么就很难找到脱逃罪既遂与未遂的界限。[②] 依据刑法通说的观点，脱逃罪以行为人越过警戒线为既遂标志，未越过警戒线则为犯罪未遂。刑法通说强调，行为犯的既遂标准以法定犯罪行为的完成为标志[③]或强调“行为犯只有当实行行为达到一定程度时，才过渡到既遂状态”。[④] 但犯罪完成标志如何理解，而“一定程度”又如何界定？通说无法作出合理的解释。一方面认为行为犯的既遂标志不需要发生犯罪结果，另一方面又认为行为犯也要求行为实施达到一定程度才形成既遂，究其原因主要在于对犯罪结果的理解存在偏差。

传统刑法理论中的“行为犯”与“结果犯”的危害结果在本质上并无不同，都是危害行为给犯罪客体所造成的现实损害，两者的既遂都是以“危害结果”的出现为标准，只不过行为犯造成的往往是非物质性的结果。我们不能仅仅因为“非物质性的危害结果”不具有直观性、难以具体测量性，就拒绝将其作为“行为犯”既遂的标准；也不能因为两者在危害结果存在形式上的不同，

---

① 陆诗忠：《“犯罪既遂形态”的反思与初构》，载《法治研究》2014 年第 10 期。

② 朱慧灵：《对现有犯罪既遂类型的思考》，载《河南司法警官职业技术学院学报》2011 年第 3 期。

③ 高铭暄、马克昌主编：《刑法学》，北京大学出版社、高等教育出版社 2000 年版，第 161 页。

④ 马克昌主编：《犯罪通论》，武汉大学出版社 1999 年版，第 499 页。

就认为两者在既遂形态上存在什么不同。[①] 正如有学者指出："只是这种非物质性的结果形式与那种见之有形、摸之有物、计之有数的物质性结果形式有着不同的表现形式，因此，人们对它的评价标准与对物质性结果形式的评价标准有所不同。但评价标准的不同，不等于被评价的对象不存在，或者根据某种不同的评价标准，就不需要进行某种评价活动。只有不进行某种评价活动，才能说不可能有某种结果的存在。"[②]

（三）对危险犯既遂的质疑

刑法理论通说认为危险犯是犯罪既遂的一种类型，理由如下：

第一，凡刑法分则条文规定的犯罪都是以既遂为标本的。[③] 因此，区分犯罪既遂与未遂的标准就在于行为人的行为是否齐备刑法分则所规定的全部犯罪构成要件。[④] 显而易见，危险犯已经齐备刑法分则所规定的全部犯罪构成要件，故危险犯属于既遂犯。

第二，刑法分则条文所规定的犯罪之所以以既遂为标本，是因为刑法总则已明文规定对犯罪未遂可以比照犯罪既遂从轻或减轻处罚，分则条文还有必要为其专门规定独立的法定刑吗？既然刑法分则均有独立的法定刑，这就再清楚不过地从反面证明：刑法分则中规定的犯罪（包括各种危险犯、行为犯等）的确不是未遂犯，而是既遂犯。[⑤]

第三，刑法中的大多数危险犯是由实害犯罪的未遂犯演变而来的。而立法者之所以把这些本属于未遂形态的犯罪行为上升为既遂犯罪，原因在于这些犯罪具有特别严重的社会危害性，只有将此类犯罪的完成形态往前推移，才能给予严厉打击。[⑥]

随着刑法理论研究的深入，越来越多的专家、学者对危险犯既遂说持反对意见，主要理由如下：

第一，我国刑法分则关于罪与刑的规定并非以既遂为模式，因此，区分犯罪既遂与未遂就不应把"行为人的行为是否齐备刑法分则所规定的全部犯罪构成要件"作为其标准。实际上，行为人的行为是否齐备刑法分则所规定的全部构成要件，本来就不应被作为区分犯罪既遂与犯罪未遂之标准。因为，任何犯

---

① 陆诗忠：《"犯罪既遂形态"的反思与初构》，载《法治研究》2014 年第 10 期。

② 杨兴培著：《犯罪构成原论》，中国检察出版社 2004 年版，第 348-349 页。

③ 高铭暄著：《中国刑法学》，中国人民大学出版社 1989 年版，第 170 页。

④ 高铭暄著：《中国刑法学》，中国人民大学出版社 1989 年版，第 175 页。

⑤ 侯国云：《对传统犯罪既遂定义的异义》，载《法律科学》1997 年第 3 期。

⑥ 何秉松著：《犯罪构成系统论》，中国法制出版社 1995 年版，第 334 页。

罪都是完全符合具体犯罪构成的全部要件的行为，否则，便不成立犯罪。犯罪未遂与既遂不可能是犯罪构成要件本身的不同，而仅仅是符合犯罪构成要件的事实不同而已。因此，有理由认为，通说混淆了犯罪既遂与犯罪构成的关系。[①]

第二，众所周知，危险犯与实害犯相对，两者是从处罚根据的不同对犯罪所做的一种分类。其中，“把被保护的法益受到侵害作为处罚根据的犯罪称为侵害犯，不是把发生侵害法益的现实作为处罚根据，而是把发生危害的危险状态作为处罚根据的犯罪叫危险犯”。[②] 显然，不能因为两种犯罪处罚根据不同就认为两者构成既遂的标准不同。否则，“处罚根据”岂不成了“区分既未遂标准”的代名词？显然“危险犯”一词仅仅意味着它与“实害犯”的处罚根据不同而已，并非指两种不同的既遂形态。

第三，如果认同通说，则可能会存在同一种罪名的犯罪有两个不同的既遂标准。例如，同为放火罪，造成严重危害后果的是既遂，未造成严重危害后果的也是既遂。从逻辑上讲，危险犯是否属于既遂，首先应确定区分既遂与未遂的正确标准，然后再以此为标准加以区分。而通说与之相反，它是先将危险犯连同行为犯、结果犯等均认定为犯罪既遂的形态，然后再找被认为能支持这种划分的标准。显然，这种以论题的真实性来论证论据的真实性的论证方法，会造成逻辑上的混乱。[③]

综上所述，刑法理论通说关于犯罪既遂的观点受到刑法理论界的质疑。笔者认为，刑法理论界对刑法通说关于犯罪既遂的观点存在质疑是可以理解的，通说的观点尽管为认定犯罪既遂提供了一个标准，但该标准无法为我们正确界定犯罪既遂的特征，正确区分犯罪既遂与其他停止形态提供有力的、科学的依据。在笔者看来，上述问题产生的原因，就是由于刑法理论通说将犯罪既遂划分为四种不同的类型，而每一种类型的既遂标准又不相同所导致。因此，刑法通说关于犯罪既遂类型的划分标准缺乏科学性。

首先，刑法通说既遂类型之行为犯、结果犯、危险犯和举动犯，除结果犯外，其他三种类型实际上只是犯罪成立的类型而非犯罪既遂的类型。我国刑法分则在立法模式上采用的是犯罪成立模式而非犯罪既遂模式。尽管行为犯、结果犯、举动犯根据不同犯罪的特点在称呼上有所不同，其构成犯罪的条件也不同，但都只是犯罪成立的不同类型而已。结合我国刑法的规定，行为犯以某一法定行为的完成而使该行为成立犯罪，如我国《刑法》第305条所规定的伪证

---

① 张明楷主编：《刑法学（上）》，法律出版社1997年版，第256页。

② ［日］山口厚著：《危险犯的研究》，东京大学出版社1982年版，第3页。

③ 李居全：《关于犯罪既遂与未遂的探讨》，载《法商研究》1997年第1期。

罪即为行为犯，只要行为人对与案件有重要关系的情节故意作伪证，即成立伪证罪，如果行为人不是对与案件有重要关系的情节故意作伪证，即使是意图陷害他人或隐匿罪证，按照刑法的规定，其行为也不构成伪证罪，可见，刑法仅规定了伪证罪的构成条件，并非是对伪证罪既遂的规定。危险犯以行为人实施的危害行为造成法律规定的危险状态出现作为行为成立犯罪的标志，如我国《刑法》第 116 条规定的破坏交通工具罪即为危险犯，只要行为人破坏交通工具的行为足以使火车、汽车、电车、船只、航空器发生倾覆、毁坏危险，行为即构成犯罪，如果行为人的破坏行为不足以使上述交通工具发生倾覆、毁坏危险，则其行为不构成破坏交通工具罪，可见我国《刑法》第 116 条规定的破坏交通工具罪是对行为是否构成犯罪的规定，而并非采用犯罪既遂模式立法。举动犯是指行为人一经着手法定实行行为即成立犯罪，如我国《刑法》第 103 条第 2 款规定的煽动分裂国家罪即为举动犯，只要行为人一经着手实施煽动分裂国家、破坏国家统一的行为即成立煽动分裂国家罪，也无从判断行为是既遂还是未遂。

其次，根据犯罪成立的不同形式设立不同的犯罪既遂标准，将使犯罪既遂标准林立，使犯罪既遂失去统一科学的标准。在我国刑法分则的规定中，有过失犯罪成立的标准，更有故意犯罪成立的标准，在故意犯罪成立标准中，又包括行为犯、结果犯、危险犯和举动犯成立的标准，甚至在同一性质的犯罪中，又包括不同的犯罪成立标准。按照刑法理论通说的观点，意味着存在不同的犯罪既遂标准。以盗窃罪为例，依据我国《刑法》第 264 条的规定，盗窃罪有盗窃数额较大、多次盗窃、入户盗窃、携带凶器盗窃和扒窃五种盗窃犯罪成立模式。按刑法通说的观点，盗窃数额较大属于结果犯（数额犯），多次盗窃、入户盗窃、携带凶器盗窃和扒窃属于行为犯，这就意味着盗窃罪存在两种犯罪既遂形态，导致一种犯罪出现多种不同的犯罪既遂判断标准，显然，这会破坏犯罪形态理论关于犯罪既遂标准的严肃性和科学性。因此，刑法通说关于犯罪既遂类型存在的缺陷必须加以完善。

第二章
犯罪既遂标准新论

第一节
刑法通说之犯罪既遂类型实为犯罪成立形态

我国刑法理论通说将故意犯罪的停止形态分为犯罪预备、犯罪未遂、犯罪中止和犯罪既遂四种形态，其中犯罪预备、犯罪未遂、犯罪中止是犯罪的未完成形态，犯罪既遂是犯罪的完成形态。关于犯罪既遂的标准，我国刑法理论界仍以“构成要件齐备说”为通说,[①] 但“构成要件齐备说”作为犯罪既遂的判断标准存在一定的缺陷。

一、“构成要件齐备说”作为犯罪既遂判断标准缺乏科学依据

犯罪构成理论要解决的是行为是否构成犯罪的问题，是区分罪与非罪的理论依据。而犯罪停止形态则是在行为已经构成犯罪之后再来研究、解决犯罪处于何种停止阶段的问题。犯罪构成理论立足于犯罪成立条件的研究，在确定某一行为构成犯罪后，犯罪构成的使命就已完成。而犯罪停止形态理论则是在犯罪构成基础上的第二个层面上来研究解决的问题。具体说犯罪构成与犯罪形态紧密相连，犯罪构成在前，而犯罪停止形态在后。犯罪构成解决定罪问题，犯罪停止形态解决量刑问题。先根据犯罪构成理论确定某一行为是否构成犯罪，如构成犯罪，则再根据犯罪形态理论界定该犯罪行为属于何种犯罪形态，最终以解决量刑问题。[②] 犯罪构成是在犯罪概念的基础上进一步回答犯罪是怎样成

---

① 高铭暄、马克昌主编：《刑法学》，北京大学出版社、高等教育出版社 2011 年版，第 146–147 页。

② 徐跃飞：《非实害危险犯未遂说实证》，载《社科纵横》2010 年第 11 期。

立的，犯罪的成立需要具备哪些法定要件，其本身并不解决犯罪形态问题。因此，犯罪构成与犯罪停止形态是两个不同的范畴，不能混同。

犯罪既遂是犯罪的完成形态，犯罪既遂当然已经具备了刑法分则中某一具体犯罪的全部构成要件，但行为已经具备了刑法分则中某一具体犯罪的全部构成要件只能说明该行为已经构成了犯罪，并不意味着犯罪既遂成立，行为是否既遂，还要看该行为是否具备了犯罪既遂的成立条件。

二、我国刑法分则立法并非单一采用既遂模式，而是采用混合模式

“构成要件齐备说”认为，我国刑法分则立法采用的是既遂模式。“刑法分则条文的规定都是以既遂为标本的。”[①]“我国刑法分则对具体犯罪的规定，是以既遂为标本的。犯罪既遂是犯罪的完成形态，是指某一犯罪完全具备了刑法分则所规定的构成某一犯罪所必需的全部主观和客观要件。”[②] 笔者对此存在异议。在我国现行刑法分则当中，规定了400余种具体犯罪，也就是说，在我国现实生活中存在着400余种犯罪行为。那么，我们能不能说，我国刑法分则中规定了400余种犯罪既遂的情形。很显然这种说法是不能成立的。因为根据犯罪停止形态理论，犯罪的停止形态只存在于部分直接故意犯罪中，过失犯罪和间接故意犯罪均不存在犯罪的停止形态。而在我国刑法分则中规定了大量的过失犯罪，而过失犯罪不存在犯罪的既遂未遂问题。[③] 就故意犯罪而言，也并非所有故意犯罪都采用犯罪既遂立法模式。如《刑法》第232条规定：“故意杀人的，处死刑、无期徒刑或者十年以上有期徒刑；情节较轻的，处三年以上十年以下有期徒刑。”我们能否说，我国刑法对故意杀人罪的规定在立法上采用了既遂模式？显然不可以。因为故意杀人罪必须出现被害人死亡的结果才能认定为故意杀人罪既遂，如果出于行为人意志以外的原因而仅将被害人杀伤，甚至根本没有伤害到被害人，则其行为只能认定为故意杀人未遂。而我国《刑法》第232条所规定的“故意杀人的”行为最终可以造成的危害结果无非是被害人死亡、被害人受伤以及被害人没有受到任何伤害三种结果，这就足以说明“故意杀人的”行为既可以是犯罪既遂，也可能是犯罪未遂。故笔者认为，我国刑法分则所规定的犯罪是以犯罪既遂形态为标准规定的论断是不能成立的。

另有观点认为，我国刑法分则立法采用的是犯罪成立模式。所谓成立模式是指在刑法分则条文的规定中，不仅包含着既遂形态的犯罪构成，而且也包含

---

① 何秉松著：《犯罪构成系统论》，中国法制出版社1995年版，第333页。

② 陈兴良著：《共同犯罪论》，中国人民大学出版社2006年版，第351页。

③ 徐跃飞：《非实害危险犯未遂说实证》，载《社科纵横》2010年第11期。

着未完成形态的犯罪构成；与此相适应，刑法分则对具体犯罪所规定的刑罚，也不仅适用于既遂的犯罪形态，还适用于犯罪的未完成形态。[①] 笔者认为此观点不准确。如果我国刑法分则立法采用的是犯罪成立模式，则刑法分则设定的每一种犯罪的成立标准就都是该犯罪的预备行为，因为每一个犯罪行为最初始的犯罪阶段就是犯罪预备，行为人实施了犯罪的预备行为，就意味着行为已经构成犯罪，犯罪已经成立，因而刑法条文所规定的每一种具体犯罪就应当是该种犯罪的犯罪预备行为。然而，犯罪是一种复杂的社会现象，即使相同性质的直接故意犯罪，由不同的人在不同的环境下实施，也未必都存在犯罪的预备形态，即使存在犯罪的预备形态，也必然呈现出多种形式，即多种不同形式的预备行为，这将导致犯罪的成立标准不统一。正如有的学者所指出的，"从犯罪停止形态的角度看，犯罪的各种成立形式在构成要件上并非具有完全的一致性，也就是说，在犯罪存在多种成立形态的情况下，犯罪的成立实际上处于不确定状态中，其可能是实行行为着手以前的预备犯，还可能是实行行为着手以后的未遂犯，当然也可能是犯罪实行行为着手以后的既遂犯。在这种情况下，如果承认刑法分则的具体犯罪以犯罪成立为标准进行设定，就面临着多元标准的难题。这意味着以犯罪成立作为标准是缺乏可行性的，刑法理论上对犯罪构成的分析便由此会因缺乏一个妥当的理论基点而陷入混乱状态"。[②] 此外，我国刑法分则中关于转化犯、结果加重犯、情节加重犯等犯罪形式的规定均不是以犯罪成立模式而是以既遂模式加以规定。

实际上，我国刑法分则立法采用的是犯罪成立模式与犯罪既遂模式并用的混合模式。首先，我国刑法分则对所有过失犯罪在立法上均采用犯罪成立模式，如我国《刑法》第235条规定的过失致人重伤罪，行为人因过失行为致使他人重伤则构成犯罪，没有出现他人重伤的结果则其行为不构成犯罪。其次，在故意犯罪中，我国刑法对结果犯、数额犯、情节犯的立法规定既可以认为是采用犯罪成立模式也可以认为是采用犯罪既遂模式，因为对于这些犯罪来说，刑法条文的规定既是其成立犯罪的标准，也是其犯罪既遂的标准。如故意伤害罪、诈骗罪、侮辱罪、诽谤罪等皆是。如前所述，我国刑法分则中关于转化犯、结果加重犯、情节加重犯等犯罪形式的规定均不是以犯罪成立模式而是以既遂模式加以规定的。此外，笔者认为，我国刑法理论通说所谓的举动犯、行为犯和危险犯在立法模式上采用的是犯罪成立模式而非犯罪既遂模式（此论点

---

① 徐光华：《论我国刑法分则的立法模式》，载《刑法论丛》2009年第2卷，第168页。

② 王志祥著：《危险犯研究》，中国人民公安大学出版社2004年版，第221-222页。

后面有详述）。由于我国刑法分则立法采用的是混合模式，因此，当刑法分则采用犯罪既遂立法模式时，犯罪既遂的判断标准就只能是行为是否已经具备了刑法分则中某一具体犯罪的全部构成要件，当出现修正的构成要件时，其行为只能是犯罪预备、犯罪未遂或犯罪中止。当刑法分则采用犯罪成立模式立法时，行为是否已经具备了刑法分则中某一具体犯罪的全部构成要件则只能是犯罪是否成立的标准，而非犯罪既遂的标准，此时，同一犯罪只有一个犯罪构成，当出现修正的构成要件时，其行为只能认定为无罪。

第二节 犯罪既遂的标准：期待结果出现说

根据前面的分析，我们可以看到，无论是“结果出现说”“目的实现说”还是“构成要件齐备说”都无法圆满解决犯罪既遂的标准问题。因此有必要从新的角度来探讨犯罪既遂的标准。笔者认为，犯罪既遂的标准应采用“期待结果出现说”，即当行为人所实施的危害行为造成其所期待的危害结果部分出现或全部出现时即成立犯罪既遂。理由如下：

一、“期待结果出现说”符合犯罪构成主客观相统一的刑法原则要求

犯罪构成是区分罪与非罪、此罪与彼罪的具体标准。从我国刑法教科书和学者的著述来看，普遍赞同犯罪构成主客观相统一的刑法原则。有的著述认为，犯罪构成就是依照我国刑法的规定，决定某一具体行为的社会危害性及其程度而为该行为构成犯罪所必需的一切客观和主观要件的有机统一。[①] 或者说，犯罪构成是我国刑法所规定的、决定某一行为成立犯罪所必需的一切客观要件和主观要件的有机统一的整体（有机统一体）。[②] 还有的学者认为，犯罪构成是刑法规定的，决定某一行为的社会危害性及其程度，而为该行为成立犯罪所

---

① 高铭暄、马克昌主编：《刑法学》，北京大学出版社、高等教育出版社 2010 年版，第 187 页。

② 马克昌主编：《犯罪通论》，武汉大学出版社 2001 年版，第 70 页。

必须具备的一切客观要件和主观要件的有机整体。[①]

目前，主客观相统一已成为现代法治国家对行为人危害社会行为定罪的基本原则。该原则要求，在认定行为人的行为是否构成犯罪时，不仅要考察其行为造成的危害后果，还要考察其行为在主观上是否存在过错，即犯罪的故意或过失。而犯罪停止形态只存在于直接故意犯罪中。我国《刑法》第 14 条规定："明知自己的行为会发生危害社会的结果，并且希望或者放任这种结果发生，因而构成犯罪的，是故意犯罪。"在刑法理论上，故意犯罪分为直接故意犯罪和间接故意犯罪。明知自己的行为必然或者可能发生危害社会的结果，并且希望这种结果发生，因而构成犯罪的，是直接故意犯罪。在直接故意犯罪中，从主观方面来看，行为人在认识因素上对危害结果的必然发生或者可能发生已经明知，在意志因素上其对危害结果的发生抱希望的态度，即行为人积极地追求危害结果的发生。从客观方面来看，行为人所实施的危害行为已经造成了严重的危害社会的后果。可见，犯罪是行为的客观社会危害性与行为人主观恶性的有机统一。在犯罪活动中，行为人的主观恶性已经物化为行为的客观危害，行为的客观危害是行为人主观恶性见之于客观的东西。[②] 而"期待结果出现说"符合犯罪构成主客观相统一的刑法原则要求。

首先，"期待结果出现说"克服了"目的实现说""结果出现说"的片面性。"目的实现说"主张，犯罪是否既遂应以行为人的犯罪目的是否达到作为判断标准，达到犯罪目的的是犯罪既遂，没有达到犯罪目的的是犯罪未遂。所谓犯罪目的，是指"犯罪人希望通过实施犯罪行为达到某种危害社会结果的心理态度，也就是危害结果在犯罪人主观上的表现"。[③] 但如果在犯罪既遂标准上采用"目的实现说"的主张，则必然会缩小犯罪既遂的范围，从而放纵犯罪。如前所述，行为人本来的目的是希望通过盗窃金融机构窃取数额巨大的现金，结果只窃取了数额较大的财物，对此情形，按"目的实现说"的观点，行为人的行为只能属于盗窃未遂，而不能成立盗窃既遂。再如，甲与乙有不共戴天之仇，决意杀死乙全家，一天深夜，甲潜入乙家，结果只有乙在家，而乙的妻儿外出未归，最后，甲杀害乙后逃离现场。在此案中，甲的犯罪目的是杀害乙全家，结果只杀害了乙，按"目的实现说"的观点，甲的行为属于故意杀人罪未遂，而不构成故意杀人罪既遂。很显然，根据刑法理论，在上述两种情形下，

---

① 张明楷著：《刑法学》（上），法律出版社 1997 年版，第 96 页。

② 温建辉：《论犯罪既遂的标准》，载《广西社会科学》2012 年第 1 期。

③ 高铭暄、马克昌主编：《刑法学》，北京大学出版社、高等教育出版社 2011 年版，第 119 页。

行为人的行为均成立犯罪既遂。况且，犯罪目的是纯主观的东西，司法实践中不易把握。“目的实现说”观点的片面性由此可见一斑。“结果出现说”主张，既遂与未遂的区分在于是否发生了犯罪结果，犯罪结果发生成立犯罪既遂，否则是犯罪未遂。如果在犯罪既遂标准上采用“结果出现说”的主张，则可能会扩大犯罪既遂的范围，导致无辜的人或罪轻的人受到错误的刑事追究。如故意杀人罪的既遂本来是要求出现被害人死亡的结果才能成立，而按“结果出现说”的观点，则只要行为人的杀人行为导致被害人受伤的结果出现，就可以构成故意杀人罪既遂，这显然是不能成立的。再如我国刑法中所规定的正当防卫、紧急避险等排除社会危害性的行为以及意外事件等，从表面形式上看，这些行为均可能造成一定的、甚至是严重的损害后果，但由于这些行为是合法行为或行为人主观上不存在罪过，因而刑法不认为是犯罪。但按“结果出现说”的主张，这些行为也可以构成犯罪既遂。可见，“结果出现说”的主张也是不成立的。而“期待结果出现说”克服了“目的实现说”“结果出现说”的片面性，该说主张犯罪既遂成立的标准既要强调行为人主观上存在罪过，同时要求客观上出现了行为人所期待的危害结果，体现了主客观相统一的刑法原则要求，对犯罪既遂的评价标准更科学、更完整，避免了“目的实现说”“结果出现说”所陷入的“主观归罪”或“客观归罪”的泥潭。

其次，“期待结果出现说”弥补了“构成要件齐备说”存在的缺陷。从前面的分析我们可以看出，“构成要件齐备说”主要存在两个明显的缺陷，一个是混淆了犯罪构成与犯罪停止形态的关系，另一个就是无法解决危险犯成立后的犯罪中止问题。具体理由前面已经进行了分析，在此不再赘述。而“期待结果出现说”则是在犯罪构成的基础上，即在犯罪已经成立的基础上来探讨犯罪既遂问题，从而使犯罪构成与犯罪停止形态有效地区分开来。“期待结果出现说”主张只有当行为人所实施的危害行为造成其所期待的危害结果出现时才成立犯罪既遂，这就意味着当行为人实施的危害行为造成法律规定的发生某种危险结果的危害状态时，只表明犯罪成立，而并不意味着犯罪既遂，因为在此时间点上，行为人所期待的危害结果没有出现，所以只能成立犯罪未遂，只有当行为人实施的危害行为造成其所期待的某种危险结果出现时，其行为才能成立犯罪既遂。因此，“期待结果出现说”主张，刑法通说所谓的危险犯实质上是未遂犯，因为在危险犯形态下，行为人所实施的犯罪行为由于其意志以外的原因导致其犯罪未得逞，即没有出现行为人所期待的危害结果，这符合我国刑法关于犯罪未遂的法律规定。正因为刑法通说所谓危险犯实质上是犯罪未遂，所以，在行为人所期待的危害结果出现前，行为人采取有效措施阻止危害结果的实际出现而成立犯罪中止就顺理成章，不致引起理论界的争议。

二、“期待结果出现说”使区分犯罪未遂与既遂的标准更科学合理

刑法通说理论认为，“犯罪未得逞”是犯罪未遂与犯罪既遂相区别的根本标志。认定犯罪是否得逞，应以行为人着手实施犯罪后，是否齐备了刑法总则和分则所规定的某种犯罪构成的全部要件为标准。① 并以通说为依据，分别规定了结果犯、行为犯以及危险犯的既遂标准，认为结果犯应当以法定的危害结果实际上是否已经发生来区分犯罪的未遂和既遂，行为犯应当以行为人在客观上是否已经将法定的危害行为实行完毕来区分犯罪的未遂和既遂，危险犯应当以危害行为在客观上是否达到了法定的危险程度来区分犯罪的未遂和既遂。② 在笔者看来，通说所确立的犯罪未遂与既遂的区分标准虽然有其合理性，但是却存在不足之处。在我国刑法规定的犯罪中，虽然绝大多数直接故意犯罪表现为这三种犯罪形态之一，但也有不少犯罪存在复合形态。如抢劫罪，通常认为，当行为人没有使用暴力、胁迫或其他强制手段劫取财物时，该种抢劫形式被认为是结果犯，当行为人使用暴力、胁迫或其他强制手段劫取财物时，该种抢劫形式被认为是行为犯。这样一来，按照通说的观点，抢劫罪就存在两种既遂形态。再如盗窃罪，根据《刑法》第 264 条的规定，除了盗窃公私财物数额较大的盗窃犯罪行为外，刑法还规定了多次盗窃、入户盗窃、携带凶器盗窃、扒窃等盗窃犯罪行为。按照通说的观点，盗窃罪也存在结果犯和行为犯两种犯罪形态。这样问题就出现了，通说不仅在整体上存在三种不同形式的犯罪未遂与既遂区分的标准，而且在具体犯罪上也可能出现同一性质的犯罪存在不同的未遂与既遂区分的标准问题，未遂与既遂区分的标准太多，不利于司法实践操作。

而“期待结果出现说”为不同的犯罪形态提供了一个统一、科学区分犯罪未遂与既遂的标准，并且该标准符合我国刑事立法精神。根据我国《刑法》第 23 条的规定，犯罪未遂意味着“犯罪未得逞”，如果犯罪已得逞，表明犯罪既遂成立，可见，犯罪是否得逞是犯罪未遂与既遂区分的根本标志。由此看来，准确把握“得逞”的含义是区分犯罪未遂与既遂的关键。根据《辞海》的解释，“得逞”就是得到实现、达到目的的意思。③ 因此，犯罪是否得逞应当是指行为人对自己所实施的犯罪的目的是否实现。所谓犯罪目的，是指犯罪人希

---

① 谢望原主编：《刑法学》，北京大学出版社 2012 年版，第 135 页。

② 马克昌主编：《犯罪通论》，武汉大学出版社 2001 年版，第 446-447 页。

③ 《辞海》（上），上海辞书出版社 2009 年版，第 702 页。

望通过实施犯罪行为达到某种危害社会结果的心理态度，也就是危害结果在犯罪人主观上的表现。① 犯罪是行为人主观见之于客观的行为，在直接故意犯罪中，行为人在主观上不仅要明知自己的行为必然或可能发生某种危害社会的结果，并积极追求危害结果的发生，而且要求行为人的行为实际已经侵害了刑法所保护的“法益”，即对刑法所保护的社会关系造成了一定的危害后果。而在犯罪既遂形态下，出现的危害后果必须是行为人所积极追求的危害结果，如果出现的结果不是行为人所期待出现的，我们就没有理由说，行为人的犯罪目的已经达到，而只能说“犯罪未得逞”，属于犯罪未遂。“期待结果出现说”以行为人所实施的犯罪行为是否出现行为人所期待出现的危害结果作为判断犯罪未遂与既遂的标准，实际上就是以犯罪是否得逞作为判断标准来区分犯罪未遂与既遂。因此，“期待结果出现说”作为所有直接故意犯罪未遂与既遂的区分标准是科学的，该标准克服了“目的实现说”“结果出现说”和“构成要件齐备说”各自存在的不足，符合刑事立法精神，也便于司法操作。

三、期待结果的内涵

我国刑法通说认为，行为具有一定的社会危害性是犯罪最本质的特征。没有社会危害性，就没有犯罪，社会危害性没有达到相当的程度，也不构成犯罪。② 而犯罪的社会危害性必然要通过一定的危害结果（犯罪结果）呈现出来。何谓危害结果，我国刑法理论界存在不同观点：第一种观点认为，危害结果有广义和狭义之分，广义的危害结果是指由行为人的危害行为所引起的一切对社会的损害事实，包括危害行为的直接结果和间接结果，属于犯罪构成要件的结果和不属于犯罪构成要件的结果。狭义的危害结果是指作为犯罪构成要件的结果，通常也就是对直接客体所造成的损害事实。③ 此为目前我国刑法通说的观点。第二种观点认为，危害结果是指危害行为对刑法所保护的社会关系所造成的实际损害和现实危险。④ 第三种观点认为，危害结果是犯罪行为对我国刑法所保护的社会关系造成或可能造成的一定损害。⑤

---

① 高铭暄、马克昌主编：《刑法学》，北京大学出版社、高等教育出版社 2011 年版，第 119 页。

② 高铭暄、马克昌主编：《刑法学》，北京大学出版社、高等教育出版社 2011 年版，第 44 页。

③ 高铭暄、马克昌主编：《刑法学》，北京大学出版社、高等教育出版社 2011 年版，第 72 页。

④ 马克昌主编：《犯罪通论》，武汉大学出版社 2001 年版，第 191 页。

⑤ 段立文：《试论我国刑法上犯罪结果的概念》，载《法学研究》1992 年第 6 期。

上述观点存在争议，争议的焦点就是，危害结果是否包括危害行为所造成的现实危险或危害行为可能造成的损害。在此问题上，何秉松教授认为，刑法上所讲的行为的结果，是指对客体已经造成的实际损害，而不是指可能造成但尚未实际造成的损害。对于可能造成的损害，只是一种可能发生的结果。它只是一种可能性而不是现实，两者不能混为一谈。[①] 张明楷教授认为，危害结果是危害行为已经实际造成的侵害事实。那种危害行为可能造成还没有实际造成的所谓侵害"事实"，不是危害结果，只是人们根据因果法则与实践经验判断认为行为成功就会出现的"结果"；它不是客观存在的，而是人们推测可能出现的。如果将这种推测的、可能出现的现象当作危害结果，就混淆了主观与客观的区别，在直接故意犯罪中，则混淆了犯罪目的与犯罪结果的区别。[②] 因此，认为危害结果同时包括危害行为所造成的现实危险或危害行为可能造成的损害，容易使人产生主观推测，存在主观归罪之嫌。在危害结果的分类上，笔者赞同将危害结果分为物质性的、有形的结果和非物质性的、无形的结果两种，以免人为地缩小危害结果的外延。当然，出现现实的危害结果并不意味着犯罪既遂，首先，一个行为成立犯罪必须有一定的危害结果，无危害结果，或者危害结果没有达到相当的程度，也不构成犯罪。其次，在犯罪的未完成形态中，也出现了一定的危害结果，之所以其属于未完成形态，是因为出现的危害结果不是行为人所期待出现的结果，即在未完成形态中，出现的危害结果与行为人所期待出现的结果在质和量上还存在一定的差距，如行为人故意杀人，其期待的结果是被害人死亡，而行为后却只导致被害人重伤，因被害人重伤的结果不是行为人所期待出现的危害结果，故行为人的行为只构成故意杀人（未遂）罪。

综上所述，笔者认为，所谓期待结果，是指行为人在其犯意支配下所期待或积极追求的结果，但这种期待结果只能是一种概括的结果，而不是行为人期待的对自己所实施的危害行为所造成的全部最终结果。也就是说，只要行为导致行为人所期待的全部最终结果部分出现，就应当认定行为人所期待的结果出现，其行为就应当认定为犯罪既遂。如行为人甲破坏铁轨，其追求的全部最终结果是使整列旅客列车全部脱轨坠毁，并造成大量旅客的伤亡，而事实上行为人的破坏行为仅使该列火车的一节车厢脱轨倾覆毁坏，数人伤亡。在本案中，行为人追求的全部最终结果没有实现，但由于其事先设定追求的全部最终结果已经部分实现，故应认定犯罪已得逞，对其行为应当认定为破坏交通设施罪的

① 何秉松主编：《刑法教科书》，中国法制出版社 1997 年版，第 297 页。

② 张明楷著：《刑法学》（上），法律出版社 1997 年版，第 140 页。

既遂。再如乙实施煽动分裂国家的行为，其所期待的全部最终结果显然是出现国家分裂、国家统一被破坏的结果。但事实上该结果根本无法实现，但只要被煽动者被行为人煽动起来开始实施分裂国家、破坏国家统一的行为，就应当认定行为人实施煽动分裂国家的行为期待结果已经出现，犯罪已得逞，构成煽动分裂国家罪的既遂。如果被煽动者根本没有被煽动起来去实施分裂国家、破坏国家统一的行为，则煽动分裂国家的行为显然属于犯罪未得逞，只能按未遂论处。

第三节 既遂犯的刑事责任

传统刑法学以犯罪和刑罚为基础构建而成，刑事责任应有的地位一直未被人们所重视。直至 20 世纪 80 年代后，刑事责任的重要性才逐渐被人们所重视，并将其纳入研究的视野。事实上，刑事责任作为刑法学的重要构建要素，在刑法学中占有非常重要的地位，它与刑事立法、刑事司法有着密切的联系。目前，在我国刑法理论界，关于刑事责任的地位尚有较大的争议。其中“罪责刑平行说”为我国刑法学界的主流学说。该学说承认刑事责任的独立地位，同时又认为刑事责任是联系犯罪与刑罚之间的纽带。即认为犯罪、刑事责任、刑罚是三个相互独立又相互联系的范畴。① 关于既遂犯的刑事责任，由于各国刑法分则立法模式不同，导致既遂犯处罚依据不尽相同。世界各国刑法分则对具体犯罪的规定，无论是英美法系国家还是大陆法系国家，采用犯罪既遂立法模式是通例，故对既遂犯直接依据刑法分则具体犯罪的条文规定处罚即可。在我国，关于刑法分则的立法模式存在争议，故在既遂犯的处罚问题上还没有形成定论。

一、刑法分则立法模式之争

关于我国刑法分则立法模式，概括起来主要有三种观点：

---

① 徐立著:《刑事责任根据论》，中国法制出版社 2006 年版，第 201 页。

（一）犯罪成立模式说

该观点认为，我国刑法分则条文采用犯罪成立立法模式，刑法分则对具体犯罪所规定的刑罚，不仅针对既遂犯，同样还针对预备犯、未遂犯和中止犯。其理由是：（1）我国刑法总则规定，原则上对于未完成形态的所有犯罪都应给予刑罚处罚，刑法分则是刑法总则的具体化，因此，刑法分则对所有具体犯罪的规定应当包括所有犯罪停止形态。（2）刑法分则以犯罪成立模式立法，有利于鼓励犯罪人中止犯罪。就危险犯而言，如果将“危险状态出现”作为犯罪成立的标准，则有利于行为人在危险状态出现后采取措施积极消除危险从而成立犯罪中止，并且由于没有造成损害，应当免除处罚。（3）能够比较全面地贯彻落实罪刑法定原则和行为人的行为符合犯罪构成是追究行为人刑事责任的唯一基础的观念。①

（二）犯罪既遂模式说

该观点认为，刑法分则所规定的各种犯罪构成及其刑事责任都是根据犯罪既遂标准加以规定的。② 犯罪既遂是犯罪的一般形态，可以直接按照刑法分则条文定罪处罚，因而在刑法总则中没有专门规定，而犯罪的预备、未遂和中止是犯罪的特殊形态，所以刑法总则有必要加以规定。③ 其理由是：（1）由于我国刑法总则对既遂犯没有任何规定，而对于预备犯、未遂犯是比照既遂犯从轻处罚，由此可见，刑法分则的规定应当是针对既遂犯的法定刑，这是从逻辑上得出的当然结论。④（2）我国刑法与大陆法系国家刑法某些立法例在对未遂犯等未完成犯罪处罚问题上所采取的规定方式存在差异，只能表示我国刑法对未遂犯处罚范围不如后者规定得那么明确，这种差异实际上只是立法技术层面上的差异，而这与刑法分则的规定是以犯罪成立模式还是以犯罪既遂模式并无关系。⑤（3）基于刑事立法简洁性要求，对于具体犯罪既遂标准刑法可能不做明确规定，但这并不能否认刑法分则规定的犯罪是以既遂为模式。

（三）混合模式说

该观点认为，我国刑法分则的规定既不是典型的犯罪既遂模式，也不是典型的犯罪成立模式。⑥ 即使对于故意犯罪，刑法也并非都是以犯罪既遂形态为标准规定法定刑的。例如，刑法对颠覆国家政权罪的法定刑的规定，就不是以

---

① 黎宏著：《刑法总论问题思考》，中国人民大学出版社 2007 年版，第 424 页。
② 高铭暄著：《中国刑法学》，中国人民大学出版社 1989 年版，第 170 页。
③ 陈兴良著：《本体刑法学》，商务印书馆 2001 年版，第 473 页。
④ 徐光华：《论我国刑法分则的立法模式》，载《刑法论丛》2009 年第 2 卷，第 174 页。
⑤ 王志祥著：《危险犯研究》，中国人民公安大学出版社 2004 年版，第 222 页。
⑥ 李洁著：《犯罪既遂形态研究》，吉林大学出版社 1999 年版，第 68 页。

犯罪既遂形态为适用标准，而是以未完成形态的行为作为适用对象。① 因此，我国刑法分则立法，既不是采用犯罪既遂模式，也不是犯罪成立模式，而是两种模式的混合。

上述三种模式中，笔者认为“混合模式说”比较科学。我国刑法分则关于过失犯罪的立法模式就足以推翻“犯罪既遂模式说”，因为过失犯罪的立法我国刑法分则采用的就是犯罪成立模式。由于过失犯罪以严重危害结果的出现为犯罪构成的条件，而严重危害结果的出现是违背行为人的意志的，严重危害结果出现后，行为人通常悔不当初，对严重危害结果的发生既不放任，更不抱希望的态度，故不存在犯罪既遂与未遂问题。间接故意犯罪行为人对危害结果的发生持放任态度，对危害结果的发生听之任之、漠不关心，因而也不存在犯罪既遂未遂问题。“犯罪成立模式说”同样不科学。在我国刑法分则所规定的犯罪中，有些犯罪的规定，特别是对结果犯的规定，既是犯罪成立的标准，又是犯罪既遂的标准。如刑法关于侮辱罪、毁谤罪的规定，均要求行为人的行为达到情节严重的程度才构成犯罪。这就意味着，情节严重是侮辱罪、毁谤罪的成立条件，同时，情节严重说明行为人的行为已经对他人的人格、名誉造成了实际的损害，行为人所期待的犯罪结果已经出现，故行为已构成犯罪既遂。可见，将我国刑法分则立法模式视为“混合模式说”比较科学。

二、既遂犯刑事责任的承担方式

依据我国刑法的规定，既遂犯刑事责任承担的方式，因犯罪构成的方式不同而存在不同的处罚形式：

（一）对结果犯的既遂犯直接按刑法分则条文的规定处罚

由于我国刑法对结果犯的立法模式采用的既是犯罪成立模式又是犯罪既遂模式即混合立法模式，犯罪成立即意味着犯罪既遂，因此，对结果犯可直接依据刑法分则条文的规定予以处罚。如我国《刑法》第246条（侮辱罪、毁谤罪）规定：“以暴力或者其他方法公然侮辱他人或者捏造事实诽谤他人，情节严重的，处三年以下有期徒刑、拘役、管制或者剥夺政治权利。”这就意味着，这两种犯罪无论是犯罪成立还是犯罪既遂，均应直接按刑法条文的规定，“处三年以下有期徒刑、拘役、管制或者剥夺政治权利”。

（二）对行为犯的既遂犯应按该罪处罚较重的法定刑予以处罚

由于我国刑法对行为犯采用犯罪成立模式立法，因此其针对的处罚对象不

① 刘之雄著：《犯罪既遂论》，中国人民公安大学出版社2003年版，第90页。

全是既遂犯，还包括了犯罪未遂等未完成形态。作为犯罪完成形态的犯罪既遂，其社会危害性自然要比该罪的未完成形态大，其承担的刑事责任相对也要大，故对行为犯的既遂犯可按该罪处罚较重的法定刑予以处罚。如我国《刑法》第254条（报复陷害罪）规定：“国家机关工作人员滥用职权、假公济私，对控告人、申诉人、批评人、举报人实行报复陷害的，处二年以下有期徒刑或者拘役；情节严重的，处二年以上七年以下有期徒刑。”对报复陷害罪既遂犯就应当处较重的法定刑，即“处二年以上七年以下有期徒刑”，而对其他未完成形态的报复陷害罪，则应当处较轻的法定刑，即“处二年以下有期徒刑或者拘役”。

（三）对危险犯的既遂犯应按其实害犯的法定刑予以处罚

由于危险犯同样存在完成形态和未完成形态，故对危险犯处罚时应区分对待。我国刑法分则条文对危险犯分别规定了不同的法定刑，对尚未造成严重后果的未完成形态危险犯，应直接按照刑法条文的规定给予处罚。如我国《刑法》第114条（放火罪、决水罪、爆炸罪、投放危险物质罪、以危险方法危害公共安全罪）规定：“放火、决水、爆炸以及投放毒害性、放射性、传染病病原体等物质或者以其他危险方法危害公共安全，尚未造成严重后果的，处三年以上十年以下有期徒刑。”该规定即为放火罪、决水罪、爆炸罪、投放危险物质罪、以危险方法危害公共安全罪等未完成形态危险犯所规定的刑罚。而对于这些危险犯的既遂犯，则应按其实害犯的法定刑予以处罚，即按照我国《刑法》第115条的规定，“致人重伤、死亡或者使公私财产遭受重大损失的，处十年以上有期徒刑、无期徒刑或者死刑”追究刑事责任。

第三章 危险犯既遂论

第一节 刑法通说之危险犯理论存在的缺陷

我国刑法理论通说认为，危险犯是犯罪既遂的一种类型。但笔者认为，危险犯不是犯罪既遂类型之一，而是犯罪成立的一种形式。在刑法理论中，之所以将某些犯罪称为危险犯，是因为这些犯罪采用了危险的犯罪方法实施犯罪，这些危险方法相比其他犯罪方法，无论是其人身危险性还是其破坏力均更大，犯罪一旦得逞，危害后果往往难以预料和控制，所以其成立犯罪时，刑法设定的条件比较低，不要求产生实际现实的危害后果。而犯罪成立只能说明其已经具备了犯罪成立的条件，但并不意味着犯罪既遂。因为犯罪是否既遂必须在犯罪成立之后，再根据故意犯罪停止形态理论来加以判断。所以，将危险犯视为犯罪既遂的一种类型是不科学的。根据我国刑法的规定，笔者认为，在我国，犯罪成立形式如下图所示：

- 犯罪成立形态
  - 行为犯
    - 过程犯
    - 举动犯
  - 结果犯
    - 普通结果犯
    - 结果加重犯
    - 数额犯
    - 情节犯
  - 危险犯
    - 具体危险犯
    - 抽象危险犯

从上图可以看出，危险犯只是犯罪成立的一种形态，并非犯罪既遂形态。

一、通说关于危险犯就是既遂犯的理由不充分

我国刑法理论通说即“构成要件齐备说”主张危险犯是既遂犯，认为“危险犯是指行为人实施的危害行为造成法律规定的发生某种危险结果的危害状态作为既遂标志的犯罪”[①]，或者说“危险犯是指以危害行为具有造成一定客观后果的危险状态作为犯罪构成必要要件的犯罪……判断危险犯既遂的标准是行为人所实施的危害行为是否达到了足以造成一定后果的客观危险状态”[②]。该主张主要有三点理由：其一，我国刑法分则故意犯罪的规定是以既遂为模式的，其规定的构成要件是犯罪既遂的要件，[③] 并以我国《刑法》第116、117、118条的规定来加以论证。认为这些条文只要求发生危险状态，没有要求发生实害结果。这说明，像破坏交通工具罪这类危险犯是以发生危险状态为既遂标志。其二，我国刑法总则只对犯罪预备、未遂和中止这三种犯罪形态的概念与处罚原则作了明文规定，而对犯罪既遂没有规定，这充分说明对犯罪既遂的处罚已交由刑法分则规定，或者说刑法分则规定的是犯罪既遂模式。从我国刑法总则规定对犯罪预备、未遂和中止比照既遂从宽处罚来看，既遂犯的处罚是个独立标准，否则“比照”无从谈起。其三，刑法中的大多数危险犯是由实害犯的未遂犯演变来的，而立法者之所以把这些本属于未遂形态的犯罪行为上升为既遂犯罪，原因就在于这些犯罪具有特别严重的社会危害性，只有将完成形态前推，才能给予打击。[④]

在笔者看来，“构成要件齐备说”所主张的危险犯是既遂犯的理由不充分。

（一）“构成要件齐备说”以我国刑法分则犯罪采用既遂模式立法作为危险犯就是既遂犯的理由不能成立

因为我国刑法分则故意犯罪的规定并不全是以既遂为模式的，理由前面已有论述。为了进一步说明这一点，笔者以我国《刑法》第116条规定：“破坏火车、汽车、电车、船只、航空器，足以使火车、汽车、电车、船只、航空器发生倾覆、毁坏危险，尚未造成严重后果的，处三年以上十年以下有期徒刑”加以论证。按照“构成要件齐备说”的主张，《刑法》第116条所规定的就是破坏交通工具罪的既遂。也就是说，只要行为人破坏交通工具的行为足以使交

---

① 高铭暄、马克昌主编：《刑法学》，北京大学出版社、高等教育出版社2011年版，第146-147页。

② 马克昌主编：《犯罪通论》，武汉大学出版社2001年版，第494页。

③ 李洁著：《犯罪既遂形态研究》，吉林大学出版社1999年版，第63页。

④ 赵秉志著：《犯罪未遂的理论与实践》，中国人民大学出版社1987年版，第248页。

通工具发生倾覆、毁坏危险，即使没有造成其他严重后果，也构成该罪既遂。然而，行为人破坏交通工具的目的并不仅仅满足于使交通工具发生倾覆、毁坏的危险，而是希望出现交通工具发生现实的倾覆、毁坏的后果，但该后果没有出现之前就认为行为人的行为已经构成犯罪既遂是无法令人接受的。此外，行为人破坏交通工具的行为完全可以导致交通工具倾覆、毁坏的现实严重后果出现，当该后果出现时，其行为的性质又如何认定呢？有学者认为，危险犯"尚未造成实害犯中的危害结果，如果已经造成了实际的危害结果，则构成实害犯，而不是危险犯"①。据此认为，我国《刑法》第 116 条规定的是破坏交通工具罪的危险犯，而《刑法》第 119 条所规定的已经导致交通工具倾覆、毁坏严重后果实际出现的破坏交通工具罪则不是危险犯，而是实害犯。即同样性质的犯罪行为，可以存在两种犯罪既遂形态，笔者对此存在异议。刑法之所以规定危险犯，是因为该类犯罪与其他犯罪相比较，其社会危害性更大，一旦造成危害结果，通常比其他犯罪要严重得多，因而刑法将这些尚未造成但足以造成严重后果的危险行为规定为犯罪。这些犯罪在尚未造成严重危害后果之前就已经称为危险犯，在其已经造成现实的严重危害后果的情况下更应该称为危险犯。而不应当将一种具体犯罪复杂化，将同样性质的犯罪行为，人为地区分为两种犯罪既遂形态。如果危险犯是既遂，而与之相对应的造成了实际危害结果的实害犯也是既遂，则同一犯罪在其发展过程中，在罪名相同的情况下出现了两次犯罪既遂，这显然是违背犯罪形态理论关于一种犯罪形态出现后不可能出现另一种犯罪停止形态的要求。有观点认为，出现的这种与危险犯相对应的实害犯实际上是结果加重犯。② 然而，依据刑法通说，所谓结果加重犯，是指实施基本犯罪构成要件的行为，发生基本犯罪构成要件以外的重结果，因而刑法规定加重刑罚的犯罪形态。③ 可见，结果加重犯的成立前提是出现了基本犯罪结果，没有出现基本犯罪结果，就不存在加重犯罪结果。而破坏交通工具危险犯尚未造成实害的危害结果，即没有出现基本的犯罪结果，没有基本的犯罪结果出现，又哪来的加重犯罪结果，没有加重的犯罪结果，又哪来的结果加重犯，故与危险犯相对应的实害犯不是危险犯的结果加重犯。

---

① 马克昌主编：《犯罪通论》，武汉大学出版社 2001 年版，第 500 页。

② 冯莹：《危险犯既遂形态的认定》，载《法制与社会》2008 年第 8 期（中）。

③ 高铭暄、马克昌主编：《刑法学》，北京大学出版社、高等教育出版社 2011 年版，第 148 页。

（二）我国刑法总则没有规定既遂犯的概念与处罚原则，并不意味着刑法分则规定的就是犯罪既遂立法模式

我国刑法总则对犯罪预备、未遂和中止这三种犯罪形态的概念与处罚原则作了明文规定，这说明关于犯罪预备、未遂和中止这三种犯罪形态的概念与处罚原则在刑法理论界不存在争议，刑法总则完全可以将其统一规定从而统一标准。而关于犯罪既遂，刑法总则没有明文规定既遂的概念和处罚原则，这说明犯罪既遂的标准在理论界存在争议，因无法统一标准而不可能明确规定，但不能据此认为，刑法分则规定的犯罪是既遂立法模式。我国刑法总则规定预备犯、未遂犯比照既遂犯从宽处罚，只是为预备犯、未遂犯的量刑提供参考标准，不能说明刑法分则规定的法定刑就是既遂罪的法定刑。① 以故意杀人罪为例，我国《刑法》第232条规定："故意杀人的，处死刑、无期徒刑或者十年以上有期徒刑；情节较轻的，处三年以上十年以下有期徒刑。"如果故意杀人罪采用的是既遂立法模式，则意味着故意杀人罪既遂最低法定刑为3年有期徒刑，也就是说，故意杀人罪判处的刑罚可以从最低3年有期徒刑一直到死刑，这未免跨度太大，而跨度这么大的处罚只针对故意杀人罪既遂未必能使人信服。举例说明，甲出于报复动机残忍地追杀乙，连砍乙数刀，后甲被人制服，乙受重伤被人送到医院抢救，经抢救乙脱离生命危险。在此案中，甲的行为构成故意杀人罪未遂，根据我国《刑法》的规定，甲的行为可以比照故意杀人罪既遂从轻或者减轻处罚。按"构成要件齐备说"关于刑法分则采用既遂立法模式的观点，对甲的行为如果比照故意杀人罪既遂从轻处罚，对甲就只能在3年以上10年以下决定应当执行的刑罚，如果比照故意杀人罪既遂减轻处罚，则对甲就只能判处不满3年的有期徒刑、拘役甚至管制刑。而就本案而言，无论是对甲从轻处罚还是减轻处罚，显然量刑均太轻，不符合刑法罪责刑相适应原则的精神。因此，只有将刑法所规定的"故意杀人的"行为理解为既包括故意杀人既遂也包括故意杀人未遂，才能体现立法原意，故而不能简单地将我国刑法分则立法理解为既遂模式。

（三）一个同一性质的犯罪不可能同时存在危险犯既遂与实害犯既遂两种既遂形态

依据"构成要件齐备说"的主张，犯罪既遂包括四种既遂形态，即举动犯、危险犯、行为犯和结果犯，四种不同的既遂形态各自有不同的既遂标准。而"构成要件齐备说"关于犯罪既遂的形态中并没有包括实害犯，实害犯实际

① 孙彩霞、齐文远：《我国危险犯理论通说质疑》，载《环球法律评论》2006年第3期。

上就是通说所讲的结果犯。而结果犯是以法定犯罪结果的发生与否作为犯罪既遂与未遂区别标准的犯罪。[①] 犯罪既遂是犯罪的完成形态，即意味着犯罪既遂后不可能再出现犯罪预备、未遂和中止等停止形态，也不可能在出现犯罪既遂后又出现新的犯罪既遂。因此，在同一犯罪中，结果犯在既遂之前，只可能出现犯罪预备、未遂和中止形态，而不可能再出现犯罪既遂形态。由此看来，危险犯只可能是实害犯（结果犯）的未遂犯，而不可能是既遂犯。

持通说论者认为，危险犯与实害犯的既遂实际上是普通的犯罪构成全部要件与加重的犯罪构成要件的全部具备，因此，同一种罪名的危险犯形态与实害犯形态有两个不同的既遂标准。但笔者认为，同一罪名可以存在两个不同的既遂标准，但一个犯罪行为只能有一个犯罪既遂，否则，不仅会引起刑法理论上的混乱，而且也必然给司法实践带来困惑。如果承认危险犯既遂，就不可能再出现实害犯既遂，实害结果只能是危险犯引起的结果，该犯罪结果不能再独立认定为犯罪既遂。如果承认实害犯既遂，则危险犯就不属于既遂犯，只能是实害犯的未遂犯，因为两种既遂形态不能同时存在于一个犯罪中。

二、在危险犯中止问题上通说存在理论困惑

（一）理论上的争议

关于危险犯成立后实害结果出现前行为人采取有效措施阻止严重危害结果出现的行为能否成立犯罪中止？在该问题上，即使赞同犯罪既遂理论通说的学者也存在争议，主要有三种观点：

1. 既遂说。认为犯罪既遂后不可能再出现犯罪中止的情况。解除危险状态或消除影响的行为虽然属于事实层面上的延续，但是由于犯罪停止形态法律层面上需要评价的行为已经结束，其后行为只应作为犯罪既遂后自动挽回行为看待，即只在量刑时酌定从轻处理。[②] 如果行为人构成犯罪既遂后的消除危险的行为认定为犯罪中止的话，则必然会损及犯罪中止制度的科学性。因为“犯罪过程中”是指从预备行为到犯罪既遂形态出现之前的时间段内。[③]

2. 实害犯中止说。认为犯罪既遂后依然可以成立犯罪中止。即危险犯成立后消除危险，防止实害结果发生的行为构成实害犯的犯罪中止，整个犯罪过程

---

① 高铭暄、马克昌主编：《刑法学》，北京大学出版社、高等教育出版社 2011 年版，第 187 页。

② 徐光华：《排除危险状态行为之认定》，载《河北法学》2009 年第 3 期。

③ 王志祥著：《危险犯研究》，中国人民公安大学出版社 2004 年版，第 295-297 页。

应当以实害犯的犯罪中止规定进行定罪量刑。[①] 该观点强调，在危险犯的场合，即使出现了危险状态，虽然此时已经构成了危险犯的既遂状态，但是危害行为往往会继续向前发展，一直到实害结果出现时危害行为才会被认为最终完成了。[②] 在实害结果出现前行为人消除危险状态的行为完全符合犯罪中止的时间条件，因此成立实害犯的中止形态。

3. 危险犯中止说。认为行为人在已完成了危险犯的实行行为，实害结果产生之前，行为人自动采取措施，并且有效地防止了犯罪结果的出现，应以中止犯论处。[③] 行为人造成的危险状态只是部分的犯罪结果，只要在发生预期的实害结果前消除危险或者防范结果发生，毫无疑问是符合《刑法》第 24 条犯罪中止中防范危害结果有效性规定的。[④]

（二）笔者的观点

笔者认为，上述三种观点均存在问题。“既遂说”之所以否定危险犯成立后的犯罪中止问题，其最充分的理由就是通说所说的犯罪既遂是犯罪的完成形态，犯罪既遂后不可能再出现犯罪中止的情况。但笔者对此存在异议。“既遂说”否定危险犯可以成立犯罪中止的观点是建立在刑法通说危险犯是既遂犯的基础之上的，但目前刑法理论界有相当一部分学者对该通说提出质疑。在存疑的情况下，以通说的观点作为理由来否定危险犯可以成立犯罪中止，其论据是不充分的。“实害犯中止说”的观点将使危险犯失去存在的意义。举例说明，如行为人甲破坏交通设施，故意将一块大石头放在铁轨上，其行为足以使火车倾覆、毁坏，按通说的观点其行为构成破坏交通设施罪（危险犯）既遂。但当甲在火车倾覆、毁坏之前又自动将石头从铁轨上移开，按“实害犯中止说”的观点，则其行为构成破坏交通设施罪（实害犯）中止，根据我国刑法规定，对甲的行为就应按中止犯的处罚原则进行处理，即依据我国《刑法》第 117 条规定的破坏交通设施罪（尚未造成严重后果），按中止犯的处罚原则，没有造成损害的，应当免除处罚；造成损害的，应当减轻处罚。在该种逻辑的推导之下，甲在构成了破坏交通设施罪（危险犯）既遂的情况下，因其实施了破坏交通设施罪（实害犯）中止行为，而出现应当免除处罚的结果。在此情形之下，

---

① 马克昌主编：《犯罪通论》，武汉大学出版社 2001 年版，第 466 页。

② 王志祥：《危险犯实行阶段的中止问题研究》，载《云南大学学报（法学版）》2004 年第 3 期。

③ 马克昌主编：《犯罪通论》，武汉大学出版社 2001 年版，第 466 页。

④ 王志远、李世清：《论犯罪的“既遂后中止”——以危险犯为视角》，载《云南大学学报（法学版）》2006 年第 5 期。

危险犯还有何存在价值？“危险犯中止说”更是与危险犯理论通说本身相矛盾。危险犯理论通说既然主张危险犯是犯罪既遂的一种形态，而犯罪既遂又是犯罪的完成形态，又怎么可能在犯罪完成之后，即犯罪既遂之后又出现犯罪中止呢？因为既遂形态与中止形态是互斥的，不能共存于一个犯罪之中。[①] 况且，犯罪中止只可能出现在犯罪既遂之前。因此，在坚持危险犯理论通说的前提下，危险犯中止说也是不能成立的。

第二节
非实害危险犯实质是未遂犯

作为危险犯中的危险，并非刑法意义上的犯罪结果。刑法中所指的危险，其指向可以是“行为人的危险”，也可以是“行为（广义）的危险”。行为人的危险，指的是性格的危险性，或者叫犯罪人的危险性及反社会性。这种行为人的危险性可以表现为两个方面，即尚未犯罪者实施犯罪的可能性和有前科者再实施犯罪的可能性。[②] 行为（广义）的危险又有两种不同的含义：一种是指作为行为属性的危险，即犯罪行为本身具有的侵害法益的可能性；另一种是作为结果的危险，意指行为所造成的威胁状态。[③] 显然，危险犯中的危险不是指行为人的危险，而是指行为的危险，即行为可能造成的危险。因为任何犯罪行为都必然侵害一定的法益，都具有一定的危险性，如果一个行为连侵害法益的危险性都没有，则该行为不可能被刑法规定为犯罪行为。如果认为危险犯的危险仅指行为属性的危险，则刑法中的任何犯罪都可以说是危险犯。果真如此，刑法理论上就没有独立研究危险犯的必要了。[④]

刑法通说认为，刑法中的大多数危险犯是由实害犯的未遂犯演变来的，而

---

① 张明楷著：《刑法学》，法律出版社 2011 年版，第 310 页。

② ［日］西原春夫主编：《日本刑事法的形成和特色》，李海东等译，法律出版社、成文堂 1997 年版，第 27 页。

③ 张明楷著：《刑法学》，法律出版社 2003 年第 2 版，第 164 页。

④ 苏彩霞：《我国危险犯理论通说质疑》，载《环球法律评论》2006 年第 3 期。

立法者之所以把这些本属于未遂形态的犯罪行为上升为既遂犯罪，原因就在于这些犯罪具有特别严重的社会危害性，只有将完成形态前推，才能给予打击。[①]但笔者不认同该观点。我国刑法之所以要规定危险犯，完全是因为该类犯罪的危险性大大高于其他类型的犯罪，一旦这些犯罪得逞，其造成的危害相比其他犯罪危害性更大，因此，刑法采用犯罪成立模式，将尚未造成实害结果的危险行为规定为犯罪加以惩罚，而不是采用犯罪既遂模式，将危险犯立法确定为犯罪既遂。在笔者看来，危险犯无论是否造成实害结果，均应视为危险犯，危险犯存在未遂和既遂两种形态，即非实害危险犯是未遂形态，而实害犯是危险犯的既遂形态。因为同一犯罪行为不能出现两种不同形式的犯罪既遂形态，否则，将导致行为性质相同、罪名相同、犯罪形态相同（均为犯罪既遂），但既遂判断标准不同，在同一性质问题上持双重标准的矛盾结果。

一、承认非实害危险犯是未遂形态，而实害犯是危险犯的既遂形态，符合刑法关于犯罪未遂的立法规定

我国《刑法》第 23 条规定："已经着手实行犯罪，由于犯罪分子意志以外的原因而未得逞的，是犯罪未遂。"非实害危险犯是未遂形态，符合我国刑法关于犯罪未遂的规定。下面仍以破坏交通设施罪为例加以论证。当行为人将一块大石头故意搬到正在使用的铁轨上后，其行为就足以使火车发生倾覆、毁坏的危险，但由于犯罪分子意志以外的原因，如因被他人发现而将铁轨上的石头搬走，致使没有造成车毁人亡的后果。按刑法通说的观点，行为人的行为已构成破坏交通设施罪既遂，但笔者认为该情形属于犯罪未遂，因为其行为符合刑法关于犯罪未遂的立法规定。当行为人将一块大石头故意搬到正在使用的铁轨上后，意味着行为人已经实施犯罪，但由于犯罪分子意志以外的原因，致使行为人犯罪没有得逞，这完全符合刑法理论中关于实行终了的未遂的全部特征。行为人将石头搬到正在使用的铁轨上，其目的就是制造交通事故，致使火车倾覆、毁坏，但其行为因被人发现而将铁轨上的石头搬走，导致犯罪没有得逞，属于犯罪未遂。

二、承认非实害危险犯是未遂形态，而实害犯是危险犯的既遂形态，能科学解决危险犯成立后的犯罪中止问题

关于危险犯成立后实害结果出现前行为人采取有效措施阻止严重危害结果

① 马克昌主编：《犯罪通论》，武汉大学出版社 2001 年版，第 70 页。

出现的行为能否成立犯罪中止的问题，赞同犯罪既遂理论通说的学者之所以存在不同争议，就在于其均承认危险犯既遂说的观点。承认危险犯既遂说，就无法科学解决危险犯成立后的犯罪中止问题，其争议的任何一种观点都不能自圆其说。只有承认非实害危险犯是未遂形态，而实害犯是危险犯的既遂形态，才能科学地解决危险犯成立后的犯罪中止问题。即行为人实施犯罪行为之后，危害结果出现之前，自动、有效采取措施，防止危害结果出现的，成立犯罪中止。就危险犯而言，当行为人的行为足以造成某种危险，而在现实危险结果出现前，行为人自动、有效采取措施，防止危害结果出现，其行为完全符合犯罪中止的条件，就不会引起在危险犯中止问题上的争议。

有观点认为，危险状态出现后，成立危险犯中止的时间条件已经不具备了，但成立实害犯的时间条件仍然存在。[①] 将危险状态出现后行为人又自动消除危险状态的行为认定为与危险犯相对应的实害犯的中止，不仅符合实害犯中止的三大条件，而且符合罪刑相适应原则。[②] 这种观点逐渐被多数主张“危险犯是既遂形态”的论者所赞同。但该观点同样存在缺陷：同一个罪名不可能既是危险犯，又是实害犯。继续以破坏交通设施罪为例，按照通说论的观点，我国《刑法》第 117 条规定的是破坏交通设施罪的危险犯，第 119 条第 1 款规定的是破坏交通设施罪的实害犯。然而，同一个犯罪（破坏交通设施罪）怎么可能既存在危险犯既遂又存在实害犯既遂？有论者辩解说，危险犯的犯罪过程本身就是从实害犯的犯罪过程之中截取出来的，实害犯的实施过程中包含了作为独立的既遂形态而存在的危险犯的发展阶段。按照此种理解，当破坏交通工具罪出现危险状态时就是危险犯，当危险状态发展成实害结果时就是实害犯，同一个犯罪既是危险犯又是实害犯，二者并不冲突。[③] 按照上述论者的观点，如果危险犯在行为造成法定危险后，实害结果出现前又自动消除危险的，要成立犯罪中止也只能是成立第 119 条实害犯的中止。那么，这样一来，《刑法》第 117 条所规定的危险犯的中止根本就不可能存在。也就是说，《刑法》第 117 条所规定的危险犯，如果要成立犯罪中止的话，只能是实害犯的中止，不可能是危险犯的中止。这就意味着《刑法》第 117 条所规定的危险犯不存在危险犯中止，而只能是实害犯中止。因此当行为足以造成交通工具发生倾覆、毁坏危险后，实害结果出现前，行为人采取有效措施，防止实害结果出现，在我国刑法

---

① 王志祥：《危险犯实行阶段的中止问题研究》，载《云南大学学报（法学版）》2004 年第 3 期。

② 鲜铁可著：《新刑法中的危险犯》，中国检察出版社 1998 年版，第 130 页。

③ 苏彩霞：《我国危险犯理论通说质疑》，载《环球法律评论》2006 年第 3 期。

理论通说之危险犯既遂说的前提下，成立危险犯中止就会是个伪命题。

笔者认为，要解决危险犯中止问题，关键是要承认危险犯是犯罪成立的一种形式，非实害危险犯是未遂形态，而实害犯是危险犯的既遂形态，只有这样，才能科学解决危险犯成立后的犯罪中止问题。某种危险状态的出现只是危险犯成立的构成要件，危险犯是否既遂需看行为人的行为是否得逞，即行为人所期待的危害结果是否发生。行为已经造成了某种法定危险状态的出现，说明该行为具备了危险犯的构成要件，意味着危险犯成立犯罪，至于构成何种犯罪形态，仍要看犯罪行为符合哪种犯罪形态的特征。当行为导致某种危险状态出现后，而行为人所期待的实际损害结果发生前，行为人采取有效措施消除危险，防止危害结果发生的，则其行为符合犯罪中止的特征，属于危险犯中止。只有这样理解，才能科学解决危险犯中止问题，有利于鼓励犯罪人及时中止犯罪，保护法益免受实际损害，也有利于行为人获得减免处罚，从而使我国刑法关于犯罪停止形态理论更加科学合理。

第三节 危险犯的既遂标准

一、危险犯概念的重新界定

关于危险犯的概念，鲜有国家刑法对其作出明确界定，但在刑法理论上却有众多学说，概括起来主要有三种：（1）从危险犯受刑罚处罚根据的角度定义，即认为危险犯因其对法益产生侵害之威胁而具有刑事可罚性。例如，危险犯就是因行为具有侵害法益之可能性而受处罚的犯罪。[①] 侵害犯与危险犯之区别在于处罚根据不同，前者以法益遭到实际损害为根据，后者仅以具有侵害法益之威胁为处罚根据。[②] 危险犯是指某种危害行为只要对法益造成特定危险状

---

① ［日］山口厚著：《危险犯的研究》，东京大学出版会 1982 年版，第 3 页。

② 鲜铁可著：《新刑法中的危险犯》，中国检察出版社 1998 年版，第 24 页。

态时即可对其定罪处罚，不以产生实害为必要，如预备放火。[①]（2）从危险犯既遂的角度定义，即危害行为造成的法益受损害的危险状态的形成是危险犯既遂的标志。例如，在构成要件要素上以法益之实际侵害或产生危险状态为必要者，为实质犯。其中，以法益之实际侵害为必要者，为侵害犯。若仅对被保护法益产生威胁为已足者，为危险犯。二者之差异，在决定犯罪既遂之时间点上，非常重要。[②] 危险犯是指危害行为只要造成足以导致某种实害结果产生的法定危险状态，就构成既遂的犯罪形态。[③]（3）从危险犯成立的角度定义，即危害行为造成的法益受损害的危险状态的形成是危险犯成立的标志。例如，危险犯是符合构成要件的行为对一定法益造成实际侵害之危险即告成立的犯罪。[④] 危险犯是指以构成要件该当行为致使某种法定具体危险状态的出现为犯罪成立条件的犯罪。[⑤] 符合构成要件的行为无须实际侵害一定的法益，单是有侵害之威胁即已成立的犯罪，是危险犯。[⑥] 危险犯是指只要实施了具有产生某种实害危险的行为，犯罪即告成立的犯罪形态。[⑦]

上述第一种观点依据危险犯的处罚根据来下定义明显不妥：危险犯的处罚根据并非危险犯特有。危险犯以行为造成法定危险状态的出现作为处罚依据，但该依据同样是所有故意犯罪的未完成形态和行为犯的处罚依据。在故意犯罪未遂状态下，行为同样没有引起实害结果的发生，但刑法依然要对未遂犯给予处罚，因为未遂行为从事实上或法律上已经使法益陷入危险境地。可见，未遂行为受到刑罚处罚与危险犯受处罚的依据是相同的，都源于行为的危险性。同样，对于行为犯来说，法定行为的完成意味着犯罪成立，并不要求危害结果实际出现。但实际危害结果没有出现并不能免除行为人应承担的刑事责任，即行为未造成实际危害结果，行为人仍需承担刑事责任。故在处罚依据上，行为犯与危险犯并没有不同。

第二种观点从危险犯既遂的角度下定义，实际上是将犯罪成立条件与犯罪既遂条件混为一谈。法定危险状态的出现是危险犯成立犯罪的条件，而非犯罪既遂成立。犯罪成立并不等同于犯罪既遂，如果犯罪成立意味着犯罪既遂，则

---

① 黄村力著：《刑法总则比较研究》，三民书局 1995 年版，第 52 页。

② 甘添贵著：《刑法总论讲义》，中兴大学出版社 2003 年版，第 66 页。

③ 陈忠林主编：《刑法总论》，高等教育出版社 2007 年版，第 164 页。

④ 蔡墩铭著：《刑法总论》，三民书局 1998 年版，第 69 页。

⑤ 苏彩霞：《危险犯及其相关概念之辨析》，载《法学评论》2001 年第 3 期。

⑥ ［日］木村龟二主编：《刑法学词典》，顾肖荣译，上海翻译出版公司 1991 年版，第 158 页。

⑦ 熊选国：《论危险犯》，载《中南政法学院学报》1992 年第 2 期。

过失犯罪和间接故意犯罪均属于犯罪既遂。故该观点与犯罪停止形态理论相悖。

第三种观点从危险犯成立的角度下定义，笔者赞同该观点。该观点符合我国刑法关于危险犯的规定。当法定的危险状态出现时，危险犯犯罪成立，法定的危险状态没有出现，则意味着行为不构成犯罪。

危险犯进入刑法，是"风险社会"导致的必然结果。科学技术的飞速发展，便捷了人类的生活，但也隐藏着巨大的风险。德国社会学家乌尔里希·贝克在其著作《风险社会》一书中提出：风险社会，是指工业革命为社会、经济以及技术带来飞速发展的同时，社会共同体的生存安全也将受到巨大挑战的一种社会状态。① 科技的发展使社会生产力成倍增长，但同时使人类面临越来越多不可控制的风险，且这些风险相较于传统社会风险更难预测，不但波及范围更广，而且破坏性也更强。基于此，防范社会的不安全性成为刑法的重要功能之一。

日本学者关哲夫指出：在风险社会中，预防主义成为现代刑法的核心，将其称为"危险刑法"可能更为适当。人类为保障共同体的安全、为维持稳定的社会秩序，在应对风险时企图能从刑事法规中寻求解决之道。② 而现代刑法中危险犯的出现就顺应了这一趋势，危险犯已成为各国刑法不可忽视的内容。

但如前所述，危险犯不是我国刑法理论通说所说的一种犯罪既遂的类型，而是犯罪成立的一种犯罪形态。有些犯罪之所以称为危险犯，是因为行为人所使用的犯罪手段具有极大的危险性，因而刑法对这些犯罪规定了不同于其他犯罪的成立条件。行为犯成立犯罪，刑法要求行为人必须实施了法律所规定的法定行为，并不强求某种法定危险状态或危害结果的出现，如伪证罪，只要行为人在刑事诉讼活动过程中，对与案件有重要关系的情节作伪证，则无论被害人是否受到错误的刑事处罚，均成立伪证罪。而结果犯成立犯罪往往要求行为人所实施的犯罪行为必须造成法定的危害结果，如侮辱罪必须达到情节严重才构成犯罪。在我国整个刑法分则条文中，并无哪个犯罪条文是以法定的犯罪结果作为犯罪既遂的标志。法定的犯罪结果，即法条明文规定的犯罪结果，通常只是作为犯罪成立要件或结果加重犯的加重结果，如过失致人死亡罪，在这种情

---

① ［德］乌尔里希·贝克著：《风险社会》，何博闻译，译林出版社 2004 年版，第 18 页。

② ［日］关哲夫：《现代社会中法益论的课题》，王充译//赵秉志主编：《刑法论丛》（第 12 卷），法律出版社 2007 年版，第 337 页。

况下，犯罪结果只着眼于犯罪的成立与否，而不着眼于犯罪的既遂。[1] 刑法关于危险犯的立法是基于危险犯的危险性大于其他类型的犯罪，故立法者在危险犯立法时，设定的犯罪成立条件就是危险行为足以造成某种法定危险状态出现，并不要求实害结果出现。因此，作为犯罪成立的一种形式，所谓危险犯，是指以行为人所实施的危害社会的行为造成某种危险状态出现为犯罪成立构成要件的犯罪。

二、危险犯的种类

随着现代科技的日益发展，风险社会的来临，使现代刑法成为风险刑法，预防风险，加强对“抽象法益”的保护成为现代刑法关注的重要方面。风险刑法并不在意何种具体法益受到损害，而仅是以一般危险性和预防必要性作为划定可罚性的界限，因而出现了法益抽象化的问题。在风险社会中，人们要面对各种威胁共同体生活安全的风险，有些风险具有高危险性，这些风险一旦变成现实危害，通常具有极大的甚至无法控制的灾难性后果。因此，现代刑法强调，必须在这些风险变为实现的可能前作出合理的反应，而无须等到法益产生实际损害或具体危险变成事实后才介入。基于此，现代刑法普遍将刑法的防卫线向前推置，以便更好地保证风险社会人类命运共同体的安全。

在大陆法系现代刑法理论中，危险犯又分为具体危险犯和抽象危险犯两种，其中具体危险犯是传统刑法理论所指的危险犯，而抽象危险犯则主要是随着科技的发展，风险社会的来临，为应对各种风险，特别是公共安全、环境安全、食品药品安全和公共卫生安全等领域的风险而出现。抽象危险犯可见于19世纪大陆法系国家刑法典。各国通过修改刑法，使刑法介入早期化，从而使刑法的安全防范机制得到加强。

现代各国刑法关于危险犯的设置领域不断扩张，我国也不例外。目前，我国刑法中的危险犯主要集中在三个领域：（1）危害公共安全类危险犯：放火罪、爆炸罪、投放危险物质罪、决水罪、以危险方法危害公共安全罪（第114条），破坏交通工具罪（第116条），破坏交通设施罪（第117条），破坏电力设备罪、破坏易燃易爆设备罪（第118条），暴力危及飞行安全罪（第123条），破坏广播电视设施、公用电信设施罪（第124条），非法制造、买卖、运输、邮寄、储存枪支、弹药、爆炸物罪（第125条），非法制造、买卖、运输、

---

① 苏彩霞：《我国危险犯理论通说质疑》，载《环球法律评论》2006年第3期，第356页。

储存危险物质罪（第 125 条），盗窃、抢夺枪支、弹药、爆炸物、危险物质罪（第 127 条），抢劫枪支、弹药、爆炸物、危险物质罪（第 127 条），非法携带枪支、弹药、管制刀具、危险物品危及公共安全罪（第 130 条），危险驾驶罪（第 133 条之一）等。（2）食品、医药类危险犯：生产、销售假药罪（第 141 条），生产、销售不符合安全标准的食品罪（第 143 条），生产、销售不符合标准的医用器材罪（第 145 条）等。（3）妨害公共卫生、环境类危险犯：妨害传染病防治罪（第 330 条），妨害国境卫生检疫罪（第 332 条），非法采集、供应血液、制作、供应血液制品罪（第 334 条），妨害动植物防疫、检疫罪（第 337 条）等。

（一）抽象危险犯

关于“抽象危险犯”，理论上有较大分歧。德国学者罗克辛教授认为，抽象危险犯，是指“一种典型的危险的举止行为被作为犯罪而处于刑罚之下，不需要在具体案件中出现一种危险的结果”。[①] 日本学者大谷实教授则认为，“将在社会一般观念上认为具有侵害法益危险的行为类型化之后所规定的犯罪，就是抽象危险犯”。[②] 我国刑法学者张明楷教授认为，危险犯包括具体危险犯和抽象危险犯，抽象危险犯中的危险，需要司法机关根据一般的社会生活经验来判断行为具有造成侵害结果的可能性。[③] 在抽象危险犯的概念中，争论的核心问题是“抽象的危险”如何定义。关于“抽象的危险”，学者们也有不同的观点。有学者认为，抽象的危险，是“单就某一行为客体本身所蕴含之危险，作抽象的判断，而于该行为具体的干涉公共安全违于何种程度，则不一并计及，由此认定的危险。”[④] 有学者从一般经验出发，认为抽象的危险“并不是对个别行为进行观察，而是基于大量的观察……从经验上显示，某一行为种类易于造成被保护法益的实害：这种行为，带有一般的危险性……”[⑤]

（二）具体危险犯

具体危险犯是抽象危险犯的对称，是指行为人的行为是否具有足以造成某种危害后果的危险，需要根据具体案情加以判断的犯罪。通常认为，关于具体

---

① ［德］克劳斯·罗克辛著：《德国刑法学总论》（第 1 卷），王世洲译，法律出版社 2005 年版，第 278 页。

② ［日］大谷实著：《刑法总论》，黎宏译，法律出版社 2003 年版，第 95 页。

③ 张明楷著：《刑法学》（第四版），法律出版社 2011 年版，第 167 页。

④ 韩忠谟著：《刑法原理》，中国政法大学出版社 2002 年版，第 105 页。

⑤ 林东茂：《危险犯的法律性质》//《台湾大学法学论丛》，台湾大学法律学院出版社 1994 年版。

危险犯，我国刑法分则中有两种表述方式，第一种是实施特定的危害行为，足以导致特定的危险，尚未造成严重后果的。如《刑法》第116条规定："破坏火车、汽车、电车、船只、航空器，足以使火车、汽车、电车、船只、航空器发生倾覆、毁坏危险，尚未造成严重后果的，处三年以上十年以下有期徒刑。"类似的条文还有第117条（破坏交通设施罪）、第118条（破坏电力设备罪、破坏易燃易爆设备罪）等。第二种是实施特定的危害行为，足以严重危害人体健康的。如《刑法》第143条规定："生产、销售不符合食品安全标准的食品，足以造成严重食物中毒事故或者其他严重食源性疾病的，处三年以下有期徒刑或者拘役，并处罚金……"类似的条文还有第145条（生产、销售不符合标准的医用器材罪）、第334条（非法采集、供应血液、制作、供应血液制品罪；采集、供应血液、制作、供应血液制品事故罪）等。具体危险犯将行为对象的实际损害危险作为犯罪成立的要件，具体的行为对象处于现实客观的危险当中，结果没有发生只是一种偶然，在具体危险犯中，若无具体危险的产生，则犯罪就不成立。如在破坏交通工具案件中，行为人的行为是否具有足以使交通工具发生倾覆、毁坏的危险，要根据行为人的破坏手段及交通工具被破坏的部位、程度等具体案件事实确定。如果具有这种危险，则构成破坏交通工具罪。如果认定行为人的破坏行为无发生使交通工具发生倾覆、毁坏危险的可能，则行为人的行为不构成破坏交通工具罪，当然也不构成破坏交通工具罪的未遂。

关于抽象危险犯与具体危险犯的关系，存在以下两种对立的观点：一种观点认为，抽象危险犯是一种真正的具体的危险。① 这就意味着抽象危险犯和具体危险犯并无不同。有学者更进一步提出，区分抽象危险犯与具体危险犯并无实际意义，二者的危险都是"有发生实害之虞"，都需要具体证明，只不过抽象危险犯是行为本身具有具体的危险，具体危险犯是行为结合一些具体情况才具备具体的危险，因此，无法从危险程度上对二者进行区分。② 另一种观点认为，抽象危险犯与具体危险犯存在区别。至于区分的标准，存在构成要件说、危险程度说、危险属性说、法益说等。构成要件说认为，抽象危险犯中的危险不属于犯罪构成要件的要素，而具体危险犯中的危险属于犯罪构成要件的要素。③ 其对危险的判断采取的是形式说。危险程度说是目前德日刑法理论的通说，其认为抽象危险犯与具体危险犯之间的区别并不是质的区别，而仅仅是量的区别，即抽象危险犯的危险是程度较低、较为缓和的危险，具体危险犯的危

---

① 鲜铁可著：《新刑法中的危险犯》，中国检察出版社1998年版，第103页。

② 许玉秀：《无用的抽象危险犯》，载《台湾本土法学杂志》2000年第8期。

③ 甘添贵著：《刑法总论讲义》，瑞兴图书股份有限公司1992年版，第66页。

险是程度较高、较为紧迫的危险。[①] 据此，具体危险犯和抽象危险犯均需在司法中结合案件的情况进行具体的判断，不同的是危险的程度存在差异。危险属性说主张从危险属于抽象可能还是现实可能来区分抽象危险犯和具体危险犯。[②] 法益说认为，抽象危险犯中的危险较为抽象，行为侵害的是比较笼统的法益，而非具体的、特定的法益，具体危险犯中的危险较为具体，行为侵害的是某种具体的、特定的法益。[③]

笔者认为，抽象危险犯与具体危险犯之间存在区别，其区别主要表现在以下几个方面：

1. 抽象危险犯之危险是抽象的、概然性的危险，而具体危险犯之危险是具体的、应然性的危险。在抽象危险犯中，其危险的内容是概括的，无法对危险的内容加以具体描述，人们只能凭经验判断，某行为的实施将可能产生危险，但到底产生什么危险却难以把握。如放火罪中的放火行为所产生的危险就是抽象的、概然性的危险，这种危险的内容人们无法把握，其危险的内容可能导致公私财物烧毁，可能导致人员死伤，可能引起易燃易爆物品爆炸，可能造成环境的重大污染等，也可能是上述危险的综合体。因此作为抽象危险犯，放火罪之危险就是一种抽象的、概然性的危险。而具体危险犯之危险是某一具体的危险，该危险是行为必然导致的结果，如果该危险结果不是行为所必然导致，则该具体危险犯不能成立。如我国《刑法》第 116 条所规定的破坏交通工具罪，行为人所实施的破坏交通工具的行为所导致的危险结果只能是使交通工具倾覆或者毁坏。在这里，交通工具倾覆或者毁坏是一种具体的、应然的危险结果，而该危险结果则是由破坏交通工具行为所必然引起，如果交通工具倾覆或者毁坏不是由于行为人破坏交通工具的行为所引起，则不能成立破坏交通工具罪。

2. 对于抽象危险犯的危险刑法只作抽象的、概括的规定，对于具体危险犯的危险法律通常作出具体的、明确的规定。抽象危险犯的危险是潜在的、可能出现的危险，在实害危险出现前，人们无法预料危险的发展趋势，因而无法判明危险发生的具体类型，故刑法在规定抽象危险犯的危险时只能作抽象的、概括的规定。如我国刑法关于放火罪、爆炸罪、决水罪、投放危险物质罪等抽象危险犯的立法，均只对危险做了抽象的、概括的规定，即“危害公共安全”，并没有将危险行为有可能引起的各种具体的危险加以列举，至于上述行为是否“危害公共安全”，则由审判人员凭经验加以判断。而对于具体危险犯之危险，

① 张明楷：《危险犯初探》，载《清华法学评论》1998 年第 1 期。
② 曲新久著：《刑法的精神与范畴》，中国政法大学出版社 2000 年版，第 138 页。
③ 刘仁文著：《过失危险犯研究》，中国政法大学出版社 1998 年版，第 74 页。

刑法通常有具体明确的规定。如我国刑法关于破坏交通工具罪、破坏交通设施罪的规定，均要求其破坏行为必须足以导致火车、汽车、电车、船只、航空器等交通工具发生“倾覆或者毁坏”的危险。再如妨害传染病防治罪，刑法要求行为人的行为有“引起甲类传染病传播或者有传播严重危险”等。

3. 危险的界定标准不同。抽象危险犯之危险，刑法并不作出具体明确的规定，这种抽象的危险是否存在，由审判人员根据自己的经验，依据一般大众的认知水平加以界定。这种抽象危险是否可能真实出现不影响抽象危险犯的成立，如醉酒型危险驾驶罪。刑法并没有规定醉酒驾驶机动车将会发生怎样的危险，但显而易见，依据一般大众的认知水平，在道路上醉酒驾驶机动车将严重危及交通公共安全，只要行为人在道路上醉酒驾驶机动车，则交通公共安全的危险是否出现不影响危险驾驶罪的成立。在具体危险犯中，刑法均明确规定了具体的危险，这些具体的危险是具体危险犯成立的构成条件。如在破坏交通设施罪中，行为人的破坏行为必须足以使火车、汽车、电车、船只、航空器等交通工具发生“倾覆或者毁坏”的危险，该具体危险的出现是破坏交通设施罪成立的构成条件，如果行为人的破坏行为不足以使火车、汽车、电车、船只、航空器等交通工具发生“倾覆或者毁坏”的危险，则行为不构成破坏交通设施罪。

三、危险犯既遂标准

依据前面的论述，我们已经确定，危险犯就是行为构成犯罪的一种形态，并非犯罪完成的既遂形态。危险犯成立犯罪，必须以刑法所规定的特定危险结果的危险状态出现为条件，否则其行为不能成立该种犯罪。危险犯同样存在犯罪未遂、犯罪中止和犯罪既遂问题。

（一）未出现实害结果的危险犯是犯罪未遂形态

有观点认为，危险犯本属于未遂形态的犯罪行为，之所以被立法者上升为既遂犯罪，是因为这些犯罪社会危害性特别严重，将完成形态前推的目的是便于将该类犯罪给予有效打击。[①] 但笔者不同意此观点。首先，在前面的论述中我们清楚地知道，我国刑法分则中并没有危险犯就是既遂犯的立法依据，故认为我国刑法将危险犯通过立法上升为既遂犯的理由不能成立。其次，我国刑法之所以要将足以造成某种现实危险的行为规定为犯罪，并不意味着这样的行为就是犯罪既遂，而是考虑到该类犯罪与其他类型的犯罪比较，其危险性明显高于后者，一旦这些犯罪得逞，其社会危害性必然大大高于其他犯罪，因此，立

---

① 赵秉志主编：《犯罪未遂的理论与实践》，中国人民大学出版社 1987 年版，第 248 页。

法者以犯罪成立的立法模式，将尚未造成实害结果的危险行为规定为犯罪加以惩罚。从立法模式来看，我国刑法的立法模式也并不足以证明危险犯就是既遂犯。故笔者认为，对于危险犯而言，无论实害结果是否出现，危险犯的危险性都无法否认。未出现实害的危害结果，意味着犯罪未得逞，属于危险犯未遂，出现了实害的危害结果，意味着犯罪已得逞，属于危险犯既遂。如果否认危险犯存在未遂形态，就意味着承认同一性质的犯罪行为在同一犯罪过程中，在不同的犯罪进程阶段，在罪名相同的情况下存在两种犯罪既遂形态，前面所述破坏交通工具罪便是，这显然违背故意犯罪停止形态理论关于一个具体犯罪只能存在一种犯罪停止形态的观点。

未出现实害结果的危险犯是危险犯未遂，该结论与我国刑法关于犯罪未遂的立法规定相符合。根据我国《刑法》第23条的规定，犯罪未遂的本质特征就在于犯罪未得逞是由犯罪分子意志以外的原因造成的。根据《辞海》的解释，“得逞”意味着得到实现、达到目的。[①] 因此，犯罪未得逞应当是指行为人所实施的犯罪没有实现行为人的目的。如行为人周某意图炸毁位于居民区的于某的房子。一天深夜，周某带着爆炸物偷偷来到于某房子院内，埋好炸药，点燃导火索后迅速逃离现场。后由于导火索受潮，没有引爆爆炸物，致使其犯罪没有得逞。在该案中，由于周某意志以外的原因——导火索受潮，最终没有引爆爆炸物。对于此种情形，按“构成要件齐备说”的观点，行为人周某行为应构成爆炸罪既遂。但依据我国《刑法》第23条的规定，行为人周某的行为属于犯罪未遂。因为当行为人周某将爆炸物导火索点燃后，意味着其已经实施犯罪，并完成了整个犯罪行为，但由于周某意志以外的原因爆炸物未爆炸，致使其犯罪没有得逞，这完全符合刑法理论中关于实行终了的未遂的全部特征。

（二）承认未出现实害结果的危险犯是未遂犯，才能科学解决危险犯犯罪中止问题

将危险犯视为犯罪既遂的一种类型，势必导致刑法相关理论的混乱。根据故意犯罪停止形态理论，作为完成形态，犯罪既遂是犯罪的最后形态，犯罪完成后不可能再出现犯罪进行过程中的犯罪中止问题。而事实上，当危险犯之危险状态出现之后到实际危害结果出现之前，在时间上往往还存在一定的间隔，在该时间段内，行为人完全可能因害怕受到刑罚处罚或良心发现等因素而主动放弃犯罪并有效阻止危害结果的实际发生。在此情形下，即危险犯成立后能否再成立犯罪中止？否定“构成要件齐备说”的学者认为此情形成立犯罪中止，

---

① 《辞海》（上），上海辞书出版社2009年版，第702页。

而赞同“构成要件齐备说”的学者则存在争议，主要有三种观点：第一种观点是既遂说，认为犯罪既遂后不可能再出现犯罪中止的情况。第二种观点是实害犯中止说，认为犯罪既遂后依然可以成立犯罪中止。第三种观点是危险犯中止说，认为在危险犯的全部实行行为完成后，实际危害结果产生前，行为人自动有效防止犯罪结果的出现，应成立犯罪中止。①

上述赞同“构成要件齐备说”的学者的三种观点均存在问题，笔者前面已有论述，在此不再赘述。在故意犯罪的各种停止形态中，犯罪既遂是犯罪的完成形态，而犯罪预备、犯罪未遂、犯罪中止是犯罪的未完成形态，犯罪既遂意味着犯罪已经完成，既然犯罪已经完成，那么就不可能再出现犯罪的未完成停止形态。犯罪中止作为犯罪的一种未完成停止形态，从时间上来讲，只能出现在犯罪既遂前的时空阶段，犯罪既遂后根本不会再出现犯罪中止。因此，如果承认未出现实害结果的危险犯是既遂犯，那么，在实害结果出现前，行为人采取有效措施，阻止了实害结果发生的行为就无法认定为犯罪中止，即按刑法理论通说“构成要件齐备说”的观点，危险犯既遂后不再出现犯罪中止，其采取有效措施阻止实害结果出现的行为只能认定为犯罪既遂后的补救措施，在量刑时予以考虑。但实际上，赞同“构成要件齐备说”的专家学者，仍有相当一部分认可危险犯存在犯罪中止问题。然而，现在的问题是，要承认危险犯犯罪中止的存在，就必须承认未出现实害结果的危险犯是未遂犯，危险犯才有成立犯罪中止的可能性。当行为人的行为导致某种法定的危险状态出现时，危险犯犯罪成立，但不是危险犯既遂。危险犯犯罪成立后，即某种法定的危险状态已经出现，但实际危害结果出现之前，行为人积极采取措施，并有效防止了危害结果出现，此时危险犯犯罪中止成立，只有这样，才能消除在危险犯中止问题上引起的争议。② 因此，只有承认未出现实害结果的危险犯是未遂犯，才能解决危险犯存在犯罪中止问题。

四、出现实害结果的危险犯是危险犯的既遂形态

（一）实害危险犯实质上是危险犯的完成形态

有观点认为，危险犯尚未造成实害结果，只是导致了某种危险状态的出现，一旦危险状态变为实际的危害结果，该犯罪就不再是危险犯，而是实害

① 马克昌主编：《犯罪通论》，武汉大学出版社2001年版，第466页。

② 徐跃飞：《论犯罪既遂的新标准：“期待结果出现说”》，载《湖南社会科学》2016年第1期。

犯。[①] 笔者认为，该观点值得商榷。其一，实害犯与结果犯并没有本质的区别，无论是故意犯罪还是过失犯罪，只要其行为已经造成了实际的危害后果，我们均可称其为实害犯，因而实害犯称谓没有任何刑法上的意义。其二，依据该观点，实害犯已经造成了实际的危害结果，既然实际的危害结果已经出现，则表明该犯罪已达到犯罪既遂状态。而依据目前我国刑法通说的观点，犯罪既遂也只存在行为犯、结果犯、危险犯、举动犯四种类型，并不包括实害犯。

因此，笔者认为，危险犯的称谓与是否造成实害结果无关，只是已经造成了实际的危害结果的实害犯是危险犯的既遂形态，而尚未造成实害犯中危害结果的危险犯是危险犯的未遂形态，否则，前述破坏交通工具罪就存在两种不同的犯罪既遂，即通说之破坏交通工具罪危险犯既遂和破坏交通工具罪实害犯（结果犯）既遂，导致两种不同形式的犯罪既遂形态出现在同一性质的犯罪行为中，动摇犯罪既遂理论基础。

（二）危险犯的既遂标准：期待结果实现

既然危险犯是犯罪成立的一种形态，存在犯罪既遂和犯罪未遂两种停止形态，那么，危险犯的既遂标准又怎样确立呢？笔者认为，危险犯是否既遂，同样要看犯罪是否得逞，而判断犯罪是否得逞的标准应以行为人实施犯罪的期待结果是否实现为标准。所谓期待结果，是指行为人对自己实施的犯罪行为所期待或积极追求的结果。[②] 这种期待结果可以是行为人完全期待出现的最终结果，如破坏交通设施罪，行为人毁掉一段铁轨，意图使整列火车脱轨倾覆，若最终导致整列火车脱轨倾覆，则行为人完全期待的结果出现，破坏交通设施罪既遂成立。同时，这种期待结果也可能是一种概括的危害结果，所谓概括的危害结果，即行为人所期待的最终危害结果中所出现的部分结果。当行为人所期待的结果部分出现时，其行为应当认定为犯罪既遂。如行为人上述破坏行为仅导致部分火车车厢脱轨，尽管行为人所期待的最终犯罪结果没有全部出现，但由于其所期待的犯罪结果已经部分出现，故行为人同样构成破坏交通设施罪既遂。

综上所述，笔者认为，当行为人所实施的危害行为造成某种法定危险状态出现时，危险犯犯罪成立；当犯罪行为由于行为人意志以外的原因没有出现行为人期待的危害结果时，成立危险犯未遂；当犯罪行为导致行为人所期待的具体危害结果（包括概括的危害结果，即行为人所期待的全部犯罪结果中的一部分）出现时，危险犯既遂成立。

---

① 马克昌主编：《犯罪通论》，武汉大学出版社 2001 年版，第 500 页。

② 徐跃飞：《论犯罪既遂的新标准："期待结果出现说"》，载《湖南社会科学》2016 年第 1 期。

第四章
行为犯既遂论

第一节
行为犯基本问题研究

一、行为犯概念之厘定

（一）两大法系国家和地区关于行为犯之概念

在英美法系国家传统刑法理论中，由于受到判例法特色的影响，通常并没有将行为犯作为一种犯罪类型加以研究。只是随着英美法系国家制定法的增多，加上国际间刑法理论的交流日益频繁，行为犯这一概念才得到一些英美法系国家学者的关注。如有的学者把那些依据危害行为而非危害结果来下定义的犯罪称为“行为犯”（英文为“Conduct Crimes”）。有的学者甚至是依据立法者在犯罪的定义中描述犯罪事实时所使用的是名词还是动词来判断该罪是否为行为犯，如用“death”的可能是结果犯，用“killing”的则是行为犯。①

行为犯这一概念最先由大陆法系国家刑法学者提出，德国、日本、法国、意大利等大陆法系国家的刑法理论将行为犯与结果犯作为一对范畴加以研究。根据行为与结果的关系，将犯罪分为实质犯和形式犯，实质犯又称结果犯，而形式犯又称行为犯。法国学者认为在实质犯中，犯罪结果是犯罪的构成要件，有实际损害的出现才能构成既遂罪，形式犯可以独立于任何损害结果而成立，

---

① 金泽刚、张正新：《行为犯的概念及其既遂形态研究》，载《法商研究》1999 年第 3 期。

即使行为没有造成追求的结果，犯罪也可以成立。① 日本有些学者认为：“根据构成要件，以结果发生为不必要，单纯仅以行为为要素的，这种犯罪被称为单纯行为犯。然而，对于大部分犯罪而言，除行为以外，以一定结果为构成要件要素的，这称为结果犯。”②

（二）我国关于行为犯之概念

在我国刑法理论中，关于行为犯的概念存在既遂标准说与成立标准说之争。持既遂标准说的学者认为，行为犯是指只要实施刑法分则规定的某种危害社会的行为就构成既遂的犯罪形态。行为犯的实质是法律将行为人实施犯罪的行为直接规定为犯罪既遂。③ 有的学者认为，行为犯是指只要实施了符合刑法分则规定的某种基本构成要件行为就既遂，而无须发生特定的犯罪结果或有该犯罪结果发生的法定危险的犯罪类型。④ 所谓行为犯，是指按照刑法的规定，行为人实施完毕法定的犯罪行为即构成既遂的犯罪。⑤ 还有学者认为，行为犯，是指在刑法分则规定的具体构成要件范围内，该罪构成既遂只以行为的充分实施与否为标准，而不以行为所造成的危害结果为必要条件。⑥

持成立标准说的学者认为，所谓行为犯，是指以实行法定的犯罪行为作为犯罪构成必要的条件的犯罪。⑦ 行为犯，是指行为人只要单纯实施刑法分则所规定的构成要件的行为就足以构成犯罪，而无须发生一定的犯罪结果。⑧

从上述学者的观点中可以看出，无论是既遂标准说还是成立标准说，均以行为人法定行为的实施作为行为犯成立的实质条件，至于该法定行为的实施是标志着犯罪既遂成立还是犯罪构成成立存在争议。之所以存在争议，关键在于学者们对于我国刑法分则的立法模式存在不同观点。持既遂标准说观点的学者认为，我国刑法分则立法采用既遂模式，因此，对于行为犯来说，只要行为人实施了刑法分则规定的犯罪行为，即成立该犯罪的既遂。持成立标准说的学者则认为，我国刑法分则立法采用犯罪成立模式，故对于行为犯来说，法定行为的实施是该犯罪成立的标准，行为不符合刑法的规定，则其行为不能成立

---

① ［法］卡斯东·斯特法尼等著：《法国刑法总论精义》，中国政法大学出版社 1998 年版，第 226 页。

② ［日］团藤重光著：《刑法纲要总论》，创文社 1979 年修订版，第 114 页。

③ 马克昌主编：《犯罪通论》，武汉大学出版社 2001 年版，第 299 页。

④ 史卫忠著：《行为犯研究》，中国方正出版社 2002 年版，第 99 页。

⑤ 贾宇主编：《刑法原理与务实》，中国政法大学出版社 2017 年版，第 89 页。

⑥ 郑飞著：《行为犯论》，吉林人民出版社 2004 年版，第 79 页。

⑦ 姜伟著：《犯罪形态通论》，法律出版社 1994 年版，第 115 页。

⑧ 陈兴良著：《刑法哲学》，中国政法大学出版社 1992 年版，第 214 页。

犯罪。

笔者赞同成立标准说。在大陆法系国家中，其刑事立法通常采用既遂模式，犯罪的成立在犯罪构成上和犯罪既遂一致，即行为符合犯罪构成就成立犯罪既遂。不仅在刑法典总则对未遂犯加以具体规定，而且在刑法典分则中对未遂犯是否处罚均加以明确规定。其刑法以处罚既遂为基础，以处罚未完成犯罪形态为例外，如《日本刑法典》第44条“处罚未遂的情况，由各本条规定”及第141条“本章犯罪的未遂，应当处罚”。[①] 而在我国，由于刑法分则关于具体犯罪的立法并非采用既遂模式，故犯罪成立和犯罪既遂是相互区分开来的。犯罪成立意味着行为人的行为已经构成犯罪，其犯罪形态既包括犯罪预备、犯罪未遂、犯罪中止三种未完成形态，还包括犯罪的完成形态犯罪既遂。而犯罪既遂仅仅是犯罪的完成形态，符合具体犯罪的构成条件，并不意味着犯罪既遂。由于我国刑法分则关于具体犯罪的立法并非与大陆法系国家一样采用既遂模式，而是采用混合模式立法，故我国刑法中的行为犯的概念只能采用成立标准说。

综上所述，所谓行为犯，是指刑法分则具体犯罪所规定的、以法定行为的实施为犯罪成立条件的犯罪。

二、行为犯之特征

（一）行为犯之主观罪过只能是直接故意

任何犯罪均有主观罪过，无罪过就无犯罪。行为人的主观罪过包括故意和过失。故意包括直接故意和间接故意，过失包括疏忽大意的过失和过于自信的过失。就行为犯而言，其主观罪过形式只能是直接故意。在过失犯罪中，只有当行为人的行为造成了严重的危害社会的结果，即对刑法所保护的法益造成了实际的严重损害后果，行为才构成犯罪，因此，所有的过失犯罪只能是结果犯。如过失重伤罪必须是行为人的过失行为导致他人重伤的结果才构成犯罪。再如交通肇事罪，必须是行为人交通肇事行为导致他人重伤、死亡或者使公私财产遭受重大损失才构成犯罪。在间接故意犯罪中，行为人对自己的行为可能造成危害社会的结果主观上持放任的态度，对危害结果的产生听之任之、漠不关心，不积极追求危害结果的产生。因而，间接故意也只有在造成严重的危害结果的情况下才承担刑事责任。可见，间接故意犯罪也只能是结果犯。而对于行为犯来说，法律只要求行为人实施了法定的行为即成立犯罪，危害结果是否

---

① 《日本刑法典》，张明楷译，法律出版社1998年版，第21页。

出现不影响行为犯的成立。因此，行为犯的主观罪过既不可能是过失，也不可能是间接故意，只能是直接故意。

（二）行为犯的行为方式只能是作为

在中外刑法理论中，普遍认为行为犯的行为方式包括作为与不作为。作为是指行为人积极实施法律规范所禁止的行为。如刑法禁止故意杀人的行为，但行为人却故意积极实施杀人行为，最终将被害人杀害，该行为人就是以作为方式构成故意杀人罪。不作为是指行为人负有某种特定的义务，且能够履行该义务而消极不履行的行为。如依据法律的规定，父母子女之间、夫妻之间有相互扶养的义务，如果行为人在当时的情况下有能力履行扶养义务却拒绝履行，则其行为属于不作为，如果造成严重后果，则行为人就以不作为方式构成遗弃罪。毋庸置疑，作为肯定是行为犯中行为的一种表现形式，但行为犯能否以不作为的方式来实施呢？笔者认为，行为犯的行为方式只能是作为，其理由如下：

1. 行为犯的成立无须危害结果的出现，而不作为行为构成犯罪必须产生严重的危害结果。“不作为犯罪是负有特定作为义务的人在能够履行义务的情况下而不履行，以致发生危害社会的结果，依照法律应当受到刑罚处罚的行为。大多数情况下，不作为犯罪必须有一定的危害结果，如果没有损害结果，那么在实践中罪与非罪的界限很难分清，一般不按照犯罪处理。”① 在我国刑法中，遗弃罪是典型的不作为犯罪，依据我国《刑法》第261条的规定，构成遗弃罪必须是行为人遗弃的行为要达到情节恶劣的程度。在这里，所谓“情节恶劣”，通常是指行为人遗弃的行为导致被遗弃人身体健康受到严重摧残或导致被遗弃人死亡。在非典型的不作为犯罪中，同样要求行为人的不作为行为必须导致严重危害结果出现才构成犯罪。如行为人故意不给自己的婴儿喂奶，意图将婴儿饿死。如果最终婴儿被饿死，则行为人构成不作为的故意杀人罪，如果婴儿没有被饿死，则行为人的行为属于不作为行为，但不构成故意杀人罪。可见，不作为犯必须有严重危害结果的出现，而行为犯无须犯罪结果出现。因此，行为犯中的行为不可能由不作为的行为方式构成，行为犯的行为方式只能是作为。

2. 行为犯对危害结果通常持积极追求的态度，而不是消极等待结果出现。行为犯实施法定的犯罪行为，通常有其特定的犯罪目的，并积极地追求犯罪目的的实现，其积极追求犯罪目的实现的过程，只可能以作为的方式来实施。如

① 史卫忠著：《行为犯研究》，中国方正出版社2002年版，第144-145页。

我国《刑法》第305条规定，在刑事诉讼中，证人、鉴定人、记录人、翻译人对与案件有重要关系的情节，故意作虚假证明、鉴定、记录、翻译，意图陷害他人或者隐匿罪证的，构成伪证罪。而构成伪证罪必须是行为人故意作虚假证明、鉴定、记录、翻译，而这些作伪证的方式只能是行为人有意且积极为之，即只能以积极的作为而非消极的不作为所能做到的。在伪证罪中，行为人作伪证的目的就在于意图陷害他人或者隐匿罪证，为实现其目的，行为人必然要进行积极的作为，而不可能消极等待。因此，在行为犯中，行为人积极追求危害结果出现，只能以作为方式而不是以不作为方式来实现。

（三）行为是否产生危害结果不影响行为犯的成立

一个行为之所以构成犯罪，在于其具有严重的社会危害性。这种严重的社会危害性表现为行为已经产生了严重的危害结果或可能造成严重的危害结果。对于结果犯而言，危害结果是其犯罪成立的构成条件，而对于行为犯来说，行为是否产生危害结果不影响其犯罪的成立。但是，尽管危害结果不是行为犯成立的构成条件，但是，某一行为一旦被规定为犯罪，就说明该行为是能够产生危害结果的，无论这种结果是物质的还是非物质的、有形的还是无形的。如果某行为根本就不可能造成危害结果，则这样的行为刑法就不会将其规定为犯罪。

在行为犯中，行为是否产生危害结果不影响行为犯的成立，但行为犯同样会产生危害结果。这种危害结果既可以是已经实际产生的危害结果，如行为人作伪证的行为引起了刑事诉讼活动，导致被害人受到了错误的刑事处罚，也可以是可能产生而实际上没有产生的潜在的危害结果，如在刑事诉讼中，辩护人、诉讼代理人毁灭、伪造证据，帮助当事人毁灭、伪造证据，威胁、引诱证人违背事实改变证言或者作伪证，但没有达到情节严重的程度，即没有产生刑法所要求的危害结果，但行为仍然构成辩护人、诉讼代理人毁灭证据、伪造证据、妨害作证罪。这是因为国家对行为犯的规制提前介入，直接将行为作为犯罪处理，不需要等到行为造成一定的危害结果以后才规定为犯罪。这就像在行为和危害结果中间人为地设置了阻碍和防止结果发生的屏障，从而最大限度地实现了防卫社会的目的。[①] 总之，行为犯中危害结果的出现不是必然的，其对行为犯的成立没有本质上的影响。

---

① 史卫忠著：《行为犯研究》，中国方正出版社2002年版，第153页。

第二节 行为犯与相关犯罪形态的关系

一、行为犯与危险犯的关系

依据我国刑法理论通说的观点，行为犯与危险犯是两种不同的犯罪既遂类型。但目前有许多学者对通说的观点提出质疑。有学者认为，结果犯与实害犯是同一的，由于危险犯也只要实施一定的行为，而无须发生一定的实害结果，所以，行为犯包括了危险犯。[①] 那么，危险犯到底是属于一种独立的犯罪形态，还是如有些学者所认为的，应当将其归入行为犯的范畴呢？笔者认为，二者分别属于独立的犯罪成立形态，不应将二者之间的界限混淆。

（一）行为犯与危险犯二者的构成条件不同

一般认为，危险犯不光是要求有行为的实施完成，还要求这种行为足以造成危害结果发生的法定危险状态。而对行为犯则不做要求，即只要求构成要件行为的实施即可。行为犯以法定行为的实施为犯罪成立条件，其行为是否产生或可能产生实际的危害结果，对其犯罪的成立没有影响。如诬告陷害罪，只要行为人捏造犯罪事实，对他人进行诬告陷害，其行为即构成犯罪，至于其诬告陷害的行为是否导致他人受到错误的刑事追究，被判处了刑罚，并不影响本罪的成立。而对于危险犯来说，行为人不但要实施法定的危险行为，而且要求其危险行为必须足以造成特定的危险或有造成特定危险的现实可能才能成立犯罪。如行为人破坏交通工具的行为必须足以使正在使用的交通工具发生倾覆、毁坏的危险才能构成破坏交通工具罪。再如，行为人生产、销售不符合食品安全标准的食品行为，必须足以造成严重食物中毒事故或者其他严重食源性疾病，才能构成生产、销售有毒、有害食品罪。

（二）行为犯与危险犯二者侵害的法益范围不同

李斯特指出：“法益是法所保护的利益，所有的法益都是生活利益，是个

---

① 陈兴良著：《刑法哲学》，中国政法大学出版社1992年版，第217-218页。

人的或者共同社会的利益；产生这种利益的不是法秩序，而是生活；但法的保护使生活利益上升为法益。”① 犯罪便是侵害由法所保护的生活利益的行为。由于法益侵害说可以说明各种具体犯罪的本质，故成为德国、日本等大陆法系国家刑法理论上的通说。我国也有许多学者赞同法益侵害说是犯罪的本质特征，认为采取法益侵害说有利于正确评价行为的社会危害性。我国新刑法对法益侵害说的认同，值得称赞。② 行为方式上，行为犯与危险犯尽管在刑法中均是强调法定行为的实施是犯罪成立的条件，但实际上，其侵害的法益范围是不同的。行为犯是传统的犯罪，其所侵害的法益通常表现为对特定个人的合法权益或其他特定权益的侵害。其侵害的对象通常是具体的，行为侵害指向的权益也是具体的。如伪证罪，行为侵害的对象是特定的被害人，侵害的法益也只能是具体被害人的合法权益。而危险犯由于主要集中规定在公共危险犯罪、食品医药类犯罪以及妨害公共卫生类犯罪中，以防范“风险社会”的重大风险，因而其侵害的法益通常不是针对特定的个人或特定的权益，而是重大的公共法益，即不特定多数人的权益或公共的重大权益，即使行为针对的是特定的个人公私财产或其他特定权益，但其最终的结果依然是对重大公共法益的侵害。如放火、爆炸、投放危险物质罪等危险犯，其侵害的重大法益就是社会的公共安全，即使这些行为是针对特定的个人或财产实施，但最终导致的结果必然是危害社会的公共安全。

（三）行为犯只能由故意构成，而危险犯在主观上既可以出于故意，也可以出于过失

由于行为犯以法定行为的实施为犯罪成立条件，其行为是否产生或可能产生实际的危害结果，对其犯罪的成立没有影响，而过失犯罪的成立，必须以造成严重的危害社会的后果为前提，在我国刑法的规定中，过失犯罪都属于结果犯，故行为犯在主观上只能是出于故意。而在刑法理论以及刑法典的规定中，危险犯有故意危险犯与过失危险犯之分，并且有些危险犯往往成双出现。如我国刑法中既规定有放火罪、爆炸罪、投放危险物质罪、决水罪、以危险方法危害公共安全罪等故意危险犯，同时也规定有失火罪、过失爆炸罪、过失投放危险物质罪、过失以危险方法危害公共安全罪等过失危险犯。此外，在我国刑法中有些条款专门规定了相关过失危险犯，如《刑法》第330条规定的妨害传染病防治罪、第332条规定的妨害国境卫生检疫罪等，都属于过失危险犯。

---

① ［日］大塚仁著：《刑法概说（总论）》，有斐阁1992年改订增补版，第83页。
② 张明楷：《新刑法与法益侵害说》，载《法学研究》2000年第1期。

二、行为犯与举动犯的关系

（一）理论争议

依据我国刑法理论通说的观点，行为犯与举动犯是两种不同的犯罪既遂类型。所谓举动犯，是指按照刑法的规定，行为人只要着手实施法定的犯罪行为即构成犯罪既遂的犯罪。[①] 但是，在我国刑法理论界，关于行为犯与举动犯的关系问题依然存在较大争议。其中代表性观点有三种：

1. 行为犯不同于举动犯。所谓行为犯，是指以实行法定的犯罪行为作为犯罪构成必要的条件的犯罪。二者的区别在于举动犯的既遂以着手实行犯罪为标志，而行为犯只有当实行行为达到一定程度时，才过渡到既遂状态。[②]

2. 行为犯亦称举动犯，是一种犯罪既遂形态。行为犯分两类：一是举动犯，二是过程犯，后者有未遂形态存在。[③]

3. 行为犯也称举动犯，是指行为人只要单纯实施刑法分则所规定的构成要件的行为就足以构成犯罪，而无须发生一定的犯罪结果。[④]

（二）笔者的观点

上述第一种观点虽然区分了行为犯与举动犯的行为特征，但将行为犯与举动犯视为犯罪既遂的两种不同类型是不科学的，具体理由前文已有论述，在此不再赘述。第二种观点认为，行为犯亦称举动犯，即两者是互通的概念，是同一个层面的概念。该观点又称行为犯分两类：一是举动犯，二是过程犯，即行为犯是种概念，而举动犯是属概念，举动犯包含在行为犯中，前后的论述和结论相互矛盾。另外，该观点也是将行为犯或举动犯作为犯罪既遂的类型加以论述，与第一种观点存在同样的错误。不过该观点将行为犯分为举动犯与过程犯笔者比较认同。第三种观点将行为犯抑或举动犯视为犯罪成立的一种类型，笔者赞同此观点，但将行为犯称为举动犯则不太科学。

笔者认为，行为犯包括举动犯和过程犯。举动犯、过程犯属于行为犯的下位概念，不能和行为犯作为同一层次的犯罪成立类型进行讨论。所谓过程犯，是指行为人不仅要实施法定的犯罪行为，而且其犯罪行为必须完成才能成立的犯罪。即对于过程犯来说，其犯罪行为的实施必须要占据一定的时空，必然要经过一定的时空过程才能成立犯罪。而关于举动犯，从已有的学者的观点可以

---

① 贾宇主编：《刑法原理与务实》，中国政法大学出版社 2017 年版，第 88 页。

② 马克昌主编：《犯罪通论》，武汉大学出版社 2001 年版，第 499 页。

③ 姜伟著：《犯罪形态通论》，法律出版社 1994 年版，第 115 页。

④ 陈兴良著：《刑法哲学》，中国政法大学出版社 1992 年版，第 214 页。

看出，要么将举动犯视为一经着手实施法定行为即构成犯罪既遂的犯罪，要么将其视为一经着手实施法定行为即构成犯罪的犯罪。笔者认为，所谓举动犯，是指按照刑法规定，行为人一经着手实施犯罪构成要件的实行行为即告犯罪成立的犯罪。行为犯是犯罪成立的一种类型，故作为行为犯下位概念的举动犯也只能是犯罪成立的类型之一。在我国刑法中，举动犯通常是将原本属于非实行的行为作为实行行为看待而成立的犯罪。具体来说，举动犯包括两类：一是刑法将原本为预备性质行为上升为实行行为而成立犯罪（预备型举动犯），如参加恐怖活动组织罪、参加黑社会性质组织罪等；二是煽动型举动犯，如我国刑法中所规定的煽动分裂国家罪，煽动颠覆国家政权罪，煽动民族仇恨、民族歧视罪，煽动暴力抗拒法律实施罪，煽动军人逃离部队罪等。这类犯罪的共同特点在于：行为人通过言语或者其他方式向不特定的人群宣传自己对抗执政党、政府、社会的观念并意图实现自己的非法目的。

笔者之所以将举动犯视为行为犯的一种表现形式，而不是一种独立的犯罪成立类型，是因为刑法中所说的“举动”并不是一个单独的动作，同样是一个独立完整的行为。以煽动分裂国家罪为例，行为人煽动分裂国家，并不是喊一句分裂国家的口号，即一个举动就构成煽动分裂国家罪，必然要通过一系列的言语、动作等给他人以明示或暗示，从而使他人被煽动起来。如果行为人仅仅只有一个呼喊分裂国家口号的举动，人们通常只会将其视为恶作剧，或认为这个人精神有问题，最多也只可能被公安机关以扰乱社会秩序为由将其带离现场，但绝不可能以煽动分裂国家罪定罪处罚。行为要构成煽动分裂国家罪，除了呼喊分裂国家口号外，必须还要有后续分裂国家的煽动行为，亦即煽动行为必然要占据一定的时空，才可能构成犯罪。因此，对于举动犯来说，“举动”不可能是实行行为“着手”时的“点”，同样必须有一个“过程”。既然举动犯的举动是一个“过程”，存在一定的时空，那么，举动犯的“举动”就不能单纯地看成单一的动作，而是一个行为，该行为可以是一个完整的行为，也可以是一个不完整的行为。故笔者认为，举动犯实际上就是行为犯，是行为犯的一种类型。

第三节 行为犯的既遂标准

关于犯罪既遂的判断标准，笔者在前面第三章已有论述，主张犯罪既遂的标准应采用“期待结果出现说”，即当行为人所实施的危害行为造成其所期待的危害结果出现时即成立犯罪既遂。因此，“期待结果出现说”即为行为犯既遂之判断标准。由于行为犯包括了过程犯与举动犯两种类型，犯罪成立条件存在差异，故两种类型的行为犯其期待结果是否出现的判断标准是不同的。

一、过程犯既遂的判断标准

由于过程犯不仅要实施法定的犯罪行为，而且其犯罪行为必须完成才能成立犯罪，故行为人的行为一经着手实施不可能成立犯罪，更不可能成立该种犯罪的既遂。在我国刑法典的规定中，刑法通常对行为犯只规定法定行为，不规定危害行为所产生的危害结果。但任何犯罪行为必然要对刑法所保护的法益予以侵害，如果没有对刑法保护的法益实施侵害，则该行为不能成立犯罪。同时，行为对法益的侵害必须达到一定的程度才能构成犯罪，依据《刑法》第13条的规定：“……情节显著轻微危害不大的，不认为是犯罪。”

对于过程犯而言，其犯罪行为均是在其主观直接故意的支配下实施，其所积极追求的犯罪目的非常明显，只有当其犯罪目的即其所追求的或期待的犯罪结果出现或部分出现时，我们才能说其犯罪“已得逞”，犯罪既遂成立，否则只能认定为犯罪未遂或不构成犯罪。

下面以脱逃罪为例加以论证，依据《刑法》第316条的规定，依法被关押的罪犯、被告人、犯罪嫌疑人脱逃的，构成脱逃罪。就脱逃罪而言，行为人实施了法定的脱逃行为并不意味着构成脱逃罪既遂，因为行为人脱逃的目的就是逃脱羁押场所的羁押，获得人身自由，如果其脱逃行为没有使其达到脱离羁押的目的，则意味着其犯罪“未得逞”。刑法理论界通说的观点是，脱逃罪“一般以脱逃行为达到逃离关押场所、摆脱监管人员的控制为既遂。虽然逃出关押场所，但未出看守人员直接监视控制范围，即被抓回的；或者虽然挣脱了械具，逃出了囚车，但当场被押解人员抓住的，应认定为尚未摆脱监管人员的直接控制范围，以未遂论”。[①] 可见，就脱逃罪而言，行为犯并非以法定行为的实施作为犯罪既遂成立的标准，而是以行为人所期待的结果出现作为成立行为犯既遂的标志。

二、举动犯既遂的判断标准

作为举动犯，并非一经着手实施法定行为即构成犯罪既遂，同样存在既遂、未遂问题。在举动犯中不仅存在着犯罪的既遂、预备和中止形态，而且也存在着犯罪的未遂形态。[②] 任何犯罪行为都是一个过程，即使是所谓的举动犯，也必然有一个过程（当然，过程的长短有异），并非一经着手就既遂。[③] 最高人民法院《关于审理黑社会性质组织犯罪案件具体应用法律若干问题的解释》（法释〔2000〕42号）第3条第2款规定：“对于参加黑社会性质的组织，没有实施其他违法犯罪活动的，或者受蒙蔽、胁迫参加黑社会性质的组织，情节轻微的，可以不作为犯罪处理。”可见，对于参加黑社会性质组织罪而言，“参加”行为意味着该罪的“着手”，但按该解释的规定，行为人即使已经“着手”参加了黑社会性质组织，完成了参加行为，但如果行为人没有实施其他违法犯罪的行为，也不构成犯罪。既然不构成犯罪，当然也就不存在犯罪既遂问题。因此，以着手作为认定举动犯既遂的标准并不符合我国刑事立法精神和刑事司法实践。

（一）预备型举动犯既遂标准

笔者认为，预备型举动犯既遂的标准依然应采用“期待结果出现说”。以参加恐怖活动组织罪为例，行为人参加恐怖活动组织不是目的，其目的在于通过参加恐怖活动组织后，在恐怖组织的统一计划下实施恐怖活动，使社会民众产生恐惧，危害社会公共安全。故“参加”恐怖活动组织并不意味着其犯罪“已得逞”，不能认定为犯罪既遂。只有当其所期待的结果，即行为人实施了恐怖活动行为，且行为已引起民众恐惧、社会恐慌，我们才能认为其犯罪“已得逞”，犯罪既遂成立，因为在此情形下，行为人参加恐怖活动组织的目的，即其所期待的犯罪结果已经出现。至于恐怖活动行为是行为人本人实施还是其他共同犯罪人实施，不影响其犯罪既遂的成立。

---

① 曲新久主编：《刑法学》，中国政法大学出版社2008年版，第503页。

② 马克昌主编：《犯罪通论》，武汉大学出版社1999年版，第499页。

③ 张明楷主编：《刑法学》，法律出版社2003年版，第310页。

(二) 煽动型举动犯既遂标准

关于煽动型举动犯的既遂与未遂的标准，有学者认为不可一概而论，要根据煽动者本身的目的而定。煽动者煽动他人犯罪，就煽动目的而言，可分为三种情形：第一，煽动者的目的是希望引起他人的犯意；第二，煽动者同时还希望被煽动者在此犯意的影响下，具有实施犯罪的意图；第三，煽动者进一步希望被煽动者将实施犯罪的意图转化为现实的侵害行为。在第一种煽动犯中，只要煽动者的行为引起了他人犯意，即使被煽动者未着手实施犯罪，也属既遂；在第二种煽动犯中，只要被煽动者着手实施了犯罪，煽动犯构成既遂，如果被煽动的人没有犯罪，煽动犯属未遂；在第三种煽动犯中，只有在被煽动者实施煽动之罪并既遂的情况下，煽动犯才既遂，其他情况都认为是出于煽动者意志以外原因而成立未遂，包括被煽动者未起犯意、未实施犯罪、犯罪未遂等情况。①

笔者认可煽动者煽动他人犯罪的煽动目的存在上述三种情形，但对于在不同情形下犯罪既遂成立标准不同存在异议。在笔者看来，行为人之所以要煽动他人，其根本目的就在于行为人希望在自己的煽动下，被煽动者接受自己的煽动而去实施被煽动的罪。因此，只要被煽动者接受煽动，并去实施被煽动的罪，即意味着煽动者所期待的结果已经出现，其行为即构成犯罪既遂。在上述第一种煽动犯既遂情形中，被煽动者仅仅只有犯意，并未着手实施犯罪，说明煽动者的煽动并没有达到其预期的目的，煽动者所期待的结果并没有出现，故其行为只能按犯罪未遂处理。在上述第三种煽动犯既遂情形中，如果要求只有在被煽动者实施煽动之罪并既遂的情况下，煽动犯才既遂，那么，对于有些煽动型犯罪来说，就永远不可能出现犯罪既遂形态。如煽动分裂国家罪，在我国现有中国共产党领导下的社会主义国家，分裂国家的犯罪不可能得逞。如果认同上述第三种煽动犯既遂情形的观点，则煽动分裂国家罪就不存在犯罪既遂的形态，这显然是不符合我国刑法立法精神和司法实际的。况且，按照上述观点，同一罪名的犯罪会因行为主体主观目的的不同而存在不同的既遂认定标准，其带来的结果是同一犯罪有多个既遂标准，这一结论显然不能成立。因此，煽动型举动犯的既遂标准应当是煽动行为实施完毕，被煽动者接受煽动并实施犯罪时，即煽动者“期待结果出现”时，煽动型举动犯既遂成立。

① 陈兴良著：《规范刑法学》（第三版），中国人民大学出版社 2013 年版，第 310 页。

第五章
结果犯既遂论

第一节
结果犯一般问题概述

一、结果犯概念之理论纷争

在大陆法系国家和地区，由于其刑法分则规定的犯罪以既遂犯为立法模式，若处罚未遂犯必须作特别规定，故原则上讲，成立犯罪也就成立犯罪既遂。故在大陆法系的刑法理论看来，犯罪成立与犯罪既遂的成立是一致的，危害结果与犯罪既遂密切相关，认为这类犯罪的构成必须有危害结果发生，否则是未遂犯。如日本学者认为，“结果犯，是指实施犯罪行为，必须发生一定的结果，始成立该犯罪，如杀人，除有杀人的行为外，尚须发生被害人死亡的结果，始成立杀人罪，否则可成立杀人未遂罪。”① 我国台湾学者认为，结果犯的构成要件以结果之发生为必要。② 受大陆法系刑法学理论的影响，关于结果犯的概念，我国刑法学界理论通说主张“犯罪既遂说”，即认为犯罪行为必须造成法定的危害结果才构成既遂的犯罪是结果犯。如有学者主张，结果犯“不仅实施犯罪构成客观要件的行为，而且必须发生法定的危害结果，才构成既遂的犯罪。”③ 还有人主张，所谓结果犯，是指以法定的危害结果作为犯罪构成客观方面的必要条件的犯罪。而且，一定的危害结果的出现，是构成既遂罪犯罪构

① ［日］福田平、大塚仁著：《日本刑法总论讲义》，辽宁人民出版社 1986 年版，第 288-289 页。

② 蔡墩铭著：《刑法总论》，三民书局 1995 年版，第 69-70 页。

③ 赵秉志主编：《刑法学通论》，高等教育出版社 1993 年版，第 189 页。

成的必要条件，危害结果还必须是法定的，至于它与犯罪人预期的危害结果是否一致不影响结果犯的成立。[①] 随着研究的深入，刑法理论界对通说关于结果犯的定义提出质疑的也有不少，关于结果犯的概念提出了“犯罪成立说”，该说以成立犯罪是否必须具备犯罪结果这一要件来界定结果犯。如有的学者认为，“所谓结果犯，是指行为人实施了法定的危害行为，并且实际造成了法定的危害结果所成立的犯罪，在这种犯罪中，法定的危害结果是否发生是区分罪与非罪的标志，而非衡量既遂与未遂的标志。”[②]

关于结果犯的概念，笔者赞同“犯罪成立说”。由于我国刑法分则并非采用犯罪既遂模式立法，而是采用混合模式，即犯罪既遂与犯罪成立模式相结合的立法模式，在对结果犯立法模式上采用犯罪成立模式，就结果犯而言，法定危害结果的出现是行为构成犯罪的条件，没有出现法定危害结果，则该行为不构成犯罪。如故意伤害罪，根据我国刑法的规定及司法实际，只有当故意伤害行为导致被害人轻伤以上的结果，行为才构成犯罪，因为我国《刑法》第 13 条规定，“情节显著轻微危害不大的，不认为是犯罪”。在司法实践中，故意伤害他人如果没有造成任何伤害，或者仅致他人轻微伤，行为也不会按故意伤害罪定罪处罚。再如遗弃罪，依据我国《刑法》第 261 条的规定，只有当行为人对于年老、年幼、患病或者其他没有独立生活能力的人，负有扶养义务而拒绝扶养，并达到情节恶劣的程度，其行为才构成犯罪，否则，其行为不能认定为犯罪。因此，所谓结果犯，是指行为人不仅实施了法定的危害行为，而且实际造成了法定的危害结果因而成立的犯罪。

有观点认为，根据“犯罪成立说”，结果犯只限于过失犯罪、间接故意犯罪和少数直接故意犯罪，这势必导致有的犯罪既可以是行为犯，也可以是结果犯。如依据刑法对故意杀人罪的规定本身来看，该罪只是行为犯。但就具体的故意杀人罪而言，直接故意杀人是行为犯，间接故意杀人是结果犯，于是该罪既是行为犯，又是结果犯，二者之间的矛盾是显而易见的。[③] 笔者不认同此观点。按照刑法理论的要求，通常情况下，同一性质的犯罪只可能存在一种犯罪形态，但在立法过程中，立法者未必完全遵循刑法理论。在我国刑法中，有的刑法条文就对某些犯罪规定了两种以上的犯罪形态，如我国《刑法》第 264 条规定：“盗窃公私财物，数额较大的，或者多次盗窃、入户盗窃、携带凶器盗

---

① 马克昌主编：《犯罪通论》，武汉大学出版社 1995 年版，第 469 页。

② 段立文：《结果犯与举动犯术语探略》，载《现代法学》1991 年第 6 期。

③ 金泽刚、张正新：《行为犯的概念及其既遂形态研究》，载《法商研究》1999 年第 3 期。

窃、扒窃的，处三年以下有期徒刑、拘役或者管制，并处或者单处罚金……”按照我国刑法理论，盗窃公私财物，数额较大的盗窃罪属于结果犯，而多次盗窃、入户盗窃、携带凶器盗窃、扒窃的盗窃罪则属于行为犯。可见，同一性质的犯罪完全可以存在两种以上不同的犯罪形态。

二、结果犯的种类

（一）普通结果犯

所谓普通结果犯，是指除结果加重犯、情节犯、数额犯以外的其他结果犯，行为人不仅实施了法定的危害行为，而且造成了对他人的人身权及与人身相关权利（人格权、名誉权除外）的侵害因而成立的犯罪。普通结果犯针对的对象只能是自然人，侵害的客体是自然人的人身权及与人身相关的权利（人格权、名誉权除外）。如故意杀人罪、过失致人死亡罪侵犯了公民的生命权，而故意伤害罪、过失重伤罪侵犯了他人的健康权，强奸罪侵犯了妇女性的不可侵犯权等，其他刑法所保护的社会关系不能成为普通结果犯所侵犯的客体。

（二）结果加重犯

关于结果加重犯的概念，刑法理论上存在争议，第一种观点主张，“结果加重犯是对本已符合具体构成的一个犯罪行为，由于发生了法律上规定的更为严重的结果而加重其法定刑的犯罪形态”。[①] 行为人对加重结果是否持有故意或过失的心理态度即是否有罪过则不予理会，可以直接依法追究刑事责任。第二种观点主张，结果加重犯就是超过基本犯并发生了“属于行为者的预见或可能预见之范围”[②] 的加重结果的犯罪形态，行为人应当对加重结果至少持有过失责任。第三种观点主张，结果加重犯就是“作为故意犯的基本犯与作为过失犯的重结果的结合犯”。[③] 认为结果加重犯的基本犯只能为故意的犯罪行为，而行为人对加重结果的发生则只能出于过失，在日本，很多学者支持这种观点。

笔者赞同第三种观点。所谓结果加重犯，是指行为人故意实施一个基本犯罪构成要件的行为，却发生了基本犯罪构成要件以外的重结果，因而刑法规定加重刑罚的犯罪形态。如故意伤害致人死亡就是典型的结果加重犯。对于结果加重犯来说，基本犯罪行为人主观上只能是出于故意，不可能出于过失，因为过失是以结果论犯罪，没有出现严重结果，则行为不构成犯罪，且过失犯罪以最终出现的犯罪结果定罪。如过失致人重伤引起死亡，其罪名不可能定为过失

---

① 吴振兴著:《罪数形态论》，中国检察出版社 1996 年版，第 245 页。

② 马克昌主编:《犯罪通论》，武汉大学出版社 1999 年版，第 651 页。

③ 马克昌主编:《刑法理论探索》，法律出版社 1995 年版，第 302 页。

重伤（致死）罪，而只能定为过失致人死亡罪。因此，结果加重犯的基本犯罪只能是故意犯罪。作为结果加重犯的加重结果，行为人在主观上只能是出于过失，不可能是出于间接故意，更不可能出于直接故意。以故意伤害（致死）罪为例，行为人的主观故意是损害他人的身体健康，并不具有非法剥夺他人生命的故意，因而行为人不会积极追求被害人死亡结果的发生，据此可以排除行为人对被害人死亡结果出于直接故意。如果行为人在明知被害人受伤的情况下，对被害人有可能因伤而死亡主观上持放任的态度，最终被害人因伤势过重而死亡，则行为人的行为就不是构成故意伤害（致死）罪，而是构成（间接）故意杀人罪。这时，行为人的行为就不属于结果加重犯，因为结果加重犯是以基本罪定罪，只是加重了法定刑。可见，结果加重犯行为人对加重结果的主观心理态度只能是过失。

（三）情节犯

所谓情节犯，是指我国刑法分则明确规定以“情节严重”或“情节恶劣”作为犯罪成立必备要件的犯罪。国外刑法通常没有采用“情节严重”或“情节恶劣”等模糊性的语言，而是对具体情节进行了较为明确的限定，情节犯乃我国刑法中特有的一类犯罪类型。按照刑法条文对情节犯之情节的表述不同，情节犯可以分为“情节严重”型情节犯和“情节恶劣”型情节犯。所谓“情节严重”型情节犯，即刑法条文规定以“情节严重”为犯罪构成要件的情节犯，如我国《刑法》第 213 条规定：“未经注册商标所有人许可，在同一种商品、服务上使用与其注册商标相同的商标，情节严重的，处三年以下有期徒刑，并处或者单处罚金……”；所谓“情节恶劣”型情节犯，是指刑法条文规定以“情节恶劣”为犯罪构成要件的情节犯，如我国《刑法》第 255 条规定：“公司、企业、事业单位、机关、团体的领导人，对依法履行职责、抵制违反会计法、统计法行为的会计、统计人员实行打击报复，情节恶劣的，处三年以下有期徒刑或者拘役。”这种分类的本质在于区别不同情节犯违反社会伦理的程度，“情节严重”型情节犯违反伦理的程度较低，而“情节恶劣”型情节犯违反伦理的程度较高。①

（四）数额犯

所谓数额犯，是指我国刑法分则明确规定以一定的数额或数量作为犯罪成立必备要件的犯罪。在我国刑法中，数额犯大量存在于经济类犯罪、财产型犯罪以及营利型犯罪中。在这些犯罪中，行为人通常具有获取非法利益或非法营

① 张庆立：《情节犯若干基本问题之教义学检视》，载《西部法学评论》2020 年第 2 期。

利的目的。在经济类犯罪中，我国刑法规定了大量的数额犯：如生产、销售伪劣产品罪，出售、购买、运输假币罪，金融工作人员购买假币、以假币换取货币罪，持有、使用假币罪，变造货币罪，高利转贷罪，骗取贷款、票据承兑、金融票证罪，伪造、变造国家有价证券罪，伪造、变造股票、公司、企业债券罪，擅自发行股票、公司、企业债券罪，违法发放贷款罪，吸收客户资金不入账罪，金融类诈骗罪，逃税罪，逃避追缴欠税罪，骗取出口退税罪，偷税罪，销售假冒注册商标的商品罪，侵犯著作权罪，伪造、倒卖伪造的有价票证罪，倒卖车票、船票罪等犯罪。我国刑法规定的财产型数额犯主要包括：盗窃罪、诈骗罪、抢夺罪、聚众哄抢罪、侵占罪、职务侵占罪、挪用资金罪、敲诈勒索罪、故意毁坏财物罪、贪污罪、挪用公款罪、私分国有资产罪、私分罚没财物罪等犯罪。我国刑法规定的营利型数额犯主要包括：非法持有毒品罪及非法买卖、运输、携带、持有毒品原植物种子、幼苗罪等犯罪。

三、危害结果的分类

关于刑法中的危害结果，我国刑法理论上表述不尽一致，主要存在以下几种不同观点：第一种观点认为，危害结果有广义与狭义之分，所谓广义的危害结果，是指由行为人的危害行为所引起的一切对社会的损害事实，它包括危害行为的直接结果和间接结果，属于犯罪构成要件的结果和不属于犯罪构成要件的结果。所谓狭义的危害结果，是指作为犯罪构成要件的结果，通常也就是对直接客体所造成的损害事实。① 第二种观点认为，“危害结果是危害行为给刑法所保护的合法权益所造成的具体侵害事实”。② 第三种观点认为，“所谓危害结果，是指危害行为对刑法所保护的社会关系所造成的实际损害和现实危险”。③ 第四种观点认为，所谓犯罪结果是指“犯罪行为对我国刑法所保护的社会关系造成或可能造成的一定损害”。④ 第五种观点认为，犯罪结果是指“犯罪行为作用于犯罪对象所引起或可能引起的从客观方面反映社会危害性质与量的一切事实现象”。⑤ 以上五种观点都承认犯罪结果是一种损害或侵害，其主要分歧在于犯罪结果包不包括可能的侵害。笔者认为，我国刑法中的危害结果是指行为

---

① 高铭暄主编：《新编中国刑法学（上册）》，中国人民大学出版社 1998 年版，第 123 页。

② 张明楷主编：《刑法学（上）》，法律出版社 1997 年版，第 139 页。

③ 马克昌主编：《犯罪通论》，武汉大学出版社 1999 年版，第 19 页。

④ 段立文：《试论我国刑法上犯罪结果的概念》，载《法学研究》1992 年第 6 期。

⑤ 叶俊南：《犯罪结果概念研究》，载《中国法学》1996 年第 1 期。

人所实施的危害社会行为对刑法所保护的法益已经造成或可能造成的损害后果。在刑法理论上，危害结果依据不同的标准可以分为不同的类型。

（一）根据危害结果与犯罪构成的关系来划分，危害结果可分为构成要件危害结果与非构成要件危害结果

所谓构成要件危害结果，是指某一具体行为成立犯罪所必须具备的法定危害结果。该法定危害结果如果没有发生，则意味着该行为不构成犯罪。如我国《刑法》第273条所规定的挪用特定款物罪，该刑法条文规定，只有当行为人挪用用于救灾、抢险、防汛、优抚、扶贫、移民、救济款物的行为达到情节严重的程度，致使国家和人民群众利益遭受重大损害时，才构成犯罪。在这里，“重大损害”就是构成要件危害结果，无该“重大损害”结果，则行为不构成犯罪。此外，在过失犯罪和间接故意犯罪中，法定的危害结果的出现，也是这两类犯罪的构成要件危害结果。如过失重伤罪的构成要件危害结果是被害人受重伤的结果，如果被害人没有受重伤，而是受轻伤甚至没有受伤，则行为不构成犯罪。如果行为人过失的行为导致他人死亡，则其行为不构成过失重伤罪，而是构成过失致人死亡罪。

所谓非构成要件危害结果，是指某一具体行为所引起的危害结果不是该行为犯罪构成要件的危害结果。非构成要件危害结果对行为是否构成犯罪没有影响，但在该行为构成犯罪后，非构成要件危害结果通常对量刑有影响。例如，抢劫罪的成立并不要求发生致人重伤、死亡的结果，故重伤、死亡不属于抢劫罪构成要件的结果，即使抢劫行为导致他人重伤、死亡，该结果也不属于抢劫罪构成要件的结果；但由于发生该结果的抢劫行为比未发生该结果的抢劫行为的社会危害性严重，故刑法对前者规定了较重的法定刑。[①] 再如，甲抢夺乙数额较大的财物逃跑，乙在追赶甲的过程中，不幸被一块石头绊倒，结果摔成重伤。在此案中，抢夺数额较大财物是抢夺罪构成要件的危害结果，而乙摔成重伤的结果不是抢夺罪构成要件的结果，因此，乙摔成重伤对甲构成抢夺罪没有影响，但在追究甲刑事责任时，甲抢夺致乙重伤的结果则是从重处罚的一个情节。

将危害结果分为构成要件危害结果与非构成要件危害结果的意义在于：当某一行为导致多个危害结果出现时，我们必须认真分析，仔细查找是否存在决定行为构成犯罪的危害结果，从而最终确定行为是否构成犯罪。当某一行为已经构成犯罪，且导致多个危害结果发生时，我们必须将构成要件危害结果与非构成要件危害结果正确区分开来，以便把握犯罪性质，准确定罪量刑。

---

① 贾宇主编：《刑法原理与实务》，中国政法大学出版社2017年版，第52页。

（二）根据危害结果的属性来划分，危害结果可分为物质性危害结果和非物质性危害结果

所谓物质性危害结果，是指某一具体犯罪行为所导致的有形的、看得见的或可测量和计算的危害结果。如行为人故意毁坏他人财物所造成的损失我们可以看得见财物受损的程度，也可以计算出其价值。行为人故意伤害他人致使他人受伤的程度我们可以看见受伤的部位及受伤的程度等。

所谓非物质性危害结果，是指某一具体犯罪行为对犯罪客体所造成的无形的、看不见的，也无法具体测量和计算大小的危害结果。非物质性危害结果通常表现为：对他人精神方面的损害，如侮辱罪、毁谤罪等对他人人格、名誉的破坏等；对国家政权、社会秩序、公共秩序、工作秩序、生产秩序等的破坏。

将危害结果分为物质性危害结果和非物质性危害结果的意义在于：对于物质性危害结果刑事立法和刑事司法通常有明确具体的犯罪构成标准，我们只要严格按照刑事立法和刑事司法的规定执行就可以了。但是，对于非物质性危害结果，刑事立法通常只是作出了原则性规定，如“情节严重”“情节恶劣”等。因此，对于造成非物质性危害结果的犯罪，我们在认定和处理时，首先，必须参照最高人民法院有关司法解释的规定。对于有些非物质性危害结果，司法解释作出了具体可操作规定的，按司法解释的规定认定和处理。如最高人民法院、最高人民检察院《关于办理利用信息网络实施诽谤等刑事案件适用法律若干问题的解释》第2条第（一）项规定，“同一诽谤信息实际被点击、浏览次数达到五千次以上，或者被转发次数达到五百次以上的”，应当认定为诽谤行为“情节严重”；第2条第（二）项规定，“造成被害人或者其近亲属精神失常、自残、自杀等严重后果的”，应当认定为诽谤行为“情节严重”等。其次，对于非物质性危害结果没有相关司法解释的，应当根据社会危害性大小、被害人受伤害程度、造成的影响并结合《民法典》关于精神损害赔偿的规定或其他相关法律的规定加以认定。

（三）根据危害结果实际存在状态来划分，可分为已经发生的危害结果和可能发生的危害结果

所谓已经发生的危害结果，是指行为人所实施的某一具体犯罪行为已经对犯罪客体造成了实际的损害后果。如在盗窃罪中行为人已经将被害人数额较大的财物盗走，或在故意伤害罪中，行为人已经将被害人打成重伤，抑或在爆炸罪中行为人引发爆炸物已致多人重伤、死亡，公私财产严重损坏等，在这些犯罪中，犯罪行为所导致的危害结果均为已经发生的危害结果。

所谓可能发生的危害结果，是指行为人所实施的某一具体犯罪行为，因为主客观因素的作用，致使本来应当发生，但最终没有实际发生的危害结果。如

抢劫罪，行为人在抢劫他人财物时遇到被害人的反抗，最终被害人的财物没有被抢走；行为人投毒杀人，看到被害人中毒后的惨状，心生怜悯，即送被害人到医院抢救，致使被害人脱离生命危险等。在这些犯罪中，行为人所实施的犯罪行为本来可以完成犯罪，使危害结果实际产生，但由于行为人意志以外的原因，或者行为人自动中止犯罪，最终危害结果没有实际产生，故该类危害结果可以称为可能发生的危害结果。

将危害结果分为已经发生的危害结果和可能发生的危害结果的意义在于：就同一性质的犯罪而言，已经发生危害结果的犯罪的社会危害性大于可能发生危害结果的犯罪，因而前者罪行更严重，受到的刑罚处罚更重。后者因为实际的危害结果尚未发生，在一定条件下还存在防止危害结果发生的可能性，其实际的社会危害性小于前者，故量刑时可以从轻或减轻处罚，甚至免除处罚。

（四）根据危害结果与危害行为的因果关系来划分，可分为直接危害结果与间接危害结果

所谓直接危害结果，是指行为人所实施的某一具体犯罪行为所直接造成的损害后果。直接危害结果与危害行为之间具有直接的因果关系，即该危害结果的产生是由于行为人所实施的危害行为直接作用并合乎规律发展的结果。如甲开枪击中乙的头部，致乙当场死亡。乙当场死亡的结果就是甲故意杀人行为的直接危害结果。

所谓间接危害结果，是指行为人所实施的某一具体犯罪行为并不会必然地、合乎规律地产生某种危害结果，但在其因果关系发展过程中，由于另一因素的加入，从而使某一危害结果产生，该危害结果即为间接危害结果。如李某抢夺妇女陈某的手提包后逃跑，陈某在后面边呼救边追赶李某，追至道路拐弯处，陈某被一辆行驶的小轿车撞倒，最终死亡。在本案中，李某所实施的抢夺行为并不会必然地、合乎规律地导致陈某死亡，但在事件的发展过程中，由于另一因素的加入，小轿车撞上陈某，结果导致陈某死亡。在本案中，陈某死亡的结果就是间接危害结果。

将危害结果分为直接危害结果与间接危害结果的意义在于：当一个刑事案件发生后，我们必须判明危害结果是直接危害结果还是间接危害结果，以利于正确定罪量刑。通常来讲，直接危害结果影响定罪量刑，就同一性质的犯罪而言，直接危害结果越严重，行为人承担的刑事责任越大。对有的犯罪来说，直接危害结果直接影响行为是否构成犯罪，如过失重伤罪，行为人过失的行为如果没有直接导致他人重伤结果的出现，则其行为不构成犯罪。在通常情况下，间接危害结果不影响行为的性质，即对行为定罪没有影响，但间接危害结果对量刑有

影响。如前面案件中，李某的行为构成抢夺罪，但在追究李某抢夺罪刑事责任时，李某在抢夺过程中导致陈某死亡必然要作为一个量刑情节予以考虑。

第二节 结果犯与相关犯罪形态的关系

一、结果犯与行为犯的关系

行为犯与结果犯是犯罪的两种基本形态。在我国刑法理论中，通说将其称为犯罪停止形态中犯罪既遂的两种类型。通说认为，行为犯是指只要实施刑法分则规定的某种危害社会的行为就构成既遂的犯罪形态。行为犯的实质是法律将行为人实施犯罪的行为直接规定为犯罪既遂。① 所谓结果犯，是指以法定的危害结果作为犯罪构成客观方面的必要条件的犯罪。而且，一定的危害结果的出现是构成既遂犯罪的必要条件，危害结果还必须是法定的，至于它与犯罪人预期的危害结果是否一致不影响结果犯的成立。② 前面笔者已有分析，实际上，行为犯与结果犯只是犯罪成立的两种形态。在我国刑法理论中，也有观点认为，任何犯罪行为都必然侵犯一定的犯罪客体，都有严重的社会危害性，否则不构成犯罪，因此，行为犯不属于独立的犯罪形态，而是包含在结果犯中。笔者不认同此观点，笔者认为行为犯与结果犯是两种不同的犯罪形态，它们有着本质的区别，具体区别如下：

（一）犯罪成立条件不同

依据我国刑法的规定，行为犯的成立以法定行为的实施为必要，无须危害结果的实际发生，如伪证罪，根据我国《刑法》第 305 条的规定，在刑事诉讼中，只要证人、鉴定人、记录人、翻译人对与案件有重要关系的情节，故意作虚假证明、鉴定、记录、翻译，意图陷害他人或者隐匿罪证，其行为即构成伪证罪，至于被害人是否被错误追诉，是否受到错误的刑事处罚，不影响伪证罪

① 马克昌主编：《犯罪通论》，武汉大学出版社 2001 年版，第 299 页。

② 赵秉志主编：《刑法学通论》，高等教育出版社 1993 年版，第 189 页。

的成立。而关于结果犯，依据我国刑法的规定，行为人不仅要实施法定的犯罪行为，而且其行为必须造成某种法定的危害结果才能成立犯罪，否则其行为不能成立犯罪，如故意伤害罪，只有当行为人故意伤害他人的行为导致他人受轻伤以上的结果，行为才构成犯罪。再如串通投标罪，根据我国《刑法》第223条的规定，只有当投标人相互串通投标报价，损害招标人或者其他投标人利益，并且达到情节严重的程度，其行为才构成犯罪。可见，对于行为犯来说，危害结果是否发生不影响其犯罪的成立，而对于结果犯来说，法定结果的发生是结果犯成立的必要条件。

（二）行为犯之结果多数情况下是可能发生的结果，而结果犯之结果必须是实际发生的实害结果

诚如有的学者所说，行为犯必然侵犯一定的犯罪客体，同样有严重的社会危害性。但这种严重的社会危害性并不必然以实害结果形式呈现，在多数情况下只是一种潜在的、可能出现但实际并没有出现的危害结果。如前面所列举的伪证罪，行为人的目的是意图陷害他人或者隐匿罪证，使无罪的人受到错误的刑事处罚或使有罪的人逃脱刑罚的制裁，但行为人所希望出现的危害结果并不一定必然发生。当然，在司法实践中，这种危害结果的实际发生是存在的，但在多数情况下，这种危害结果的发生只存在发生的可能性。因此，对于行为犯来说，危害结果是否实际发生，不影响行为犯的成立。但是对于结果犯来说，行为人不仅要实施法定的行为，而且必须造成法定的实害结果才能成立犯罪。因此，结果犯之结果只能是实际发生的实害结果。如前面所列之故意伤害罪，行为人不仅要实施故意伤害他人的行为，而且必须是伤害行为导致他人受伤的结果实际出现才构成犯罪。故对结果犯来说，法定危害结果的实际发生，是结果犯成立的必要条件。

二、结果犯与危险犯的关系

在我国刑法理论通说中，结果犯与危险犯是犯罪既遂的两种形态，认为结果犯是指以法定的犯罪结果的发生与否作为犯罪既遂与未遂区别标志的犯罪，危险犯是指以行为人实施的危害行为造成法律规定的发生某种危害结果的危险状态作为既遂标志的犯罪。[①] 但有学者对此提出质疑，认为危险犯属于结果犯的一种，只不过它所要求的特定危害结果是危险结果（实际损害发生的可能

---

① 高铭暄、马克昌主编：《刑法学》，北京大学出版社、高等教育出版社2000年版，第150-151页。

性）。[1] 该观点实际上将危险犯视为结果犯的下位概念。犯罪是侵害法益的行为，无法益侵害则无犯罪，危险犯的成立，要求行为足以导致特定的危险出现，并非没有发生任何实害结果，只是没有造成严重后果。笔者认为，结果犯与危险犯不属于犯罪既遂的类型，理由前文已有论及，在此不再赘述。同时，危险犯也不是结果犯的下位概念，而是与结果犯处于同一层次的两种不同犯罪成立形态，两者有着本质的区别。

（一）两者的成立条件不同

在我国刑法中，结果犯的成立，不仅要实施法定的犯罪行为，而且其行为必须造成某种法定的危害结果，法定的实害结果的发生是结果犯成立的必要条件。如我国《刑法》第248条（虐待被监管人罪）规定："监狱、拘留所、看守所等监管机构的监管人员对被监管人进行殴打或者体罚虐待，情节严重的，处三年以下有期徒刑或者拘役……"构成虐待被监管人罪，行为人不仅要实施殴打或者体罚虐待被监管人的行为，而且必须要达到情节严重的程度，否则，行为不构成犯罪。再如，过失致人死亡罪，行为人不仅要实施危害行为，而且其危害行为必须导致被害人死亡的结果出现，犯罪才能成立。而危险犯的成立，并不要求危害行为已经导致具体的、实际的危害结果出现，只要求危害行为足以造成某种特定危险的出现，即危险是否真实出现，或已经出现且造成实际的危害后果对危险犯成立没有影响。如我国《刑法》第117条规定："破坏轨道、桥梁、隧道、公路、机场、航道、灯塔、标志或者进行其他破坏活动，足以使火车、汽车、电车、船只、航空器发生倾覆、毁坏危险，尚未造成严重后果的，处三年以上十年以下有期徒刑。"对于破坏交通设施罪来说，只要行为人的破坏行为足以使火车、汽车、电车、船只、航空器发生倾覆、毁坏危险，即使实际上火车、汽车、电车、船只、航空器没有倾覆、毁坏，其行为依然构成本罪。可见，结果犯与危险犯其犯罪成立的条件是不同的。在刑法学中，危险状态不同于结果犯的"结果"，结果在刑法中具有特定的内涵，结果犯的结果反映法益受到现实侵害，而危险状态仅反映法益受到侵害的威胁，是潜在的、没有实际发生的危险，故不能把危险状态视为结果对危险犯进行界定。

（二）两者侵害的客体不同

结果犯是刑法中涉及范围最广的一类传统的犯罪，在我国刑法中，除过失犯罪外，结果犯所侵害的客体主要包括：市场经济秩序、公民的人身权利、民主权利、公私财产使用权、社会管理秩序、国防利益、国家的廉洁制度、国家

---

① 金泽刚、张正新：《行为犯的概念及其既遂形态研究》，载《法商研究》1999年第3期。

机关的正常管理活动、国家的军事利益等。而危险犯的出现是基于风险社会的到来，人类为防范面临的高风险而将刑法的防卫线向前推置，以便更好地保证风险社会人类命运共同体的安全。目前，我国刑法中的危险犯所侵犯的客体主要包括三类：（1）社会的公共安全。具体犯罪主要包括：放火罪、爆炸罪、投放危险物质罪、决水罪、以危险方法危害公共安全罪（第 114、115 条），破坏交通工具罪（第 116 条），破坏交通设施罪（第 117 条），破坏电力设备罪、破坏易燃易爆设备罪（第 118 条）等。（2）食品、医药管理秩序。具体犯罪主要包括：生产、销售不符合安全标准的食品罪（第 143 条），生产、销售不符合标准的医用器材罪（第 145 条）等。（3）公共卫生、环境监督管理秩序。具体犯罪主要包括：妨害传染病防治罪（第 330 条），妨害国境卫生检疫罪（第 332 条），非法采集、供应血液、制作、供应血液制品罪（第 334 条），妨害动植物防疫、检疫罪（第 337 条）等。

第三节 结果犯的既遂标准

一、存在的争议

关于结果犯的犯罪形态，在我国刑法理论界存在既遂标准说与成立标准说两种观点。我国刑法学界理论通说即“构成要件齐备说”将结果犯视为犯罪既遂的一种类型，认为结果犯是指“不仅实施犯罪构成客观要件的行为，而且必须发生法定的危害结果，才构成既遂的犯罪”。[①] 即在结果犯的既遂问题上主张以法定危害结果的发生作为结果犯既遂的标志。但在我国刑法理论界，也有不少学者主张以成立犯罪是否必须具备犯罪结果这一要件来界定结果犯，如有的学者认为，不要求发生犯罪结果就成立的犯罪是行为犯，要求发生犯罪结果才能成立的犯罪是结果犯。[②] 该观点意味着，法定犯罪结果的发生是结果犯成立的条

---

① 赵秉志主编：《刑法学通论》，高等教育出版社 1993 年版，第 189 页。

② 张明楷著：《犯罪论原理》，武汉大学出版社 1991 年版，第 515 页。

件，因而否定了我国刑法理论通说之结果犯是犯罪既遂类型之一的观点。

二、笔者的观点

关于结果犯的既遂标准，笔者依然坚持“期待结果出现说”，即当行为人所实施的危害行为造成其所期待的危害结果出现时即成立犯罪既遂。所谓期待结果，是指行为人在其犯意支配下所期待或积极追求的结果，但这种期待结果只能是一种概括的结果，而不是行为人期待的对自己所实施的危害行为所造成的全部最终结果。也就是说，只要行为导致某犯罪的法定结果出现，就应当认定行为人所期待的结果出现，其行为就应当被认定为犯罪既遂。因此，对于结果犯来说，法定的犯罪结果的发生既是结果犯成立的条件，同时又是结果犯既遂的标准。故在结果犯问题上，“犯罪成立说”与“构成要件齐备说”的观点均是成立的。对于结果犯来说，法定的危害结果的发生是犯罪成立的必要条件，法定危害结果如果没有出现，则行为不构成犯罪，但同时，危害结果已经发生，也意味着行为人所期待的危害结果出现，犯罪已经得逞，犯罪既遂成立。因此，法定危害结果的发生是结果犯成立的必要条件，同时也是结果犯犯罪既遂的标志。

尽管笔者对“构成要件齐备说”关于结果犯以法定的危害结果的出现为既遂标志的观点持赞同意见，但由于犯罪的停止形态只存在于部分直接故意犯罪中，而在直接故意犯罪中，行为人对自己的行为必然或可能产生的危害结果持希望态度，且积极追求危害结果的发生，故在结果犯中，判断行为人的行为是否犯罪既遂，必须坚持主观和客观相统一的原则。但“构成要件齐备说”关于结果犯既遂之危害结果有以下几点必须明确：

（一）结果犯既遂之危害结果必须是行为人所期待出现的结果

如果出现的危害结果不是行为人所期待出现的结果，则该危害结果不能成为结果犯既遂的标志，在行为构成犯罪的情况下，出现的非期待危害结果只能作为犯罪情节加以考虑。在行为没有构成该结果犯的情况下，如果出现的非期待结果已经构成犯罪，则应单独追究刑事责任。如甲乘人不备，抢夺妇女乙价值5000多元的提包，因用力过猛，导致被害人乙倒地重伤。在该案中，甲抢夺乙财物的行为导致了两个危害结果，即乙5000多元财物损失的结果和乙受重伤的结果。在这两个危害结果中，抢夺他人数额较大的财物是甲所期待的结果，也是我国刑法所规定的抢夺罪法定的危害结果（我国刑法规定抢夺罪成立的标准是数额较大或多次抢夺，5000元已超过了抢夺罪数额较大的标准），故该危害结果才是判断甲抢夺罪既遂的依据。而在本案中，乙受重伤的结果不是甲实施抢夺行为所期待的结果，故不能成为甲抢夺罪既遂与否的判断依据，但该危害结果在追究甲抢夺罪既遂刑事责任时，应作为量刑情节加以考虑。若在本案中，甲抢夺行为没有达到数额较大的标准，行为人所期待的危害结果没有出现，则甲的抢夺行为不构成犯罪。但由于甲的抢夺行为导致乙受重伤，故本案应以过失致人重伤罪追究甲的刑事责任，且抢夺行为应作为量刑情节加以考虑。

（二）应以法定危害结果的出现视为行为人期待结果出现

在结果犯中，行为人期待出现的危害结果未必与法定危害结果相一致，有时行为人所期待出现的危害结果会大大超过法定危害结果。在行为人所期待的危害结果超出法定危害结果的情况下，应以法定危害结果的出现视为行为人期待结果出现，否则，将影响犯罪停止形态的认定，从而减轻对行为人的处罚，不能体现罪责刑相适应的原则。例如，丙故意伤害丁，意图致丁重伤，结果只导致丁轻伤。依据我国刑法的规定，故意伤害罪的构成结果是被害人受轻伤，而在本案中，丙故意伤害丁所期待的危害结果是丁受重伤，法定危害结果与行为人期待的危害结果不一致。依据我国刑法的规定，丙的行为构成故意伤害罪既遂，如果按丙期待的危害结果认定，则丙的行为只能认定为“犯罪未得逞”，属于故意伤害罪未遂。对于该种情形，笔者认为，法定危害结果出现，就意味着行为人期待的危害结果已经部分出现，即使行为人期待结果没有全部出现，也应当视为行为人期待结果出现，故本案应以故意伤害罪既遂追究丙的刑事责任。再如，行为人李某盗窃银行，意图窃取数额巨大的财物，结果只盗取了数额较大的财物。在本案中，盗窃罪成立的法定危害结果是窃取数额较大的财物，而行为人期待的危害结果是窃取数额巨大的财物，法定危害结果与行为人期待的危害结果不一致，不能据此按盗窃罪未遂追究李某的刑事责任。由于法定危害结果已经出现，同样也应视为行为人期待结果部分出现，应按盗窃罪既遂追究李某的刑事责任。

（三）超出行为人的期待出现的结果对结果犯既遂没有影响

在结果犯中，行为人在追求期待结果出现的过程中，往往导致更严重的危害结果出现。由于更严重的危害结果不是行为人所期待的结果，故对结果犯既遂应以行为人期待结果出现作为判断标准，而更严重的危害结果的出现超出了行为人的期待，因而对结果犯既遂的认定不产生影响。如行为人故意伤害他人导致被害人死亡，其行为构成故意伤害罪既遂。在故意伤害罪中，行为人期待的危害结果是被害人受伤的结果，而被害人死亡的结果超出了行为人的期待，故其行为只能认定为故意伤害罪既遂，不能认定为故意杀人罪既遂，超出行为人期待的结果只能作为量刑情节予以考虑。

第二编

犯罪预备论

第六章
犯罪预备概论

第一节
犯罪预备概述

一、犯罪预备的概念

关于犯罪预备，世界不同的国家和地区刑法的规定不尽相同。在大多数大陆法系国家的刑法中，均没有规定犯罪预备的概念，对犯罪预备原则上不予处罚，刑法总则中也没有犯罪预备的相关规定。例如，作为大陆法系国家的代表，日本和德国在其刑法总则中均没有犯罪预备的一般规定，只是在其刑法分则中对少数严重的预备犯规定了处罚条款。在德国刑法中，将犯罪以着手为界限，着手之前为犯罪预备行为，着手之后属于犯罪的实行阶段。针对犯罪预备行为一般可以不予处罚，但并不排除对预备行为进行处罚的可能性。在刑法分则中，通过将预备行为规定为犯罪，如预备绑架罪等，或实施了预备行为即成立犯罪既遂等立法形式，对犯罪预备行为给予处罚，如诈骗保险金罪。[①] 日本刑法在总则中并未规定犯罪预备行为，但是在分则中例外地规定了某些犯罪预备行为。如日本现行刑法在分则中对内乱、外患、私战、放火、伪造货币、杀人、抢劫、以索取赎金为目的的拐诱与略诱八种严重犯罪规定了处罚预备犯。日本学者从形式上和实质上对犯罪预备进行定义，前者表述为“为实现某种犯罪采取谋议以外的方法实施的准备行为”，后者表述为“预备是未达到着手的

---

① ［德］弗兰茨·冯·李斯特著：《德国刑法教科书》，徐久生译，法律出版社 2006 年版，第 47 页。

实行行为，是以实行行为为目的而实施的对完成犯罪起实质作用的行为”。[①]

在英美法系国家，对于犯罪预备的概念，同样没有相关的立法加以规定，在其刑法中，没有犯罪预备这种犯罪停止形态，通常将某些预备行为规定为犯罪未遂。如《美国模范刑法典》列举了已经足以确证犯罪意图的七种预备行为都是犯罪未遂：诱使或设法诱使被害人进入预先设计好的犯罪地；等待、尾随预期的被害人；侦查犯罪地点；犯罪人已进入预期的犯罪地；为实施犯罪已拥有了某种特别设计的犯罪手段；在预期地点占有或收集犯罪资料；教唆无辜者实行了作为完成此罪的条件的行为。[②]

与其他大陆法系和英美法系国家不同，我国刑法在总则中对犯罪预备做了专门规定。我国《刑法》第22条规定：“为了犯罪，准备工具、制造条件的，是犯罪预备。”据此，所谓犯罪预备，是指行为人已经开始实施犯罪的预备行为，但由于其意志以外的原因，被迫在犯罪预备阶段终结的犯罪未完成形态。[③]将犯罪预备规定于刑法总则之中，这种立法模式具有普遍性、原则性和补证性等优点，使犯罪预备有了统一的规格，当无法适用分则条文或适用分则条文明显不公的时候，总则式立法便可起到规范约束的作用。但这种立法模式也存在明显的缺点：微观指导性作用不强、可操作性较弱、确定性程度较低。

二、犯罪预备的不同立法模式

不同的立法模式决定着犯罪预备行为不同的刑法待遇，体现着立法者在判断犯罪预备行为问题上的价值取向，直接关系到犯罪预备行为是否应该受到刑罚的处罚。在犯罪预备问题上，综观世界各国和地区刑事立法，存在不同模式。从各国及有关地区的刑事立法观之，关于犯罪预备的立法主要有四种模式：

1. 刑法总则中没有处罚预备犯的一般规定，但在刑法分则中对极少数严重犯罪的预备行为明确加以规定。这种立法模式以德日为代表，是一种“犯罪预备原则不可罚”的立法模式。如《德国刑法典》规定有准备侵略战争罪、准备从事内乱活动罪、准备伪造金钱和有价证券罪、准备伪造官方证明罪等。日本刑法规定有八种预备罪。在德日等国的刑法典中，之所以将这些犯罪预备行为规定为犯罪，是因为这些行为对非常重要或重大的法益具有严重威胁。

2. 只在刑法总则中对预备犯的处罚作一般原则性规定，刑法分则不再对预

---

① 张明楷著：《未遂犯论》，法律出版社、成文堂1997年版，第435页。

② 储槐植、江溯著：《美国刑法》，北京大学出版社2012年版，第105页。

③ 贾宇主编：《刑法原理与实务》，中国政法大学出版社2017年版，第90页。

备犯作出专门规定，即认为所有犯罪的预备行为都是犯罪。这是一种“犯罪预备原则可罚”的立法模式。苏联、东欧部分国家、我国及蒙古、朝鲜等国家均采用该种立法模式。如1926年《苏俄刑法典》规定，无论是犯罪的预备行为还是未遂行为都要负刑事责任。1958年《苏联和各加盟共和国刑事立法纲要》规定，在任何情况下预备犯罪均应受到惩罚。[①] 1960年《苏俄刑法典》第15条第3款规定，“对于预备犯罪和犯罪未遂的行为，应依照本法典分则规定这种犯罪责任的条款处罚”。

3. 在刑法总则中规定，对严重犯罪的预备犯追究刑事责任，在刑法分则中不再作具体规定。《阿尔巴尼亚刑法典》《越南刑法典》以及1996年颁布实施的《俄罗斯联邦刑法典》等均属于这种立法模式。如《俄罗斯联邦刑法典》第30条第1款规定了预备犯罪的定义后，在第2款规定，只有对预备实施严重犯罪和特别严重的犯罪，才追究刑事责任。

4. 在刑法总则中规定预备犯的概念及特征，并规定对预备犯的处罚以刑法分则有明文规定为限，同时在刑法分则中明确规定哪些罪的预备犯应予何种处罚。1951年的《保加利亚人民共和国刑法典》以及同时期制定颁布的匈牙利、捷克斯洛伐克、民主德国、波兰等国刑法典均属于这种立法模式。[②]

上述第一种立法模式是当代绝大多数国家和地区所采用的模式。这种立法模式的根据在于：“犯罪预备若非行为人意志以外的原因被迫停止下来，就会造成严重危害，若一概不罚难免放纵犯罪，不利于预防犯罪；但其社会危害性毕竟有限，且程度不一，如一概处罚亦有悖公平、公正之理念，故只能有选择地处罚。”[③] 第二种立法模式从形式上来说，严密了刑法对犯罪预备的规定，体现了立法者严惩刑事犯罪的价值取向。一方面体现在立法者通过对故意犯罪的预备行为给予刑罚处罚，从而遏制犯罪，将犯罪对社会的危害程度降到最低，有效保护刑法所保护的社会关系；另一方面对犯罪预备给予刑法的否定评价，有利于威慑潜在的预备犯不敢轻易产生犯罪念头，以实现刑罚特殊预防和一般预防的目的。然而，由于犯罪预备发生在犯罪的预备阶段，行为人还没有着手实施具体犯罪实行行为，因此并非所有犯罪预备行为均具有严重的社会危害性，故对所有犯罪预备给予处罚，无论是从立法上还是从司法上来说，都有滥用刑罚之虞，“以消灭犯罪作为刑事控制的目标模式，为实现这一目标而不惜

---

① ［苏联］皮昂特科夫斯基等著：《苏联刑法科学史》，曹子丹等译，法律出版社1984年版，第91页。

② 贾学胜、梁玉霞：《犯罪预备的立法反思及完善》，载《学术界》2008年第3期。

③ ［法］卢梭著：《社会契约论》，商务印书馆1962年版，第63页。

成本，导致刑法的过量投入”,[1] 这显然存在不合理之处。上述第三种立法模式，将预备犯的处罚范围限定在严重犯罪之内，这样规定具有相当的合理性。但毕竟刑法总则是以概括的方式加以规定，刑法分则没有针对具体犯罪的犯罪预备行为规定给予什么样的处罚，导致司法实践不好具体操作，存在被滥用的危险。上述第四种立法模式与第一种立法模式近似，不同之处在于第四种模式在刑法总则中规定了预备犯的概念和特征。但由于刑法又规定，对于预备犯的处罚以刑法分则有明文规定为限，这样就使得刑法总则对预备犯的规定显得多此一举，因此，刑法总则对预备犯的概念和特征的规定没有必要。

三、预备犯的处罚原则

由于各国刑法对犯罪预备的规定不尽相同，因此对于预备犯是否应当处以刑罚，各国采取了不同的态度，归纳起来可以分为以下几种：

1. 不予处罚原则。即没有将犯罪预备行为规定为犯罪，在刑法条文中没有关于预备犯的处罚规定。对预备犯不予处罚原则，主要体现在早期的刑法中，如 1871 年《德国刑法典》就没有关于预备犯的处罚规定。对预备犯不予处罚是客观主义刑法理论的观点，该理论认为，犯罪是会对社会产生危害的行为，进行刑罚处罚的依据是行为及其社会危害性。在他们眼中，犯罪是行为人基于自由意志选择的行为，是一种客观上有害于社会的恶行，这样的恶行必然会产生有害于社会的结果。此外，犯罪成立的首要条件是行为符合刑法各条规定的构成要件。[2] 刑事责任的评价基点是行为的社会危害性，而社会危害性产生的时间起点不是行为人着手犯罪的预备行为，而是着手实施实行行为，故刑事责任评价的时间起点应该是行为人开始着手实施实行行为。犯罪预备意味着行为人还没有开始实施实行行为，行为没有进入犯罪实施阶段，行为人是否具备犯罪意图也难以判明，故按照主客观相统一的要求，对难以判明犯罪意图的犯罪预备行为不应给予处罚。

2. 予以处罚原则。即对所有犯罪预备行为都应当给予处罚，在刑法总则中规定预备犯的一般处罚原则，而在刑法分则中，不再对预备犯作出具体的处罚规定。如 1960 年《苏俄刑法典》第 15 条第 3 款规定：“对于预备犯罪和犯罪未遂的行为，应依照本法典分则规定这种犯罪责任的条款处罚。”我国刑法对于预备犯也是采取予以处罚原则。我国《刑法》总则第 22 条第 2 款规定，对

---

① 马克昌主编：《比较刑法原理》，武汉大学出版社 2002 年版，第 74 页。

② 陈兴良、周光权著：《刑法学的现代展开》，中国人民大学出版社 2006 年版，第 31-56页。

于预备犯，可以比照既遂犯从轻、减轻处罚或者免除处罚。对预备犯应当予以处罚是主观主义刑法理论的观点，该理论强调“行为人中心论”，认为刑事责任的评价基点是行为人的主观恶性，行为人为实施犯罪而准备犯罪工具、制造犯罪便利条件，就已经彰显了其主观恶性，故应给予处罚。

3. 以不处罚为原则，以处罚为例外。即通常情况下对预备犯不予处罚，刑法总则中没有关于预备犯的一般规定，只有当刑法分则条文中有特别规定时才处罚。目前，世界上大多数国家在预备犯刑事责任问题上，采取该立法模式。如日本刑法总则没有关于预备犯的规定，但在刑法分则中规定了许多犯罪预备行为，如内乱预备、外患预备、私战预备、放火预备、伪造货币预备、杀人预备、抢劫预备、以索取赎金为目的的拐诱与略诱预备等预备罪。[①] 只在刑法分则中规定预备犯罪，这种立法模式的根据在于：并非所有犯罪预备行为均具有社会危害性，一些比较轻微的犯罪，特别是一些比较轻微的非暴力犯罪的犯罪预备行为，其社会危害性微乎其微，可以忽略不计，因而没有必要将其规定为犯罪，并给予刑罚处罚。但毕竟犯罪预备是由于行为人意志以外的原因而被迫停止下来，若一概不罚，不利于鼓励行为人自动放弃犯罪，特别是对于一些严重犯罪，如果不给予刑罚处罚，难免放纵犯罪，不利于预防犯罪。故对犯罪预备一概不处罚有悖公平、公正之理念，因而对一些具有严重社会危害性的犯罪，即使属于犯罪预备，也应给予刑罚处罚。

四、刑法理论界关于犯罪预备可罚性之争议

从上面不同的立法模式我们可以看出，不同国家的刑事立法对犯罪预备是否存在可罚性以及如何处罚规定不一样。在理论界，关于犯罪预备可罚性问题，同样存在争议。意大利著名刑法学家贝卡利亚在其著作《论犯罪与刑罚》中认为：“法律不惩罚意向，但这并不是说，当犯罪刚开始以某些行动表露出实施犯罪的意向时不值得处以刑罚，即便是一种比实施该犯罪所受的要轻的刑罚，为制止犯意，需要借助刑罚。”[②] 在贝卡利亚看来，犯意不能作为犯罪给予刑法处罚，但当行为人以某些行动来表露出犯罪意向时，应予以刑罚处罚。由此可以看出，贝卡利亚在犯罪预备可罚性问题上持应予以处罚的观点。与贝卡利亚的观点相反，德国著名刑法学家李斯特在犯罪预备可罚性问题上持否定的态度。他认为：“离既遂的距离越远，犯罪行为在思想意识活动的越早阶段中

① 张明楷著：《外国刑法纲要》，清华大学出版社1999年版，第281页。

② ［意］贝卡利亚著：《论犯罪与刑罚》，黄风译，中国大百科全书出版社1993年版，第40页。

断，此等关系就越难证明之，也就越不能谈及行为的客观危害性。因此，有必要将离既遂更远的犯罪预备行为与离既遂较近行为（未遂）区分开来，前者不可罚，而后者则要处罚。”① 法国刑法理论在犯罪预备可罚性问题上大多与李斯特持相同的观点，认为法国刑法典对犯罪预备行为之所以不予处罚，是因为犯罪预备行为模棱两可的性质，不能说明行为已经进入犯罪实施阶段，也不能说明行为者已经具有犯罪意图。适用按照犯罪的主客观条件相统一的要求，对于不明确的行为不应给予处罚。② 在这种理论基础上，大陆法系各国的刑法典确立了预备犯原则不可罚的原则，即在刑法总则中不规定处罚预备犯的一般原则，而是在刑法分则中，将一些严重犯罪的预备行为直接规定为独立的犯罪给予处罚。可见，大陆法系国家的刑法学界，对于犯罪预备行为的法益侵害性的评价持谨慎的态度，即并不完全否认犯罪预备行为对法益的威胁，但认为一般情形下这种威胁都很小，不值得动用刑法来遏制，只有在少数例外的情况下，即当这种预备行为对法益存在重大威胁时，才应该将其规定为犯罪。③

以苏联刑法典为代表的部分社会主义国家（包括中国在内）的刑法典确立了犯罪预备行为原则可罚的原则，但仍然有许多学者对此提出异议。有学者认为：任何预备行为都要负刑事责任，立法者是把犯罪预备行为看作对社会有害的、创造了实施犯罪条件的行为，但这并不意味着立法者认为对一切实施犯罪的预备行为都必须无例外地给予刑事处罚；对情节轻微的行为应不以犯罪论处。④ 在我国，有学者以客观主义的刑法理论为依据，反对处罚犯罪预备。刑法客观主义认为，犯罪是会对社会产生危害的行为，进行刑罚处罚的依据是行为及其社会危害性。犯罪是行为人基于自由意志选择的行为，是一种客观上有害于社会的恶行，这样的恶行必然会产生有害于社会的结果。此外，犯罪成立的首要条件是行为符合刑法各条规定的构成要件。⑤ 而犯罪预备行为既不会直接产生某种具体的危害结果，也不属于犯罪构成客观要件的行为，故犯罪预备不具有可罚性。还有学者以法益侵害说的基本理论为依据，反对处罚犯罪预备。法益侵害说认为，只有在行为造成了法律所保护的各种利益被侵害或者引

---

① ［德］弗兰茨·冯·李斯特著：《德国刑法教科书》，徐久生译，法律出版社 2000 年版，第 337 页。

② 朱华荣主编：《各国刑法比较研究》，武汉大学出版社 1995 年版，第 19 页。

③ 贾学胜、梁玉霞：《犯罪预备的立法反思及完善》，载《学术界》2008 年第 3 期。

④ ［苏联］别利亚耶夫等主编：《苏维埃刑法总论》，马改秀等译，群众出版社 1987 年版，第 205 页。

⑤ 田宏杰著：《中国刑法现代化研究》，中国方正出版社 2001 年版，第 93 页。

起危险时，才能给予否定性评价，以凸显被损害的法益的重要性。在确定某一行为是否为犯罪时，首要的必须确认某种利益是否受刑法保护并为犯罪实际侵害。根据法益危害说的基本理论，既遂犯受处罚的依据是因为行为侵犯了法益，未遂犯是因为行为具有侵害法益的危险性，而对于预备犯而言，其行为仅局限在准备工具制造条件的阶段，行为人并未着手实施犯罪实行行为。在一定程度上可以说，犯罪预备对法益几乎没有造成实际的威胁或侵害。[①] 因此，不应处罚犯罪预备。

第二节 犯罪预备可罚性之我见

在犯罪预备可罚性问题上，笔者赞同以不处罚为原则，以处罚为例外的观点。

一、对预备犯以不处罚为原则

对预备犯原则上不处罚是当今世界各国刑事立法的趋势，是刑法民法化的要求。刑法作为社会关系调整的最后一道防线，在运用其他手段能够对社会进行防控的情形下，不会轻易启动。

（一）对预备犯原则不处罚符合当代刑法的价值取向

有学者指出：“在预防犯罪为主，惩罚犯罪为辅的刑罚理念已成为当今世界立法、司法、执法主流，刑罚的单纯惩罚功能和报应功能思想趋于减弱，在刑法的宽容与人道越来越被人们接受的今天，慎刑应当被作为21世纪刑罚价值取向的主要内容。”[②] 我国著名刑法学者陈兴良教授认为：“刑法是一种不得已的恶，用之得当，个人与社会两受其益；用之不当，个人与社会两受其害。因此，对于刑法可能的扩张与滥用，必须保持足够的警惕，不得已的恶只能不

---

① 张明楷主编：《刑法学》，法律出版社2007年版，第12页。

② 包雯、李玉华著：《21世纪刑罚价值取向研究》，知识产权出版社2006年版，第45页。

得已而用之，此乃用刑之道也。”① 在当代不同社会制度的法治国家，法治都被看成一个系统，由不同严厉的制裁方法构成，其中既有法律制裁手段，又有其他非法律制裁手段，而法律制裁手段又包括行政、民事、经济等多种制裁方式，而刑罚制裁仅是其中一种制裁方式，在这些制裁方式中，刑罚制裁是最严厉的制裁手段。因此，动用刑罚必须具有必要性，即刑罚制裁的必须是哪些具有严重社会危害性的行为。就犯罪预备行为而言，不可能对社会造成实际的危害，只存在发生危害社会的危险，且这种危险在犯罪预备阶段不可能变成现实的危害。也就是说，在犯罪预备阶段，行为人所实施的犯罪预备行为在绝大多数情形下，不可能产生严重的社会危害性，既如此，就没有必要启动刑罚的制裁功能对所有犯罪预备行为给予刑罚处罚，否则，有违刑法慎刑这一价值取向。

（二）对预备犯原则不处罚符合危险递增理论的规定

所谓危险递增理论，是指危险只有递增到一定量的时候，国家刑罚权的介入才是正当与必要的；危险递增判断的基础是，行为可能导致的危险度越大，规范处罚所要求的危险实现的现实性就越小。② 就犯罪预备行为而言，由于行为发生在犯罪的预备阶段，还没有着手犯罪的具体实行行为，因而，对于绝大多数犯罪预备行为来说，其可能导致的危险性非常小，还难以达到国家刑罚权介入的程度，只有当某些犯罪预备行为有导致严重危害结果发生的可能性时，刑罚权的启动才成为必要。如对于严重暴力犯罪来说，即使是犯罪预备行为，由于其存在导致严重危害后果的危险性，也必须给予刑罚处罚。在直接故意犯罪中，犯罪预备阶段通常有一个时间的延续过程，在这个过程中，就同一性质的犯罪而言，刚开始进行犯罪预备的行为的危险性必然小于已经做好准备的犯罪预备，而犯罪可以在犯罪预备阶段的任何一个节点上停止下来而成立犯罪预备。因此，在犯罪预备阶段，即使相同性质的犯罪，如果其停止犯罪的点不同，则行为的危险性也不会相同，犯罪预备行为越接近着手实施实行行为的时间点，危险性越大，因而，刑罚权启动的可能性越大；犯罪预备行为在时间上离着手实施犯罪的实行行为越远，行为的危险性就越小，刑罚权介入的可能性就越小。当预备行为的社会危害性小到无须用刑法来调整的时候，国家刑罚权的启动就不再具有正当性。

危险递增理论表明，作为发生在犯罪预备阶段的犯罪预备行为，其发生在

---

① 陈兴良著：《刑法的价值构造》，中国人民大学出版社 1998 年版，第 10 页。

② 李海东著：《刑法原理入门（犯罪论基础）》，法律出版社 1998 年版，第 138 页。

着手具体犯罪实行行为之前，因而并非所有的犯罪预备行为所造成的社会危害性均达到需由刑法来调整的程度，一个直接故意犯罪从犯罪预备到犯罪未遂再到犯罪既遂的过程，其社会危害性是由小到大的动态发展过程，基于这一特点，当代大陆法系国家的刑法典对预备犯均采用以不处罚为原则立法例。

二、对预备犯以处罚为例外

对预备犯以不处罚为原则，并不意味着对任何预备犯均不予处罚。尽管犯罪预备发生在犯罪预备阶段，没有对刑法所保护的社会关系造成实质性侵害，但毕竟行为人进行犯罪预备的目的在于着手实施具体犯罪的实行行为，准备越充分，犯罪成功的概率越大。因此，对于有些犯罪预备行为，特别是一些严重犯罪的犯罪预备行为必须给予刑罚处罚，只有这样，才能对社会上的不稳定分子产生有效的震慑，不敢轻易产生犯罪意图，不敢轻易进行犯罪预备，进而实施犯罪，从而有效阻止犯罪对社会造成严重危害。笔者认为，对于严重犯罪的犯罪预备行为应给予刑罚处罚，具体而言，以下犯罪的预备犯应给予刑罚处罚：

（一）危害国家安全的犯罪

这类犯罪侵害的客体是中华人民共和国的国家安全。国家安全是国家赖以存在和发展的政治基础和物质基础的安全的总和。对于一个国家来说，国家主权是否独立，领土是否完整、不受威胁，国家是否统一，民族是否团结，政权和政治制度是否稳固等，无不关系到国家的兴衰存亡。[①] 特别是在今天，国际形势日益复杂多变，国内外、境内外敌对势力遥相呼应，内外勾结，企图颠覆国家政权。因此，对于这些犯罪，必须扼杀在萌芽状态，即使是犯罪预备行为，也必须给予刑罚处罚。

（二）危害公共安全的危险犯

危险犯采用危险的方法实施犯罪，这些危险方法相比其他犯罪方法，无论是其人身危险性还是破坏力均更大，犯罪一旦得逞，危害后果往往难以预料和控制。危险犯进入刑法，是“风险社会”导致的必然结果。科学技术的飞速发展，便捷了人们的生活，使社会生产力成倍增长，但同时使人们面临越来越多不可控制的风险，且这些风险相较于传统社会风险更难预测，不但波及范围更广，而且破坏性更强。因此，为有效防控社会风险，维护社会公共安全，有必要将危险犯的犯罪预备行为给予刑罚处罚。

---

① 贾宇主编：《刑法原理与实务》，中国政法大学出版社 2017 年版，第 197 页。

（三）严重破坏市场经济秩序的犯罪

维护国家经济秩序的有序运行，关乎国家富强、社会稳定、人民幸福。而严重破坏市场经济秩序的犯罪，不仅破坏市场经济活动之间纵向的有序经济联系，而且也破坏市场经济活动之间横向的有序经济联系。在市场经济活动中，人们必须遵循法律，树立规则意识，否则，市场的生产秩序、分配秩序、交换秩序、消费秩序等将遭受破坏，更为严重的可能导致国民经济倒退甚至崩溃。因此，对于严重破坏市场经济秩序的犯罪，即使是犯罪预备行为，也必须给予刑罚处罚。

（四）严重危及公民人身权利的犯罪

公民的人身权利，是国家法律所确认的、与公民的人身不可分离的权利。其中最重要的权利包括公民的生命权、健康权、妇女性的不可侵犯权等。针对特定个人实施的犯罪而言，对公民上述权利实施侵害的犯罪，是严重的刑事犯罪，其行为具有严重的社会危害性。因此，对于这些犯罪的预备犯，必须给予刑罚处罚。

第七章 犯罪预备特论

第一节 我国刑法中的犯罪预备

一、犯罪预备概念和特征

我国《刑法》第22条规定:“为了犯罪,准备工具、制造条件的,是犯罪预备。”据此,所谓犯罪预备,是指行为人已经开始实施犯罪的预备行为,但由于其意志以外的原因,而被迫在犯罪预备阶段终结的犯罪未完成形态。[①] 犯罪预备具有如下特征:

(一)主观上有实施犯罪的直接故意

根据我国刑法的规定,行为人实施预备行为的目的是“为了犯罪”,而犯罪的目的只存在于一部分直接故意犯罪中,故预备犯在主观上有实施犯罪的直接故意。“为了犯罪”说明行为人已经明确地知道自己犯罪预备行为的性质、意义及可能产生的后果,而在此基础上依然决意为之,可见行为人犯罪的意图明显,对自己将要实施的行为必然或可能造成的危害结果持积极追求的态度。

(二)客观上实施了犯罪预备的行为

所谓犯罪预备行为,是指行为人在实施具体犯罪实行行为之前,为犯罪的实施或完成犯罪做准备的行为。即犯罪预备行为意味着行为人尚未着手犯罪的实行行为。如行为人为实施故意杀人罪而准备毒药、购买凶器或跟踪被害人等行为。可见,犯罪预备行为发生的空间场合,只能是开始于实施犯罪的预备行

---

① 贾宇主编:《刑法原理与实务》,中国政法大学出版社2017年版,第90页。

为，终止于行为人着手实施犯罪实行行为之前。

犯罪预备不同于犯意表示。犯罪预备行为是在行为人主观故意支配下实施的犯罪构成客观要件方面的行为，行为具有社会危害性。所谓犯意表示，是指以口头、文字或其他方式对犯罪意图的单纯流露，而非属于实现行为人犯罪意图的行为，属于犯罪思想的范畴，不具有犯罪意义上的社会危害性。犯意表示与犯罪预备有原则区别：犯罪预备行为，是为着手实施和完成犯罪准备工具、制造条件的行为，它具有社会危害性，也具有特定的犯罪构成，我国刑法规定原则上要作为犯罪处理。而犯意表示，无论是从行为人的主观意图还是客观表现上看，都不是在为犯罪实施创造条件，不具有社会危害性。①

（三）犯罪行为终结于犯罪预备阶段

这一特征意味着，犯罪活动在具体犯罪行为实施前，即具体犯罪实行行为着手前已停止下来。犯罪预备阶段通常具有一定的时间跨度，其时间跨度始于犯罪预备行为开始，终于着手犯罪实行行为之前，在该时间跨度的任何一个点终结犯罪行为，均成立犯罪预备。如在故意杀人罪中，行为人从准备杀人的工具开始，再到前往杀伤被害人的途中，最后出现在被害人的面前欲杀伤被害人为止，在整个过程的任何一个时间节点终结犯罪行为，均能成立犯罪预备。

（四）犯罪行为终结于犯罪预备阶段是由于行为人意志以外的原因

从客观方面看，犯罪行为终结于预备阶段，即行为人着手实施实行行为前犯罪预备行为停止下来。从主观方面看，犯罪行为终结于犯罪预备阶段违背行为人意志，即按照行为人本来的意愿，希望将犯罪一直继续下去，直至最终完成犯罪，但在行为人着手实行行为前，由于出现了行为人意志以外的意愿，而无法使行为人着手实行行为，迫使行为人在着手实行行为前停止犯罪。如遇到被害人的反抗、犯罪预备行为被他人发现而被制止、被警察及时抓获、行为人突然发病等，致使行为人在着手实行行为前被迫终结犯罪。

二、犯罪预备的类型

根据我国《刑法》第 22 条的规定，可以将犯罪预备行为分为以下两种类型：

（一）为实施犯罪而准备犯罪工具的行为

所谓犯罪工具，是指行为人为实施犯罪活动所备置的一切器械、物品。这些器械、物品多种多样，不胜枚举，从司法实践来看，主要包括：（1）用以杀

---

① 赵秉志主编：《刑法总论》，中国人民大学出版社 2013 年版，第 218 页。

伤被害人或者排除被害人反抗的器械、物品，如枪弹、刀棒、毒药、麻醉剂、捆绑他人用的绳索等；（2）用以破坏、分离犯罪对象物品或者破坏、排除犯罪障碍物的器械、物品，如钳剪、刀斧、爆炸物等；（3）用以达到或者逃离犯罪现场，或者进行犯罪活动的交通工具，如汽车、摩托车等；（4）用以排除障碍、接近犯罪对象的物品，如翻墙用的梯子、攀越房屋或爬窗用的绳索等；（5）用以掩护犯罪实施或者湮灭罪证的物品，如犯罪分子作案时戴的面罩、作案后灭迹用的化学物品等。

所谓准备犯罪工具，包括制造犯罪工具、寻求犯罪工具以及加工犯罪工具使之适合犯罪需要。由于准备犯罪工具是犯罪预备行为最常见的形式，所以我国《刑法》第22条将其明列出来。①

（二）为实施犯罪而制造条件的行为

所谓制造条件，是指除准备犯罪工具以外的、其他为犯罪实施创造各种有利条件的行为。从严格意义上讲，准备犯罪工具的行为也是为实施犯罪创造有利条件的行为，但我国《刑法》第22条将准备工具与制造条件作为与犯罪预备并列的两种行为，故这里所讲的制造条件的行为，是指除准备工具以外的其他为实施犯罪创造便利条件的行为。根据刑法理论与司法实践，制造犯罪条件的行为通常表现为：调查犯罪现场；了解被害人行踪或活动规律；排除实施犯罪的障碍；前往犯罪场所，接近犯罪对象；追踪、守候被害人或者诱骗被害人到犯罪现场；勾结犯罪同伙，拟订犯罪计划；练习犯罪技能，筹集犯罪经费等，行为人只要实施上述行为之一，即可认定其已经开始实施犯罪预备行为。②

三、预备犯处罚原则

现代刑法大多数国家对于预备犯是以不处罚为原则，以处罚刑法分则条文中有特别规定的预备犯为例外。而我国刑法则对预备犯采用予以处罚为原则。我国《刑法》总则第22条第2款规定：对于预备犯，可以比照既遂犯从轻、减轻处罚或者免除处罚。我国刑法这样规定，有利于震慑犯罪，使行为人不敢轻易实施犯罪预备行为，从而严密刑事法网，将犯罪遏止于萌芽状态，发挥刑法的积极预防功能，降低犯罪率，实现刑法的目的，但也存在一定的缺陷。

① 赵秉志主编：《刑法总论》，中国人民大学出版社2013年版，第219页。

② 贾宇主编：《刑法原理与实务》，中国政法大学出版社2017年版，第90页。

第二节
我国犯罪预备存在的立法缺陷及立法完善

一、犯罪预备立法存在的缺陷

我国《刑法》第22条第1款规定："为了犯罪，准备工具、制造条件的，是犯罪预备。"该条规定了犯罪预备的概念，但笔者认为其存在一定的缺陷：

（一）犯罪预备概念不完整

1. 刑法的规定没有限定犯罪预备发生的犯罪阶段。任何一种犯罪停止形态，在行为人着手实施具体的犯罪实行行为前，都可能存在准备工具、制造条件的行为，犯罪预备可以为了犯罪而准备工具、制造条件，犯罪未遂、犯罪中止、犯罪既遂同样存在为了犯罪而准备工具、制造条件的行为。对于有些犯罪来说，即使行为人已经着手实施犯罪后，还可能存在准备工具、制造条件的行为。因此，为了犯罪，准备工具、制造条件，不能准确定义犯罪预备概念。如行为人甲经多次跟踪观察，得知被害人乙于某天将到外地洽谈业务，遂于乙离家当晚潜入乙家中实施盗窃，窃得手机、计算机后又发现了乙卧室床后的保险柜，几经尝试无法打开。于是，甲到厨房找到菜刀、钳子等工具，再次敲打保险柜，最终将保险柜打开，窃得保险柜中大量首饰、人民币后逃离现场。在该案中，甲多次跟踪观察乙的行为是为犯罪制造条件的行为，属于犯罪预备行为，而在盗窃犯罪实施过程中，甲到厨房找菜刀、钳子等工具的行为也是为犯罪准备工具的行为，这前后两个准备犯罪工具的行为能否都认定为犯罪预备？很显然，在这两个准备犯罪工具的行为中，只有甲多次跟踪观察乙的行为才是犯罪预备行为，而甲到厨房找菜刀、钳子等犯罪工具的行为是甲已经着手实施犯罪以后的行为，不属于犯罪预备行为，而是犯罪实施行为的有效组成部分。正是由于刑法的规定没有限定犯罪预备只能发生在犯罪预备阶段，从而致使行为人准备工具、制造条件的行为不能成为犯罪预备特有的特征。因此，刑法有必要将准备工具、制造条件的行为界定在犯罪预备阶段，使犯罪预备之准备工具、制造条件的行为与犯罪实施阶段准备工具、制造条件的行为从性质上加以区分。

2. 刑法的规定无法将犯罪预备与预备中止区分开来。根据刑法理论，犯罪预备发生在犯罪预备阶段，同样，犯罪中止也可以发生在犯罪预备阶段。当犯罪中止发生在犯罪预备阶段时，中止犯在行为方式上，为了犯罪，同样存在准备工具、制造条件的行为，与预备犯的行为方式无异。因此，当犯罪中止发生在犯罪预备阶段时，又如何区分犯罪预备与犯罪中止呢？我国刑法明文规定了罪刑法定原则，而罪刑法定原则要求刑法规范具有明确性。“明确性是罪刑法定原则的实质内容，也是刑事立法必须遵循的原则。”① 作为罪刑法定原则的派生原则，明确性原则要求，国家制定刑法时，刑法必须对行为人构成的犯罪以及应受处罚的程度作出具体的、明确的规定，只有这样，人们才能知道，哪些行为当为，哪些行为不当为。同时，司法机关也能更好地根据刑法规范，准确定罪量刑，从而避免因没有明确的刑法标准而随意定罪，导致司法不公。《刑法》第22条所规定的为了犯罪，准备工具、制造条件的行为，并没有明确界定犯罪预备的特征，即准备工具、制造条件的行为不是犯罪预备特有的特征，包括犯罪中止在内的其他犯罪停止形态都可能存在准备工具、制造条件的行为。由于犯罪中止也可以发生在犯罪预备阶段，因此，我国《刑法》第22条第1款的规定没有正确定义犯罪预备，致使人们无法准确区分犯罪预备与预备中止的界限。

（二）对所有预备犯原则给予处罚不科学

我国《刑法》第22条第2款规定：“对于预备犯，可以比照既遂犯从轻、减轻处罚或者免除处罚。”这表明，我国刑法对于预备犯原则给予刑罚处罚。但这样的处罚原则存在一定缺陷：

1. 处罚所有预备犯与我国《刑法》第13条“但书”相冲突。我国《刑法》第13条规定：“……依照法律应当受到刑罚处罚的，都是犯罪，但是情节显著轻微危害不大的，不认为是犯罪。”从我国《刑法》第13条“但书”的规定能够看出，情节显著轻微危害不大的行为，不认为是犯罪。不认为是犯罪，这就意味着不能给予刑罚处罚。从本质上讲，行为必须具有严重的社会危害性才能构成犯罪。《刑法》第13条是我国刑法对犯罪下的一个总的定义，这是一个原则性的规定，对刑法具体犯罪的规定具有约束作用。因此，在规定具体犯罪及其刑事责任时，都必须遵循《刑法》第13条的规定。犯罪预备行为对刑法所保护的社会关系并没有造成实际的危害，尽管这种行为具有社会危害

① 张明楷著：《刑法的基础理念》，中国检察出版社1999年版，第84页。

性，但我们很难得出这种行为具有严重社会危害性的评价结论。“在一般情况下，只有少数社会危害性严重的犯罪的预备行为的社会危害程度才能够达到犯罪的程度。”① 多数犯罪预备行为因社会危害性小而不应认定为犯罪并给予刑罚处罚。事实上，在我国刑法分则所规定的犯罪中，对于有些犯罪的预备行为是不以犯罪论处的。如根据我国《刑法》第 264 条的规定：“盗窃公私财物，数额较大的，或者多次盗窃、入户盗窃、携带凶器盗窃、扒窃的，处三年以下有期徒刑、拘役或者管制，并处或者单处罚金……”从该条的规定我们可以看出，构成盗窃罪必须是行为人已经着手实施盗窃犯罪行为且盗窃数额较大，或者多次实施盗窃，或者入户实施盗窃，或者在公共场所实施扒窃才构成犯罪。这就说明，就盗窃罪而言，只有当行为人实施这些行为时，行为人的盗窃行为才构成犯罪，这就意味着，行为人盗窃的预备行为因社会危害性没有达到严重的程度，因而不能认定为犯罪，并给予刑罚处罚。除盗窃罪之外，在我国刑法分则中，还有许多行为刑法规定必须达到“数额较大”或“情节严重”或“情节恶劣”等才构成犯罪，就这些犯罪来说，其实行行为构成犯罪都要达到如此程度，何况其预备行为还没有进入犯罪的实施阶段，其预备行为的社会危害性显然要小于这些已经成立的犯罪的社会危害性，因而这些犯罪的预备行为的社会危害性不可能达到严重的程度，故根据我国刑法的规定，对这些预备行为均不予刑罚处罚。从上面的分析我们可以看出，《刑法》第 13 条只将具有严重社会危害性的行为规定为犯罪，而《刑法》第 22 条的规定则是对所有犯罪预备行为均以犯罪论处，并给予刑罚处罚。可见，对所有预备犯处罚的规定与我国《刑法》第 13 条的规定相冲突。

2. 处罚所有预备犯与犯罪构成理论相冲突。我国刑法中的犯罪构成理论于 20 世纪 50 年代从苏联引进，时至今日，该理论虽有所创新和发展，但占主体地位的依然是犯罪构成四要件说。该说认为，犯罪构成就是依照我国刑法的规定，决定某一具体行为的社会危害性及其程度而为该行为构成犯罪所必需的一切客观和主观要件的有机统一。主张任何一种犯罪均必须具备犯罪客体、犯罪客观方面、犯罪主体、犯罪主观方面四个构成要件。② 到目前为止，犯罪构成理论依然是我们区分罪与非罪的重要依据。按照犯罪构成理论，一个行为成立犯罪，行为人不仅主观方面要具有罪过，即犯罪的故意或过失，而且客观方面必须实施了危害社会的行为，是主客观的统一。由于犯罪停止形态只能存在于

① 陈兴良著：《刑法适用总论》，法律出版社 1999 年版，第 402 页。

② 高铭暄、马克昌主编：《刑法学》，北京大学出版社、高等教育出版社 2011 年版，第 49 页。

一部分直接故意犯罪中，因此，犯罪预备行为要成立，行为人主观上只能是出于直接故意，即行为人明知自己的行为会发生某种危害社会的结果，并且希望该结果发生的心理态度。在客观方面，行为人实施了犯罪构成客观要件的危害社会的行为。但对于预备犯来说，依据犯罪构成理论来解读，无论是主观要件还是客观要件，都存在缺失。其一，主观方面直接故意存在缺失。根据我国《刑法》第22条的规定，“为了犯罪”，预备犯实施了准备犯罪工具、制造犯罪条件的行为，即行为人先产生犯罪的想法，然后才会有犯罪预备的行为。但毕竟犯罪预备行为还只是处于犯罪预备阶段，行为还没有进入实施阶段，即使预备犯为犯罪做了准备，其主观的犯罪直接故意依然难以证明。因为在绝大多数情形下，预备行为如果不和其后的犯罪实行行为联系起来分析，是很难证明行为人的人身危险性以及行为的社会危害性的。在犯罪预备阶段，行为人犯罪的意愿通常不会比犯罪实施阶段的犯罪意愿强烈，甚至在犯罪预备阶段的任何一个时间点上，都有可能自动放弃犯罪，从而打消犯罪的直接故意。故在犯罪预备阶段，有时行为人主观上直接故意的意图并不是非常明显。因此，在犯罪的预备阶段，对有些预备犯来说，我们还无法判明预备犯主观上是否存在犯罪的直接故意。其二，客观方面犯罪构成要件的危害行为存在缺失。根据犯罪构成理论，所谓危害行为，是指表现人的意思自由、客观上危害社会并为刑法所禁止的身体动静。① 作为犯罪，除主观上体现行为人意识外，客观上还必须是刑法所禁止的严重危害社会的行为。根据犯罪构成理论，这里的危害行为，是指犯罪构成客观要件的具体犯罪的实行行为，也就是行为人着手实施犯罪的实行行为，只有这样的行为才具有现实的严重社会危害性。而就犯罪预备行为来说，绝大多数犯罪因其还没有着手实施犯罪的实行行为，因而这样的行为不具有现实的社会危害性。此外，依据我国刑法分则的规定，有些犯罪的预备行为本身就不是犯罪行为，在我国刑法分则所规定的犯罪中，有些犯罪的预备行为对该行为构成犯罪没有实际影响。如我国刑法分则中所规定的“数额犯”和“情节犯”。对于“数额犯”来说，只有达到数额较大，其行为才构成犯罪，这就说明，即使行为人实施了该罪的预备行为，但如果没有实行行为，且未达到数额较大，整个行为就不构成犯罪，既然整个行为不构成犯罪，则预备行为当然不能成为犯罪构成客观要件方面的危害行为，该预备行为当然也就不能构成犯罪。同样，对于“情节犯”来说，行为没有达到情节严重的程度，整个行为不能以犯罪论处，如果该行为存在预备行为，则该预备行为同样不能成为犯

---

① 贾宇主编:《刑法学》(上册·总论)，高等教育出版社2020年版，第109页。

罪构成客观要件方面的危害行为，该预备行为当然也不能认定为犯罪行为并给予刑罚处罚。

3. 处罚所有预备犯与刑罚的谦抑性（谦抑精神）相冲突。陈兴良教授认为，刑法的谦抑性又称刑法的经济性或者节俭性，是指立法者应当力求以最小的支出——少用甚至不用刑罚（而用其他刑罚替代措施），获取最大的社会效益——有效地预防和抗制犯罪。[①] 张明楷教授指出，刑罚的谦抑性，是指刑法依据一定的规则控制处罚范围与处罚程度，即凡是适用其他法律足以抑制某种违法行为、保护合法权益时，就不要将其规定为犯罪；凡是适用较轻的制裁方法足以抑制某种犯罪行为、保护合法权益时，就不要规定较重的制裁方法。[②] 上述观点是在刑事立法上对刑法的谦抑性加以定义。日本学者平野龙一以含义代概念的方式阐释了刑法的谦抑性内容：第一，刑法的补充性。即有关市民安全的事项，只有在其他手段如习惯的、道德的制裁不充分时，才能发动刑法。第二，刑法的不完整性。即刑法的发动范围没有遍及所有的社会生活，其范围是有限的。第三，刑法的宽容性。即使市民的安全受到侵犯，其他控制手段没有充分发挥效果，刑法也没有必要无遗漏地处罚。……如果对所有的侵犯都禁止，反而容易阻碍个人的自由活动。[③] 但有学者对上述关于刑法的谦抑性的阐释存有异议，认为刑法的谦抑精神贯穿刑法的始终，无论是在刑法总则，还是刑法分则中都有体现，尤其是在刑事司法操作中，刑法的谦抑精神更应该得到贯彻执行。以刑法谦抑精神的具体内容作为概念不太合理。并认为，所谓刑法谦抑精神，是指贯穿整个刑事领域，国家按照一定的规则，控制刑法的调整范围、调控程度以及行刑人性化的一种基本精神。[④]

刑法的谦抑性要求，国家在行使刑罚权时，必须依据刑法自我压抑，对刑罚权的行使加以限制，以防止刑罚权滥用，刑罚权的启动，须控制在必要及合理的最小范围内，以免造成不必要的损害。张明楷教授认为，只有符合下列条件才能按犯罪处理：第一，实质条件，即作为犯罪给予处罚的行为，必须具有严重的社会危害性。第二，没有其他制裁手段可以代替刑法，只有动用刑法才能抑制这种行为，才能充分保护合法权益。第三，应用刑法处罚这种行为，不

---

① 陈兴良著：《刑法哲学》，中国政法大学出版社 1997 年版，第 6 页。

② 张明楷：《论刑罚的谦抑性》，载《法商研究》1995 年第 4 期。

③ ［日］平野龙一：《现代刑法的功能》//《现代化Ⅱ——现代化与刑罚》，岩波书店 1965 年版，第 21-22 页。

④ 王明星著：《刑法谦抑精神研究》，中国人民公安大学出版社 2005 年版，第 20-22 页。

会导致禁止对社会有利的行为，不会使公民的自由受到很大的限制。第四，从采取刑法处理方式是否合适的角度来讲，刑罚适用的结果是严厉的制裁，这就要求对犯罪行为尽量采取客观的记述规定，从而使司法人员能够客观地认识犯罪，并能公正地处罚犯罪行为。第五，从目的与效果来讲，有些行为虽然有害，但如果动用刑法并不能有效地抑制这种行为，采取其他方法反而更为有效，就不能将这种行为规定为犯罪。①

就犯罪预备行为而言，由于仅发生在犯罪预备阶段，没有着手具体犯罪的实行行为，因而行为不能产生实际的危害结果，只存在危害结果产生的危险，故行为不具有现实的、严重的社会危害性。依据张明楷教授的观点，这样的行为就不能作为犯罪给予刑罚处罚。不可否认，在犯罪预备阶段，行为人实施了准备工具、制造条件的行为，且目的是实施犯罪，因而行为具有一定的社会危害性或潜在的社会危害性，但对于有些犯罪预备行为而言，特别是一些非暴力的犯罪，如盗窃预备行为、抢夺预备行为等，其社会危害性不会比一些行政违法行为、民事违法行为或其他违法行为更大，因而这些犯罪预备行为就不值得通过刑法来规范，完全可以通过其他方法调整。依据刑法的谦抑精神，当对这些预备行为没有必要启动刑罚权，采取其他方法处罚反而更有效时，这些预备行为就不能认定为犯罪并给予刑罚处罚。因此，处罚所有预备犯与刑罚的谦抑性（谦抑精神）相悖。

（三）对预备犯的刑罚配置不科学

1. 有可能导致预备犯所处刑罚与既遂犯相同。依据我国《刑法》第22条第2款的规定，预备犯是“可以”比照既遂犯从轻、减轻处罚或者免除处罚，这就意味着，我国刑法对预备犯的处罚采取的是得减主义，对预备犯既可以比照既遂犯从轻、减轻处罚或者免除处罚，也可以不比照既遂犯从轻、减轻处罚或者免除处罚。在一般情况下，对预备犯需比照既遂犯从轻、减轻或免除处罚；在特殊情况下，如行为人预备实行特别重大的犯罪，手段特别恶劣时，可以不予从轻、减轻或免除处罚。② 现在的问题是即使行为人预备实施特别重大的犯罪，手段特别恶劣，但终究是犯罪预备行为，没有造成现实的危害。况且在犯罪预备阶段，行为人准备犯罪工具、制造犯罪便利条件的行为，其手段不可能达到特别恶劣的程度。因此，对于预备犯来说，无论其主观恶性还是行为的危害程度均与既遂犯不可同日而语。显然，对预备犯处与既遂犯相同的刑罚

① 张明楷著：《刑法的基本观念》，中国检察出版社1995年版，第145-147页。

② 张明楷主编：《刑法学》，法律出版社2007年版，第282页。

严重违背罪责刑相适应的原则。

2. 当刑法分则直接将某些犯罪预备行为规定为犯罪时，导致预备犯无法比照既遂犯从轻、减轻处罚或者免除处罚。如我国《刑法》第120条之二（预备实施恐怖活动罪）规定："有下列情形之一的，处五年以下有期徒刑、拘役、管制或者剥夺政治权利，并处罚金；情节严重的，处五年以上有期徒刑，并处罚金或者没收财产：（一）为实施恐怖活动准备凶器、危险物品或者其他工具的；（二）组织恐怖活动培训或者积极参加恐怖活动培训的；（三）为实施恐怖活动与境外恐怖活动组织或者人员联络的；（四）为实施恐怖活动进行策划或者其他准备的。有前款行为，同时构成其他犯罪的，依照处罚较重的规定定罪处罚。"刑法所列举的上述四项行为，均为实施恐怖活动的犯罪预备行为，刑法直接将这些预备行为规定为犯罪，并直接规定刑罚处罚。由于这样的行为刑法直接将其规定为犯罪，如果行为人实施这些预备犯罪行为后，又实施其他的犯罪行为，依据刑法的规定，按处罚较重的规定定罪处罚，故上述犯罪行为不存在犯罪既遂的情况，即没有既遂犯，就致使上述犯罪预备行为无法比照既遂犯从轻、减轻处罚或者免除处罚。当然，上述行为也无须比照既遂犯从轻、减轻处罚或者免除处罚，这样的情形，就使我国《刑法》第22条第2款失去存在的意义。

3. 当某种犯罪的法定刑只有一个量刑幅度，且最低刑罚为管制刑时，预备犯无法比照既遂犯减轻处罚。因为当某种犯罪只有一个量刑幅度，且最低刑罚为管制刑时，刑法规定的最轻刑罚即是该种犯罪的最低量刑标准。而根据刑法的规定，减轻处罚就是低于最低法定刑给予处罚，而管制刑是我国刑法中最轻的法定刑，在此情形下，预备犯比照既遂犯如何减轻处罚？如我国《刑法》第241条（收买被拐卖的妇女、儿童罪）规定，收买被拐卖的妇女、儿童的，处3年以下有期徒刑、拘役或者管制。按照我国刑法理论通说的观点，我国刑法分则条文采用的是犯罪既遂立法模式，即我国刑法分则条文中所规定的法定刑是针对既遂犯加以规定的。具体到我国《刑法》第241条，收买被拐卖的妇女、儿童罪既遂犯的最低刑是管制刑，在一定情形下，其预备犯可以比照既遂犯减轻处罚，但此时却无法减轻处罚。因为管制刑是我国刑法中最轻的处罚，因而无法对收买被拐卖的妇女、儿童罪预备犯减轻处罚，从而使刑法所规定的比照既遂犯减轻处罚失去刑罚意义。如果主张我国刑法分则条文是采用犯罪成立立法模式，同样就收买被拐卖的妇女、儿童罪而言，我们依然无法否定其既遂犯最低刑能适用管制刑，既然其既遂犯能适用管制刑，那么，其预备犯在比照既遂犯减轻处罚时，同样无法适用刑罚。

4. 对预备犯的处罚重于中止犯不能体现罪责刑相适应原则的精神。依据我国《刑法》第 24 条第 2 款的规定，对于中止犯，没有造成损害的，应当免除处罚，造成损害的，应当减轻处罚。而依据我国《刑法》第 22 条第 2 款规定，对于预备犯，可以比照既遂犯从轻、减轻处罚或者免除处罚。比较刑法对二者的立法，就可以明显的知道，刑法对预备犯的处罚重于中止犯。事实上，我国刑法对某一犯罪适用刑罚的轻重，主要依据的标准是行为社会危害性的大小，因为行为的社会危害性是犯罪最本质的特征，一个行为之所以被认定为犯罪，并处以刑罚，就在于该行为具有较大的社会危害性，若某行为不具有社会危害性或社会危害性较小，则该行为必定不能认定为犯罪。就预备犯与中止犯而言，预备犯的社会危害性未必比中止犯的社会危害性大。由于预备犯还没有着手实施犯罪的实行行为，因此，不管预备犯如何准备犯罪工具、制造犯罪的有利条件，但毕竟没有着手实施犯罪实行行为，因而不会对社会造成实际的危害后果，而只存在危害社会的危险。而犯罪中止既能发生在犯罪预备阶段，也能发生在犯罪实施阶段，还能发生在犯罪实施阶段且行为实行完毕，但在法定犯罪结果出现之前。若犯罪中止发生在犯罪预备阶段，则中止犯的社会危害性要小于预备犯，这是因为中止犯是自动放弃犯罪，主观恶性较小，而预备犯是由于行为人意志以外的原因而被迫停止犯罪，其主观恶性大于中止犯。在该情形下，对中止犯的处罚轻于预备犯，相信不会有人提出异议。但当犯罪中止发生在犯罪的实施阶段，或者发生在犯罪实施阶段且行为实行完毕、法定危害结果出现前，则中止犯的社会危害性未必一定比预备犯小。如甲拿着刀子前往乙的家中杀乙，在接近乙家时被人发现制止，致使甲杀人未得逞，甲的行为属于故意杀人罪犯罪预备。再如，丙也是故意杀人，丙拿着刀子闯进丁的家中，见到丁后一刀向丁刺去，丁受轻伤倒地，痛苦呻吟，并向丙发出哀求。丙见状不忍再下手，随后离开现场。在此案中，丙实施故意杀人的行为，将丁刺成轻伤，在丁的哀求下自动放弃故意杀人行为，丙的行为属于故意杀人罪犯罪中止。我国《刑法》第 232 条规定，故意杀人的，处死刑、无期徒刑或者 10 年以上有期徒刑；情节较轻的，处 3 年以上 10 年以下有期徒刑。故意杀人罪犯罪预备应该属于情节较轻，依据我国《刑法》第 22 条第 2 款规定，对于预备犯，可以比照既遂犯从轻、减轻处罚或者免除处罚。故对预备犯甲可以在 3 年以上 10 年以下有期徒刑的幅度内从轻、减轻处罚或者免除处罚。经过法院审判后，对甲有可能给予从轻处罚，甲最终被判处的刑罚最低是 3 年有期徒刑。而故意杀人罪犯罪中止也属于情节较轻的犯罪行为，依据我国《刑法》第 24 条第 2 款的规定，对于中止犯，没有造成损害的，应当免除处罚，造成损害的，应当减轻处罚。丙故意杀人行为造成了丁轻伤的危害后果，故对丙应在 3 年以上 10 年以下有期徒刑的处罚幅度内，低于其最低法定刑给予处罚，故对于中止犯丙，只能是低于故意杀人罪最低法定刑 3 年有期徒刑给予刑罚处罚，在此情形下，丙实际受到的刑罚处罚低于 3 年有期徒刑。通过上述对比我们不难发现，没有造成实害结果的预备犯承担的刑事责任有可能大于已造成实际危害结果的中止犯。这样一来，就会出现社会危害性小的预备犯承担的刑事责任要大于社会危害性大的中止犯的刑事责任的情形，这显然违背罪责刑相适应原则的精神。

二、犯罪预备的立法完善

基于我国刑法在犯罪预备的规定上存在上述立法缺陷，笔者特提出以下立法完善建议：

（一）准确定义犯罪预备

根据我国刑法理论的精神，故意犯罪停止形态包括犯罪预备、犯罪未遂、犯罪中止和犯罪既遂四种停止形态，每一种停止形态都有自己的特征，据此与其他停止形态相区别。而我国《刑法》第 22 条关于犯罪预备的规定，无法将犯罪预备与其他犯罪停止形态加以区分。犯罪预备发生在犯罪预备阶段，而犯罪中止同样可以发生在犯罪预备阶段，在犯罪预备阶段，预备犯有为了犯罪而准备工具、制造条件的行为，而犯罪中止在犯罪预备阶段同样有上述行为。在犯罪的实施阶段，未遂犯、既遂犯为了顺利完成犯罪，依然还会存在准备工具、制造条件的行为。可见，我国《刑法》第 22 条关于犯罪预备的规定存在缺陷，“为了犯罪，准备工具、制造条件”的行为可以是犯罪预备行为，也可能是犯罪中止、犯罪未遂、犯罪既遂的行为。因此，有必要对我国《刑法》第 22 条关于犯罪预备的规定加以修改，准确定义犯罪预备。

（二）确立对预备犯以处罚为例外的原则

由于犯罪预备行为毕竟发生在犯罪预备阶段，还没有着手实施犯罪的实行行为，因而行为不可能产生现实的严重社会危害性，只存在严重危害结果产生的危险性，对绝大多数犯罪的预备行为来说，其行为的社会危害性还没有达到需要刑法调整的程度。“预备犯尚停留在犯罪的预备阶段，并未着手实施犯罪，与着手实施犯罪相比，其情节显然要轻一些。”① 只有极少数犯罪预备行为，由于这些犯罪本身存在极大的社会危害性，才需要启动刑罚制裁手段将这些犯罪

① 宁汉林等著：《定罪与处理罪刑关系常规》，人民法院出版社 1998 年版，第 156 页。

扼制在萌芽状态，以免造成重大危害。因此，我国刑法关于犯罪预备的规定，可以借鉴世界绝大多数国家的立法例，只对一些严重的犯罪规定处罚预备犯。根据我国实际情况，我国刑法可以将危害国家安全的犯罪、危害公共安全的危险犯、严重破坏市场经济秩序的犯罪、严重危及公民人身权利的犯罪的预备犯给予刑罚处罚，对于其他犯罪的预备行为则不予刑罚处罚，以体现刑法的谦抑精神，适应当代刑法轻刑化趋势。

（三）对预备犯的处罚应采取必减原则

我国《刑法》第22条第2款规定，对于预备犯，可以比照既遂犯从轻、减轻处罚或者免除处罚。这就意味着，对于预备犯，既可以比照既遂犯从轻、减轻处罚或者免除处罚，也可以不比照既遂犯从轻、减轻处罚或者免除处罚，也就是说，预备犯有可能承担与既遂犯相同的刑事责任。这样的规定和处罚显然违背刑法罪责刑相适应原则。无论怎样说，犯罪预备行为的社会危害性必定要小于犯罪既遂的社会危害性。行为的社会危害性是犯罪最本质的特征，就某一行为来说，社会危害性越严重，行为人承担的刑事责任和受到的处罚就越重。“如果对于某一预备犯罪或某一已经开始但尚未完成的犯罪的惩罚同对相应的主罪或已完成之罪的惩罚是一样的，不留有任何悔改的余地或经过仔细考虑后突然停止的可能性，那么，犯罪者会认为其实施的预备行为已招致了全部惩罚危险，感到他可以放心大胆地去完成该犯罪，而且也不会再招致任何进一步的惩罚。”这样一来，预备犯就不会考虑主动放弃犯罪，反而会采取积极行为去完成犯罪，这显然与我国预防犯罪的刑事政策相违背，因此，对预备犯的处罚应当轻于未遂犯、既遂犯以及在犯罪实施阶段并造成了一定危害结果的中止犯。故对预备犯应当比照既遂犯减轻处罚或者免除处罚。

（四）对预备犯的处罚必须在刑法分则相关条文中明确加以规定

基于犯罪的预备行为并非都要适用刑罚给予处罚，哪些犯罪的预备行为需要动用刑法的制裁措施，必须根据行为的社会危害性大小来决定。因此，应给予刑法处罚的犯罪预备行为不可能由刑法总则作统一的规定，只能由刑法分则根据具体犯罪社会危害性大小加以规定。具体来说，刑法分则应当对危害国家安全罪、危害公共安全的危险犯、严重破坏市场经济秩序罪、严重侵犯公民人身权利罪这几类犯罪中社会危害性极大的预备犯明确规定追究刑事责任。在具体规定时，可在上述具体严重犯罪条款的最后增加一款，规定对预备犯的处罚。在具体规定上，刑法条文可以这样表述：“本罪的预备犯，应当比照既遂犯减轻处罚或者免除处罚。”这样规定，既符合罪刑法定原则的精神，也符合刑罚个别化的要求。

基于上面的分析，笔者认为，我国《刑法》第22条可做如下修改：“为了犯罪，准备工具、制造条件，由于犯罪分子意志以外的原因，而使犯罪在着手实施实行行为前停止的，是犯罪预备。”“对于预备犯，应当比照既遂犯减轻处罚或者免除处罚。”“对于预备犯，刑法分则有明文规定的，按规定定罪处罚。”

第三编

犯罪未遂论

第八章
犯罪未遂概论

第一节
犯罪未遂概述

一、犯罪未遂的概念

在世界各国的刑事立法中，犯罪未遂概念的定义方式不尽相同。在大陆法系国家，主要存在两种立法例：第一种立法例认为，犯罪未遂是指已经着手实行犯罪，由于犯罪分子意志以外的原因或障碍，而未达到犯罪既遂的状态。这种犯罪未遂的概念由1810年《法国刑法典》首创并沿用至今。如《法国刑法典》（1992年修订）第121-5条规定：已着手实行犯罪，仅仅由于犯罪行为人意志之外的情事而中止或未能得逞，构成犯罪未遂。该立法例表明，犯罪未遂是由于行为人意志以外的原因造成。采用这种犯罪未遂立法例的有苏联、巴西、西班牙、葡萄牙、比利时、荷兰等国。第二种立法例认为，犯罪未遂是指已经开始实施犯罪而未达犯罪既遂的状态。这种立法例把因犯罪人自动中止犯罪而未达既遂的情况也包括在犯罪未遂的概念之内。这种犯罪未遂的概念由1871年《德国刑法典》首创。《德国刑法典》（2002年修订）第22条规定：行为人已直接实施犯罪，而未发生行为人所预期的结果的，是未遂犯。采用这种立法例的有日本、智利等国。法国关于犯罪未遂的定义将由于行为人基于自己的意志而中止犯罪的情况排除在犯罪未遂之外，而德国却恰恰相反。按照德国关于犯罪未遂的定义，犯罪未遂有障碍未遂和中止未遂之分，而按照法国关于犯罪未遂的定义，犯罪未遂仅有障碍未遂这一种情况。

在英美法系国家的刑法中，犯罪未遂同样得到普遍的承认，但是关于其概念的界定却没有统一的提法。如美国各州的刑法典，对于犯罪未遂的定义不尽相同。《纽约州刑法典》第110条规定：犯罪未遂，即行为人怀有犯罪意图而实施了某一趋于达成该罪的行为。《伊利诺伊州刑法典》第720条规定：犯罪未遂，即行为人怀有特定的犯罪意图而实施了某一行为，这一行为构成趋于达成该罪的实质性步骤。《美国模范刑法典》第5.01条规定：具备成立实质犯罪所要求的可责性要件，并且实施下列行为的，构成犯罪未遂：

（1）如果附随情状与行为人的设想一致，行为人的行为就将构成实质犯罪，而行为人蓄意实施该行为；

（2）当产生特定的结果为实质犯罪的一项要件时，以产生该结果为目的而实施某项行为，或者确信如果自己不为相关行为就会发生该结果，而不实施相关行为；

（3）行为人相信自己的作为或者不作为是完成所欲达成的犯罪的行为过程中的实质性步骤，而蓄意作为或者不作为。①

尽管上述各种关于犯罪未遂的定义不一致或不明确，但从上述列举的诸多定义中可以发现，在犯罪未遂必须具备“犯罪意图”及“犯罪行为”这两个因素的见解上则是没有分歧的。

我国刑法在总则中对犯罪未遂的概念做了专门规定，但关于犯罪未遂的规定仅限于障碍未遂，将基于行为人意志原因而中止犯罪的情况独立规定为犯罪中止。

二、犯罪未遂的特征

（一）行为人已经着手实施犯罪

该特征是犯罪未遂与犯罪预备相区别的根本标志。犯罪预备发生在犯罪的预备阶段，行为在犯罪预备阶段的任何一个时间点停止下来，均可成立犯罪预备。犯罪预备意味着行为人还没有着手实施犯罪，即行为人还没有开始实施我国刑法分则中作为某一具体犯罪客观要件的危害行为。犯罪预备行为不可能对刑法所保护的社会关系产生现实的危害，只存在产生危害的潜在可能性。而犯罪未遂则表明行为人的行为已进入犯罪的实施阶段，行为人已开始实施我国刑法分则中作为某一具体犯罪客观要件的危害行为。行为在犯罪没有完成前的整个犯罪实施阶段的任意时间点停止下来，均可成立犯罪未遂。“着手”意味着

---

① ［美］美国法学会：《美国模范刑法典及其评注》，刘仁文等译，法律出版社2005年版，第77页。

犯罪预备阶段的结束，犯罪实行阶段的开始，因此，准确把握“着手”的含义，是区分犯罪预备与犯罪未遂的关键。

关于犯罪实行行为“着手”的含义，在刑法理论界存在争议。

关于“着手”的含义，大陆法系国家和地区刑法理论上主要有客观说、主观说和折中说三种主张：①

1. 客观说。主张以客观事实为根据来确定“着手”的含义，而不应以行为人的主观意思为标准。其中形式的客观说认为着手以实施了一部分符合构成要件的行为即可，实质的客观说又从行为无价值与结果无价值的角度，分为实质的行为说和结果说，前者指开始实施具有实现犯罪的现实危险性的行为时就是着手，后者指当法益侵害的危险达到紧迫性时才是着手。②

2. 主观说。主张将行为人的危险性格作为处罚犯罪的根据，认为行为人危险性格是行为人承受刑事责任的基础，在这里，行为只是具有作为危险性格的表征意义，因此，在认定行为人责任时应从主观方面来考察。主观未遂论者主张，实行的着手就是行为人意思的危险性或者该危险意思被发现之时。③

3. 折中说。主张应根据行为主观与客观两个方面，来确定实行的着手的时期。如我国台湾学者认为，着手具有主客观两方面意义，两个方面是互相印证的，认定着手要把两个方面结合起来，客观的着手实施犯罪要能证实行为人主观犯意的确定性和遂行性，主观的犯意要得到客观着手实行行为的证实，应该从行为人的全部计划观察其侵害法益的危险性及是否迫切并以此作为认定犯罪实行行为着手标准。④

英美法系国家虽然没有“着手”的概念，也没有具体的刑法典规定未遂犯应满足“已经着手”的要求，但对于行为实施到一个怎样的程度可以构成未遂犯，也存在激烈的争论，如“接近完成”标准、“明确行为”标准和“实质步骤”标准。⑤

“接近完成”标准指的是以行为人已经足够接近完成犯罪时，成立未遂犯。“接近完成”标准看重实施的程度，主张当犯罪行为足够接近犯罪的完成状态时，可以认定为未遂，即犯罪进入实行行为阶段。该标准将犯罪予以量化，其

---

① 赵秉志主编：《犯罪停止形态适用中的疑难问题研究》，吉林人民出版社 2001 年版，第 30 页。

② 张明楷著：《刑法学》，法律出版社 2011 年版，第 318 页。

③ 张明楷著：《未遂犯论》，法律出版社、成文堂 1997 年版，第 50-54 页。

④ 陈朴生、洪福增著：《刑法总则》，台湾五南图书出版公司 1982 年版，第 147-149 页。

⑤ 刘士心：《犯罪实行“着手”的判断标准新探》，载《天津法学》2010 年第 2 期。

本质上和实质的客观说以实质危险作为标准的主张相同。

"明确行为"标准指的是当行为实施到行为本身可以表明行为人的主观犯罪意图时，可以成立未遂。从该标准的表述上，我们可以看出其与大陆法系国家所主张的主观说的观点是一致的。以行为本身来推断行为人的意图，如果行为人实施的行为所反映的主观意图能够排除其他非犯罪意图的情况下，就能认定行为人成立未遂。比如行为人去超市买刀，单纯的买刀行为还不能完全反映出行为人的意图，只有拿着买的刀去砍杀具体的人的时候，才能反映行为人杀人的主观意图，若杀人行为被制止，就可以认定为未遂。

"实质步骤"标准指的是在行为人所认识的情境中，构成了完成犯罪的行为过程中的实质步骤的作为或者不作为。该观点着眼于客观上行为已经完成了多少，具有完成犯罪的实质意义，在主观上也能够证明犯罪的意图。"实质步骤"标准一方面要求行为在客观上达到了接近完成的标准，另一方面要求行为能够足以证明行为人的犯罪意图，其基本思路与折中说相似。

目前，我国刑法理论界在关于"着手"的认定上主要存在主客观相统一说与法益紧迫危险说之争。

主客观相统一说是我国的通说观点，主张着手是行为人已经开始实施刑法分则规范里具体犯罪构成客观要件中的行为，且行为人主客观方面应当统一，即行为人的主观意志已经开始支配客观上符合犯罪基本构成要件的行为，同时后者可以充分将前者表现出来。① 法益紧迫危险说，是指只要当行为产生了侵害法益的现实危险状态时，就是着手。②

笔者认为，关于"着手"含义之客观说、主观说与折中说均有合理之处，但也存在明显的缺陷。客观说强调以行为人实施了一部分符合构成要件的行为，且行为具有实现犯罪的现实危险性或使法益侵害的危险达到紧迫性时，才认为是"着手"。客观说将行为作为认定着手的判断标准的观点无疑是正确的，因为无行为则无犯罪，更无所谓未遂与预备之分，如果只有行为人主观上的危险，而没有将人主观上的危险化为行为人的危害行为，则绝不可能对现实社会造成危害结果，也无须刑法加以评价。但形式客观说对于什么行为是部分符合构成要件的行为无法作出明确具体的解释，而实质的客观说也无法提供"着手"判断的客观标准。首先，行为具有实现犯罪的现实危险性不只是犯罪未遂中"着手"的特征，犯罪预备行为同样具有该特征，在犯罪预备中，行为人准

① 赵秉志主编：《中国刑法案例与学理研究·刑法总则》，法律出版社 2004 年版，第 304-305 页。

② 张明楷著：《刑法学》（第四版），法律出版社 2011 年版，第 319 页。

备工具、制造条件的行为就是为了犯罪，犯罪预备行为本身就具有实现犯罪的现实危险性。其次，何谓“使法益侵害的危险达到紧迫性”，则更难以把握。因为任何“危险”都有一个幅度，没有一个具体量化的标准。就非暴力犯罪而言，无论是犯罪预备还是犯罪未遂，其危险的紧迫性相对而言都不是那么明显，因此，以“危险的紧迫性”是否出现作为“着手”的判断标准无法将犯罪预备与犯罪未遂加以区分。而在暴力犯罪中，无论是犯罪预备还是犯罪未遂，其危险的紧迫性都是非常明显的，特别是暴力犯罪预备在接近“着手”实施犯罪时，其危险的紧迫性不会比已经“着手”的犯罪未遂的危险紧迫性低。因此，在暴力犯罪中，即使是犯罪预备，同样存在危险的紧迫性，同样无法将暴力犯罪的预备行为与未遂行为区分开来。

主观说将行为人意思的危险性或者该危险意思被发现之时作为“着手”判断的标准，虽然揭示了犯罪是在行为人主观犯意支配之下实施的，任何犯罪都离不开行为人主观上的故意或过失，无主观罪过就无犯罪，但主观说夸大了主观犯意的作用。事实上，我们在判断行为是否是犯罪未遂时，无须再进行主观罪过的判断，只需对行为加以考察即可。因为在犯罪预备阶段，行为人意思的危险性或者该危险意思已通过犯罪预备行为呈现出来，不可能在进入犯罪未遂阶段后，行为人的主观罪过就发生了变化或者消失。可见，我们判断行为人犯罪是否“着手”，行为人意思的危险性或者该危险意思被发现不能成为判断标准。

折中说作为主观说与客观说的调和观点，汲取了两者论点中最为重要的部分，同时也存在各学说相同的问题，仍然受到学者的批判。① 在“着手”的判断上，行为人主观的犯意在犯罪预备阶段就已经显露，无须再加以评价。而“危险的紧迫性”也依然没有一个判断标准，危险性的迫切程度与行为人的犯罪计划无必然联系，也无从加以对照。此外，当行为人对犯罪对象发生错误认识，如错将动物当成人加以杀害时，其行为构成故意杀人罪未遂，行为人此时的“着手”行为并不存在“危险的紧迫性”，但行为人已经“着手”犯罪却是确定无疑的。

笔者认为，我国刑法理论界在犯罪未遂“着手”判断标准问题上的主客观相统一说与法益紧迫危险说同样存在一定的缺陷。

主客观相统一说强调，从主观方面看，着手实行的行为要能够比较明显而直接地反映出行为人的犯罪意图。从客观方面看，行为人已开始实施刑法分则

---

① 赵秉志:《论实行行为着手的含义》，载《东方法学》2008年第1期。

规定的具体犯罪构成客观方面的行为。[①] 事实上，在直接故意犯罪中，行为人的犯罪意图早在行为人实施犯罪预备行为时就已经显露出来，既然如此，那么，当行为人“着手”实施犯罪的实行行为时，其犯罪的意图必然会由犯罪预备阶段延续至犯罪实施阶段，绝不会出现在犯罪预备阶段存在犯罪意图在进入犯罪实施阶段后犯罪意图反而消失的情形。因此，在判断犯罪是否“着手”问题上，再重复考察行为人的犯罪意图就属于多此一举。此外，具体犯罪构成客观方面的行为包括了犯罪预备行为以及犯罪实行行为。如果具体犯罪构成客观方面的行为不包括犯罪预备行为，则犯罪预备行为就不能以犯罪论处。因为根据我国刑法理论通说的观点，一个行为要构成犯罪，就必须同时具备犯罪构成的四个要件。然而，依据我国刑法的规定，犯罪预备行为属于犯罪行为，对于预备犯可以比照既遂犯从轻、减轻处罚或者免除处罚。由此可见，在我国刑法中，具体犯罪构成客观方面的行为包括犯罪预备行为。故主客观相统一说不能作为“着手”的判断标准。

法益紧迫危险说主张，实行行为只能是具有侵害法益的紧迫危险性的行为；行为人开始实施这种行为时，就是实施行为的着手。或者说，侵害法益的危害性达到紧张程度时，就是实行行为的“着手”。[②] 该观点的缺陷体现在以下几个方面：其一，危险的标准难以把握。任何犯罪都对刑法所保护的法益有侵害的危险，不同的犯罪对法益侵害造成的危险程度不同。非暴力犯罪侵害法益的危险程度要小于暴力犯罪，不同的暴力犯罪侵害法益的危险程度也不同，危险到底要达到什么程度才属于紧迫危险没有统一、具体的标准，也无法统一标准。其二，犯罪预备行为对法益侵害的紧迫性危险未必比实行行为对法益侵害的紧迫性危险小。通常情况下，从犯罪预备行为开始，到实行行为完成，直至达到犯罪既遂状态，行为对法益侵害的危险紧迫性是不断加强的。距离犯罪既遂越远，对法益的侵害危险紧迫性就越小，越接近犯罪既遂，行为对法益的侵害危险紧迫性就越大。而在犯罪预备行为即将完成时对法益侵害的危险紧迫性与犯罪“着手”实施行为的危险紧迫性不会存在很大的区别，在此种情形下，人们要区分预备行为与实行行为是非常困难的。因此，将法益紧迫危险说作为“着手”实行行为判断标准也是不科学的。

基于上述关于“着手”判断标准存在的问题，笔者主张，应以“犯罪预备完成后行为开始说”作为“着手”的判断标准。首先，以“犯罪预备完成后

① 马克昌主编：《刑法》，高等教育出版社 2007 年版，第 138-139 页。
② 张明楷著：《刑法学》（第二版），法律出版社 2003 年版，第 292 页。

行为开始说”作为判断标准具有可操作性。上述判断标准均属于抽象标准，无法具体把握，用来判断犯罪行为是否已经“着手”是非常困难的。而以“犯罪预备完成后行为开始说”作为“着手”的判断标准，我们就能非常清楚地知道，“着手”行为的开始时间就是犯罪预备完成后实行行为开始的时间。这就意味着，“着手”行为不可能发生在犯罪预备阶段，而只可能发生在犯罪的实施阶段。其次，以“犯罪预备完成后行为开始说”作为判断标准能将犯罪预备行为与犯罪实行行为准确区分。犯罪是否“着手”是犯罪预备与犯罪未遂相区别的根本标志。犯罪预备行为完成前的行为，只能是犯罪预备行为，而犯罪预备行为完成后开始的行为，就是犯罪的实行行为，在犯罪未得逞的情况下只能成立犯罪未遂。最后，“犯罪预备完成后行为开始说”为所有直接故意犯罪行为确定了统一的“着手”判断标准。犯罪是一种非常复杂的社会现象，在直接故意犯罪中，有暴力犯罪和非暴力犯罪，暴力犯罪的实行行为对法益侵害的紧迫性大于非暴力犯罪，而不同的暴力犯罪对法益侵害的紧迫性也是不同的，因此，法益紧迫性危险说无法作为“着手”的判断标准。无可否认，犯罪预备完成后开始实行的行为均对法益存在侵害的危险，但犯罪预备行为同样存在对法益侵害的危险，否则，犯罪预备行为不会被刑法规定为犯罪并给予刑罚处罚。可见，犯罪是否已经“着手”，无须考察行为是否具有侵害法益的紧迫性。由于主客观相统一说对“着手”的认定无法准确区分预备行为和实行行为，因而行为人所实施的具体犯罪构成客观方面的行为也不能认定为“着手”。因为按该判断标准认定的“着手”行为既可以是犯罪的实行行为，也可以是犯罪预备行为。而“犯罪预备完成后行为开始说”将“着手”行为界定为犯罪预备完成后开始实行的行为，则清楚地排除了犯罪预备行为，这就意味着犯罪预备完成后开始实行的行为只能是犯罪实施阶段的行为，从而科学区分了犯罪预备行为与犯罪实行行为。

（二）犯罪未得逞

该特征是犯罪未遂与犯罪既遂相区分的根本标志。关于犯罪未得逞的理论问题，世界各国的刑法尽管没有像犯罪着手理论那样引起较大的争议，但依然存在不同主张。

在大陆法系刑法理论中，并没有使用“犯罪未得逞”这一概念。关于犯罪未得逞的含义，主要从以下犯罪未遂的界定中体现出来：

1. 未完成犯罪说。在日本刑法理论中，未完成犯罪是针对基本构成要件而言的未完成，是指没有发生构成要件的结果。[1] 犯罪的未完成存在两种情形：一种是行为人已经着手的实行行为还没有终了，另一种是实行行为虽然终了但是没有产生预期的构成要件性结果。前者称为着手未遂（未终了未遂），后者称为实行未遂（终了未遂）。[2]

2. 未充足构成要件说。德国学者认为，犯罪是否既遂，并非取决于行为人是否实现自己的意图，只要满足所有构成要件即构成既遂。犯罪既遂应当根据构成要件的不同规定来加以确定。[3] 日本学者指出，没有既遂是指没有完成犯罪，即没有充足基本的构成要件，是未遂犯的第二个要件。存在实行行为本身没有终了和实行行为终了但没有发生结果两种形态。前者叫着手未遂，后者叫实行未遂。[4]

3. 未发生结果说。日本学者认为，未遂是指着手实行犯罪但没有发生结果的情况。[5]

总体分析来看，三种学说并没有太大的区别，虽然各自的提法不同，但从本质上来看却是相同的，即犯罪未遂较犯罪既遂而言，缺少构成要件的结果。故在大陆法系学者中，对于未得逞的理解并没有什么不同，因而也就没有发生什么争论。从上述三种观点中我们可以看出，犯罪未得逞就意味着犯罪没有出现行为人所预期的犯罪结果。

英美法系的法院对于行为在何种程度上临近最后完成犯罪才能够成立犯罪未遂的行为要件，提出了四种学说——犯意确证说、接近完成说、实质步骤说、中止的可能性说。[6]

犯意确证说认为，被告人怀着某种主观心态，实施了与之相匹配的行为，这一行为只可能是犯罪时，就足以构成犯罪未遂。

接近完成说认为，应根据被告人罪行的严重程度、社会憎恨程度以及完成犯罪所需要的时间和空间的接近程度来确定犯罪未遂。

实质步骤说认为，被告人须实施了完成犯罪的实质步骤，才能成立犯罪未

---

① 张明楷著：《未遂犯论》，法律出版社、成文堂 1997 年版，第 133 页。

② ［日］大塚仁著：《刑法概说（总论）》，冯军译，中国人民大学出版社 2003 年版，第 216 页。

③ ［德］汉斯·海因里希·耶塞克、托马斯·魏根特著：《德国刑法教科书》，徐久生译，中国法制出版社 2001 年版，第 618 页。

④ 张明楷著：《未遂犯论》，法律出版社、成文堂 1997 年版，第 134 页。

⑤ 张明楷著：《未遂犯论》，法律出版社、成文堂 1997 年版，第 134 页。

⑥ 张旭著：《英美刑法论要》，清华大学出版社 2006 年版，第 109-111 页。

遂。《美国模范刑法典》便是采取了这一观点。[①]

中止的可能性说认为，行为本身就足以构成犯罪，但由于他人或者事件的介入而成立犯罪未遂。这一定义同样没有说明犯罪预备与犯罪未遂的实质差异，但是明确了犯罪未遂的原因。

英美两国的刑法立法和刑法理论虽没有使用“犯罪未得逞”这一词汇，但却使用另一种表述方式来表明同样的含义。那就是，把行为从起点到终点划分为若干个步骤，每往终点趋近一步，就意味着更接近既遂一步，在无限趋近于终点的地方停止行动时，就视为犯罪未得逞。当然这种表述虽然说明了犯罪未得逞，但却没有把犯罪中止从犯罪未遂中区分开来。

关于“犯罪未得逞”的含义在我国刑法理论界存在较大的争议，并生发出不同的理论观点。

1. 结果未发生说。结果未发生说认为，犯罪既遂的标准是发生了犯罪结果；犯罪结果未发生的，是犯罪未遂。有观点认为，犯罪未得逞，是犯罪人的行为没有发生法律规定的犯罪结果。[②]

2. 犯罪目的未实现说。犯罪目的未实现说以行为人的犯罪目的是否实现作为犯罪行为既遂与未遂的认定标准，实现了犯罪目的的为既遂，未实现犯罪目的的为未遂。有观点认为，每一个直接故意犯罪的行为都有其直接目的，也有其相应的结果，该直接目的的实现或相应结果的产生，就是犯罪既遂。犯罪既遂是犯罪人在客观上已实现犯罪目的的犯罪形态。[③]

3. 犯罪构成要件未齐备说。犯罪构成要件未齐备说认为犯罪未遂就是犯罪行为没有具备具体犯罪的全部构成要件，具备了全部犯罪构成要件的就是既遂。该学说是我国刑法理论上的通说。有观点认为，犯罪既遂是指行为人故意实施的行为已经具备了刑法分则条文所规定的某种犯罪构成的全部要件。[④] 既遂犯是指行为人在犯罪意思支配下所实施的犯罪行为，已经具备了刑法分则规定的某种犯罪构成全部要件的犯罪形态。[⑤] 反过来说就意味着，犯罪未遂没有具备某一犯罪的全部构成要件。

4. 法益侵害说。该观点认为，“未遂与既遂的区分，归根结底是行为对法益的侵犯程度之分，故从与法益的关系来看，区分未遂与既遂的基本标准应当

---

① 储槐植、江溯著：《美国刑法》，北京大学出版社 2005 年版，第 108 页。

② 杨敦先、张文著：《刑法简论》，北京大学出版社 1989 年版，第 119 页。

③ 胡家贵等：《关于犯罪形态的几个问题》，载《政法论坛》1997 年第 6 期。

④ 高铭暄主编：《中国刑法学》，中国人民大学出版社 1989 年版，第 167 页。

⑤ 马克昌主编：《犯罪通论》，武汉大学出版社 1995 年版，第 475 页。

是，行为是否发生了行为人所追求的、行为性质所决定的法益侵害结果。”①

笔者认为，我国刑法理论关于“犯罪未得逞”的含义，各种理论观点均有其合理性，但也均存在缺陷。

“结果未发生说”将犯罪人的行为没有发生法律规定的犯罪结果认定为犯罪未得逞，这将导致我国刑法所规定的故意犯罪有相当一部分不存在犯罪既遂形态，而只可能存在犯罪未遂形态。如根据我国刑法的规定，行为犯、危险犯未必产生现实的危害结果。我国刑法对行为犯、危险犯的规定均无须危害结果的发生，只要法定行为完成或行为足以产生某种危险即可成立犯罪。但行为犯、危险犯刑法不要求其一定产生现实危害结果，是否意味着行为犯、危险犯就不存在犯罪既遂形态，而只能成立犯罪未遂形态呢？显然不是这样，根据我国刑法的规定，行为犯、危险犯均存在犯罪既遂形态。故“结果未发生说”不能作为行为犯、危险犯既遂成立的标准。对于举动犯而言，也无须发生危害结果，法定犯罪结果是否产生不影响其犯罪既遂的成立。此外，犯罪结果的内容在刑法上存在不同的理解，不同的理解将导致犯罪既遂与犯罪未遂的判断标准不同，从而使犯罪未遂的判断标准处于不确定的状态。

“犯罪目的未实现说”强调行为人主观目的的实现与否是犯罪既遂与犯罪未遂区分的标准，将之作为结果犯既遂与未遂的判断标准是科学可行的，但作为行为犯既遂的标准是不可行的。对于行为犯来说，如果以行为人主观目的的实现与否作为犯罪既遂与犯罪未遂区分的标准，则行为人所实施的某些犯罪将无法出现犯罪既遂形态，如颠覆政府罪、分裂国家罪、煽动颠覆政府罪、煽动分裂国家罪等犯罪就不可能出现犯罪既遂形态。因为我国是人民民主专政的社会主义国家，从1949年中华人民共和国成立开始，以毛泽东同志为核心的中国共产党带领中国人民站了起来，以邓小平同志为核心的中国共产党通过改革开放使中国人民富了起来，以习近平同志为核心的中国共产党带领全国人民走进新时代，使中国人民强起来，综合国力不断提升，国际话语权不断扩大，人民群众有了更多的获得感，中国共产党的执政地位进一步巩固，使中华民族比任何时候都更接近中华民族伟大复兴的中国梦。在新时代，中国共产党的领导深得民心，政权巩固，各民族团结和谐，因此，尽管颠覆政府罪、分裂国家罪、煽动颠覆政府罪、煽动分裂国家罪等犯罪行为人的主观目的是意图颠覆政府、分裂国家，但由于中国共产党和中国政府受到人民的拥护，国家凝聚力空前，故其犯罪的主观目的绝不可能实现。按照“犯罪目的未实现说”的观点，

① 张明楷著：《刑法的基本立场》，中国法制出版社2002年版，第223页。

颠覆政府罪、分裂国家罪、煽动颠覆政府罪、煽动分裂国家罪等犯罪就只能存在犯罪未遂，而不存在犯罪既遂的情形，因为行为人实施这些犯罪，其主观目的就是要颠覆政府、分裂国家，而我国现行的政治制度无法使他们的目的得逞。但事实上，颠覆政府罪、分裂国家罪、煽动颠覆政府罪、煽动分裂国家罪等犯罪是否存在犯罪既遂形态呢？显然，答案是肯定的，这些犯罪存在犯罪既遂形态。由此可见，“犯罪目的未实现说”存在缺陷。

“犯罪构成要件未齐备说”认为犯罪未遂就是犯罪行为没有具备具体犯罪的全部构成要件，具备了全部犯罪构成要件的就是既遂。该观点将犯罪构成既作为犯罪成立的认定标准，又作为犯罪形态的认定标准，这显然是不可取的。在我国刑法理论中，犯罪构成的意义不在于区分犯罪不同的停止形态，而在于确认行为是否构成犯罪，符合犯罪构成的行为构成犯罪，不符合犯罪构成的行为则不构成犯罪。犯罪构成旨在解决行为构成犯罪所必须具备的条件问题，行为同时具备了犯罪构成的四个要件，则行为构成犯罪，不具备犯罪构成的四个要件，哪怕缺少其中任何一个要件，则行为不构成犯罪。犯罪构成是一个静止的判断犯罪是否成立的标准。而犯罪不同停止形态的确认，是在一个动态的过程中，在行为已经构成犯罪的基础上，对犯罪发展进程中的不同阶段出现的停顿状态加以判断和认定。在犯罪停止形态中，无论是完成形态的犯罪既遂，还是未完成形态的犯罪预备、犯罪未遂、犯罪中止，由于其均已构成犯罪，故每一种犯罪形态均有自己独立的、完整的犯罪构成，否则，就不可能成立犯罪。因此，犯罪构成要件未齐备说混淆了犯罪构成要件与犯罪既遂构成要件的区别，按照犯罪构成要件未齐备说必然不会得出关于犯罪未遂的科学结论。

“法益侵害说”以行为是否发生了行为人所追求的、行为性质所决定的法益侵害结果作为犯罪未遂与犯罪既遂的判断标准，较好地说明了犯罪是主观和客观相统一的行为，因而判断一个犯罪行为是犯罪未遂还是犯罪既遂，必须从主观和客观两个方面加以分析。但法益是个抽象的概念，难以把握。同时，对于有些犯罪来说，并非一定要发生了行为人所追求的、行为性质所决定的法益侵害结果才能成立犯罪既遂，如行为犯、危险犯，即使行为人所追求的法益侵害结果没有出现或没有完全出现，也能成立犯罪既遂。如行为人甲破坏交通工具火车，其所追求的法益侵害结果是使整列火车倾覆、毁坏，但最终导致的结果是仅使该列火车的一节车厢脱轨倾覆毁坏，并造成数人伤亡。在此种情形下，尽管行为人所实施的行为没有完整地出现其所追求的、行为性质所决定的法益侵害结果，但由于破坏交通工具罪属于危险犯，行为人所期待的部分法益侵害结果已经出现，故该行为人的行为仍然成立犯罪既遂，而非犯罪未遂。因此，“法益侵害说”也不能作为犯罪是否得逞的判断标准。

笔者认为，在犯罪是否得逞的判断标准上，依然应采用“期待结果出现说”。所谓期待结果，是指行为人在其犯意支配下所期待或积极追求的结果。这种期待结果只能是一种概括的结果，而不是仅指行为人期待的对自己实施的危害行为所造成的全部最终结果。也就是说，只要行为导致行为人所期待的全部最终结果部分出现，就应当认定行为人所期待的结果出现，其行为就应当认定为犯罪既遂，当行为人所期待的结果没有出现时，就意味着犯罪未得逞，其行为就应当认定为犯罪未遂。如上例行为人甲所追求的全部最终结果没有实现，但由于其事先设定追求的全部最终结果已经部分实现，故应认定犯罪已得逞，对其行为应当认定为破坏交通工具罪的既遂，当甲破坏火车的行为没有出现其所期待的危害结果时，就意味着其犯罪未得逞，行为成立犯罪既遂。再如，乙实施煽动分裂国家的行为，其所期待的全部最终结果显然是出现国家分裂、国家统一被破坏。但事实上由于我国现有的政治体制所决定，乙所期待的结果根本无法实现，但只要被煽动者被乙煽动起来开始实施分裂国家、破坏国家统一的行为，就应当认定乙实施煽动分裂国家的行为的期待结果已经出现，犯罪已得逞，构成煽动分裂国家罪的既遂。如果被煽动者根本没有被煽动起来去实施分裂国家、破坏国家统一的任何行为，则乙煽动分裂国家的行为显然属于犯罪未得逞，只能按犯罪未遂论处。

（三）犯罪未得逞是由于犯罪分子意志以外的原因所造成

如何理解“意志以外的原因”，大陆法系刑法理论主要分为客观说和主观说两大类，在主观说的基础上对其进行的限定的学说成为限定主观说，对主观说和客观说都进行修正的学说为折中说。①

客观说认为，对于行为人放弃犯罪的原因，应根据社会的一般观念进行客观评价，该原因在一般经验上对行为人的意思没有产生强制性影响，而行为人放弃犯罪时，就具有任意性（即我国刑法中的自动性）。其判断标准是：如果当时的情况对一般人不会产生强制性影响（或一般人在这种情况下不会放弃犯罪）时，而行为人放弃犯罪的，就是犯罪中止；如果当时的情况能对一般人产生强制性影响（或一般人在这种情况下也会放弃犯罪）时，行为人也放弃犯罪的，就属于障碍未遂。

主观说主张，行为人中止的动机是基于对外部障碍的认识时，就是障碍未遂；此外的场合便是任意的中止。其判断标准是：能达目的而不欲时，属于中

① 张明楷著：《未遂犯论》，法律出版社、成文堂1997年版，第356-375页。

止未遂；欲达目的而不能时，属于障碍未遂。

限定主观说主张，只有基于悔悟、改悔、同情、怜悯等对自己行为持否定评价的规范意识、感情或动机而放弃犯罪的，才是基于自己意志的中止。其判断标准是看行为人放弃犯罪是否基于广义的后悔，基于广义的后悔是中止犯；非基于广义的后悔是障碍未遂。

折中说认为，认定是否基于任意性时，必须考察行为人对外部事实是如何认识的，再根据客观标准判断行为人的认识，探讨外部事实对行为人的意志是否产生了强制性影响，如果产生强制性影响，则是障碍未遂；如果没有产生强制性影响，则是中止犯。其判断标准是，虽然认识到了外部事实，但根据客观标准，想实施的话仍然可以实施时，成立中止犯；认识到了外部事实，根据客观标准，想实施也不能实施时，成立障碍未遂。①

英美法系关于意志以外原因的理论主要围绕“自愿性”来进行，所谓“自愿”是指放弃犯罪是出于悔罪或者真诚的内心变化。如果放弃犯罪是部分或者全部的因为犯罪开始以后才发生或者才显现出来的因素导致侦破犯罪或抓获犯罪人的可能性增大、犯罪实施难度的增加，就不是自愿放弃犯罪。一些情况下，行为人因为伦理原因而放弃犯罪，也不能视为自愿放弃犯罪。但是如果行为人在开始实施犯罪以后认为自己不值得冒遭受刑法处罚的风险而放弃犯罪的，属于自愿放弃犯罪。② 在英美法系中，放弃犯罪尽管是一种主要的辩护理论，放弃犯罪的主张仍然是刑法典中一个精美的艺术品，可供“欣赏”和“把玩”，但在日常庭审中却很少实际用到。③

在我国刑法理论中，对于犯罪分子意志以外的原因的理解，不存在原则上的分歧，但在表述上各有不同。有的学者认为，所谓意志以外的原因，是指违背犯罪人的犯罪意志，并能够阻止犯罪行为达到既遂状态的各种主客观要素。④有的学者则主张应该以“足以阻止犯罪意志的原因”作为认定犯罪分子“意志以外原因”的标准。⑤ 有的学者则提出，犯罪人意志以外的原因，是指始终违背犯罪人意志的，客观上使犯罪不可能既遂，或者使犯罪人认为不可能既遂从

---

① 苏宏峰著：《犯罪未遂基本问题研究》，华东政法大学 2011 年博士论文，第 153-154 页。

② 刘士心著：《美国刑法中的犯罪论原理》，人民出版社 2010 年版，第 251 页。

③ ［美］乔治·弗莱彻著：《反思刑法》，邓子滨译，华夏出版社 2008 年版，第 144 页。

④ 马克昌主编：《犯罪通论》，武汉大学出版社 1999 年版，第 448 页。

⑤ 赵秉志主编：《犯罪停止形态适用中的疑难问题研究》，吉林人民出版社 2001 年版，第 77-79 页。

而被迫停止犯罪的原因。[1] 还有的学者认为，所谓犯罪分子意志以外的原因，是指违背犯罪分子本意的原因，应该具备质和量两个方面的特征。从质上说，只有那些违背犯罪分子本意的原因才能成为犯罪分子意志以外的原因。从量上说，那些违背犯罪本意的原因必须达到足以阻碍犯罪分子继续实行犯罪的程度。[2]

笔者赞同犯罪分子意志以外的原因是指违背犯罪人犯罪意志，并能够阻止犯罪行为达到既遂状态的各种主客观因素。在犯罪实施阶段，行为人的主观愿望是希望将犯罪进行到底，最终之所以被迫停止犯罪，是因为各种违背其犯罪意志的主客观因素使其无法完成犯罪，从而迫使行为人不得不停止犯罪。这种停止犯罪的“被迫性”，将犯罪未遂与犯罪中止区分开来，同时也说明，犯罪未遂较之于犯罪中止具有更大的主观恶性。判断某一因素是否足以阻止犯罪人的犯罪意志时，只能以犯罪人的主观感受为判断标准。当某一因素从客观上来看并不足以阻止行为人继续实行犯罪，但其主观上认为该因素将使其无法将犯罪继续进行下去，从而停止犯罪的，该因素即为犯罪分子意志以外的原因，行为成立犯罪未遂。如甲于一天晚上趁乙不在家，偷偷潜入乙家中实施盗窃。在盗窃过程中，甲听到门窗发出响声，以为乙已回家，于是在盗窃无果的情况下跳窗逃走。实际上，门窗发出响声并非乙回家所致，而是风吹所致。在此案中，门窗发出响声即为甲被迫停止犯罪的意志以外的原因，甲的行为构成盗窃未遂。当某一因素从客观上看不足以阻止行为人继续实行犯罪，行为人主观上也不认为该因素会影响其犯罪的继续进行，在此种情况下，行为人因而自动放弃犯罪的，则该因素不属于犯罪分子意志以外的原因，行为成立犯罪中止。如被害人轻微的反抗、善意的劝告、苦苦的哀求、严厉的斥责、严正的警告等，虽然可能对行为人完成犯罪产生不利影响，但这些因素不足以阻止行为人继续实施犯罪并完成犯罪，故这些因素不属于犯罪分子意志以外的原因，如果行为人因这些因素而停止犯罪，其行为不属于犯罪未遂，而应成立犯罪中止。可见，意志以外的原因首先是违背行为人犯罪意志的各种主客观因素，其次是这些主客观因素在行为人看来足以阻止或抑止其犯罪意志，从而使其被迫放弃犯罪。

依据我国著名刑法学家马克昌教授的观点，行为人意志以外的原因应包括

---

① 张明楷著：《刑法学》（第二版），法律出版社 2003 年版，第 294 页。

② 曲新久、陈兴良、张明楷等著：《刑法学》，中国政法大学出版社 2004 年版，第 65 页。

犯罪人以外的客观原因、犯罪人自身的客观原因以及犯罪人主观上的认识错误。[①] 犯罪人以外的客观原因具体包括：被害人的反抗致使行为人的犯罪行为被迫放弃或停止；第三人（包括人民群众和政府机关）的制止或抓捕；被害人的逃避；受到自然力的干预；犯罪时空条件的限制；犯罪工具、手段的制约等。犯罪人自身的客观原因包括：犯罪人智能低下、犯罪技术低劣，致使其无法完成犯罪；犯罪时突发疾病或体力不支，致使其犯罪无法继续进行而被迫放弃犯罪等。行为人主观上的认识错误包括：对犯罪对象的认识错误；对犯罪工具的认识错误；对犯罪因果关系的认识错误；对犯罪时周围客观环境的认识错误等。

第二节 犯罪未遂的分类

关于犯罪未遂的分类，在各国刑事立法与刑法理论上，存在不同的划分方法。有的以实行行为是否终了为标准，将犯罪未遂分为实行终了的未遂和未实行终了的未遂；有的以行为的性质在客观上能否完成犯罪为标准，将犯罪未遂划分为能犯未遂和不能犯未遂；还有的根据未完成犯罪的原因，将犯罪未遂划分为障碍未遂和中止未遂。在我国，鉴于刑法已将犯罪中止与犯罪未遂严格区分开来，故我国刑法理论界比较一致的观点是，将犯罪未遂作前两类分类。[②]

一、实行终了的未遂与未实行终了的未遂

（一）二者的概念

该分类是以实行行为是否实行终了为标准来划分的。我国刑法学界理论通说认为，实行终了的未遂是指行为人已经将自认为达到犯罪既遂所必需的全部行为实行终了，但基于意志以外的原因而未得逞；未实行终了的未遂是指基于行为人意志以外的原因，使得行为人未能将其认为达到犯罪既遂所必需的全部

---

① 马克昌主编：《犯罪通论》，武汉大学出版社 1999 年版，第 449-450 页。

② 马克昌主编：《犯罪通论》，武汉大学出版社 1999 年版，第 450-451 页。

行为实行终了，因而未得逞。[1] 该种分类的意义在于：实行终了的未遂由于行为人已将犯罪的实行行为全部实行完毕，相比较而言，其比未实行终了的未遂达到犯罪既遂距离更近，故实行终了的未遂比未实行终了的未遂的社会危害性要大，承担的刑事责任更重。因为从实行行为进程来看，实行终了的未遂的行为进程超过未实行终了的未遂，二者停顿的点距离实行行为的终点有远近的差别，未实行终了的未遂尚未到达实行行为的终点，而实行终了的未遂已达实行行为的终点，抛开其他因素，仅就是否到达终点而言，实行终了的未遂的危害性要大于未实行终了的未遂，其刑事责任自然也要重于未实行终了的未遂。

（二）实行终了的判断标准

如何判断行为人的行为是否实行终了，在我国刑法理论界存在三种不同的主张，即主观说、客观说和折中说。[2] “主观说”以行为人对犯罪行为的主观认识作为行为终了的判断标准。“客观说”主张应以一般人对犯罪行为发展程度的客观认识作为行为终了的判断标准。“折中说”主张应按照主客观相统一的原则，在考察犯罪行为是否实行终了时，既要考虑犯罪行为发展的客观情况，又要顾及犯罪人的主观认识。

笔者认为，“主观说”的主张存在一定的缺陷。首先，根据我国刑法理论通说的观点，犯罪停止形态只存在于一部分直接故意犯罪中，过失犯罪和间接故意犯罪均不存在犯罪停止形态。因此，在犯罪未遂中，无论是实行终了的未遂还是未实行终了的未遂，行为人对自己实施的行为的主观认识是具体的、明确的，故在判断犯罪未遂行为是实行终了的未遂还是未实行终了的未遂时，将行为人的主观认识作为判断标准毫无意义，且多此一举。其次，对于某一具体故意犯罪而言，行为是否实行终了，并不是依据行为人的主观认识加以判断，而只能根据刑法对某一具体故意犯罪行为客观方面的构成要求加以认定。因为行为人在实施某种故意犯罪行为时，并不一定清楚刑法对该犯罪行为客观方面构成要件的规定。在有些场合，行为人的主观认识有可能会发生错误，而将实行终了的行为误认为未实行终了，也可能将未实行终了的行为误认为实行终了，故“主观说”的主张不可取。

“客观说”的主张同样存在这种问题。“客观说”提出的标准是一般标准或大众标准，对于普通行为人而言，该标准可能是正确的，但有以下两个问题：其一，一个人往往受年龄、智力、知识、专业、环境等因素影响，在对某

---

① 贾宇主编：《刑法学》（上册 · 总论），高等教育出版社 2020 年版，第 218 页。

② 马克昌主编：《犯罪通论》，武汉大学出版社 1999 年版，第 451-452 页。

一行为或事物的判断上可能会产生不同的结果，因此，以一般标准或大众标准去衡量每一个个体未必科学。对于同一故意犯罪行为，不同的个体对其行为是否实行终了必然会有不同的判断标准，我们在对不同个体就某一犯罪行为的发展程度的客观认识进行评价时，可以一般标准或大众标准衡量，但在评价时还必须依据不同的个体加以考察，否则，得出的结论就有可能是错误的。其二，犯罪行为的发展程度与行为人的主观认识无关。犯罪行为发展到什么程度只与刑法的规定有关，一个行为是否构成犯罪、构成什么犯罪、是否犯罪既遂只能依据刑法的规定加以认定，与行为人的主观认识没有必然的联系。因此，一个故意犯罪行为是实行终了的未遂还是未实行终了的未遂，只能依据刑法的规定加以判断，如果硬要以人的主观认识为判断标准，就会落入“主观说”的窠臼。

“折中说”主张应按照主客观相统一的原则来区分实行终了的未遂与未实行终了的未遂，试图克服“主观说”与“客观说”存在的缺陷，其立足点是好的，但该观点仅仅是将“主观说”与“客观说”的相关观点加以糅合，并未提出新的观点，因而“折中说”并没有克服“主观说”与“客观说”存在的缺陷。

笔者认为，实行终了的未遂与未实行终了的未遂判断标准应采用“法定行为完成说”。即刑法所规定的实行行为实施完毕，由于犯罪分子意志以外的原因而使犯罪未得逞的，是实行终了的未遂；刑法所规定的实行行为还未实施完毕，由于犯罪分子意志以外的原因而使犯罪未得逞的，是未实行终了的未遂。笔者之所以采用“法定行为完成说”，主要基于以下理由：其一，“法定行为完成说”克服了上述三种主张存在的不足。上述三种观点均强调行为人的主观认识因素的作用，但这种主观认识往往会因行为人个体因素的不同而有所不同，从而导致对事物的判断发生偏差。而“法定行为完成说”根据法定行为是否完成作为判断标准，则排除了主观认识因素可能导致的对行为性质的误判。如甲实施故意杀人犯罪，在一僻静处将乙杀成重伤，甲认为乙已经死亡，于是逃离犯罪现场，后乙被人发现并送医院抢救，最终脱离危险，不久出院。在本案中，甲的行为是属于实行终了的未遂还是未实行终了的未遂，依上述三种观点的主张，均认为甲的行为属于实行终了的未遂。依“主观说”的观点，甲认为乙已经死亡，也就意味着故意杀人的行为已经实行终了，于是逃离犯罪现场，但结果乙因获救而没有死亡，故甲的行为属于实行终了的未遂。依“客观说”的观点，乙在僻静处被甲杀成重伤，即使乙没有当场死亡，但如果乙不能得到及时抢救，必将会发生乙死亡的结果。在此种情形下，依一般人的标准来看，也会认为甲故意杀人的犯罪行为实行终了，甲的行为成立实行终了的未遂。依“折中说”的主张，在本案中，从主观方面看，甲认为乙已经死亡，故意杀人实行行为已经实行终了，从客观方面看，乙重伤于僻静处，在无人救助的情况下必然发生乙死亡的结果，这就意味着甲故意杀人的行为已经完成，故甲的行为成立实行终了的未遂。但事实上，按照我国刑法理论通说的观点，故意杀人罪属于结果犯，只有当法定的犯罪结果出现后，犯罪既遂才能成立，这就是说，就故意杀人罪而言，只有当被害人死亡结果出现时，故意杀人的犯罪实行行为才实行终了，犯罪既遂才能成立。当被害人死亡结果还没有出现时，即使行为人误以为被害人已经死亡或必定死亡而停止犯罪行为，也只能认定为故意杀人的法定行为还没有实行完毕，其行为只能是未实行终了的未遂而非实行终了的未遂。其二，“法定行为完成说”符合犯罪构成理论关于犯罪行为的构成特征。根据我国刑法理论通说的观点，犯罪行为与危害行为是两个不同的概念。犯罪行为是已经被评价为犯罪的危害行为，而危害行为则是客观上对社会有害、形式上违反刑法规范的行为。欲将危害行为评价为犯罪，还需对相关其他因素（如行为对象、行为人主观方面等）进行分析。[①] 犯罪构成理论为我们准确把握犯罪行为的特征提供了依据。尽管认定一个行为是否为犯罪行为，既要查明该行为的客观危害后果，也要考察行为人行为时的主观心态，坚持主观和客观的统一，但由于犯罪停止形态只存在于部分直接故意犯罪中，而直接故意犯罪就已经明确无误地表明了行为人的主观心态，因此，我们在考察某行为属于何种犯罪停止形态时，无须再去判明行为人的主观心态，而只需考察该行为的具体推进过程。至于行为到底已经推进到哪个阶段，唯一的依据只能是根据刑法对该犯罪行为客观方面的规定加以判断，而行为人主观的认识对犯罪行为停止于哪个阶段没有任何评价意义。

二、能犯未遂与不能犯未遂

（一）二者的概念

在我国刑法理论界，根据犯罪行为实际上能否达到犯罪既遂形态而将犯罪未遂分为能犯未遂与不能犯未遂。所谓能犯未遂，是指行为人所实施的犯罪行为完全可以使犯罪达到犯罪既遂状态，但由于犯罪分子意志以外的原因而使犯罪未得逞的情形。如甲用菜刀杀乙，将乙砍伤后，乙反击，并在周围群众的协助下，将甲制服。乙受重伤，经送医院抢救脱离生命危险。在此案中，甲的行

---

① 赵秉志主编：《刑法总论》（第二版），中国人民大学出版社2013年版，第169页。

为就属于能犯未遂。因为甲用菜刀杀乙，在甲的杀人行为没有受到乙的反击和周围群众制服的情况下，合乎逻辑地发展下去，必然发生乙死亡的结果。所谓不能犯未遂，是指由于行为的性质，使行为人所实施的犯罪行为无法达到犯罪既遂的情形。如丙在一天晚上意图强奸丁，当其对丁实施暴力欲行奸淫时，发现丁是一名男子，致使其强奸犯罪未得逞。在此案中，丙的行为属于不能犯未遂，丙因对犯罪对象发生了错误的认识，而使其犯罪无法得逞。关于不能犯未遂，我国刑法理论界又将其分为对象不能犯未遂和工具不能犯未遂。所谓对象不能犯未遂，是指行为人由于对犯罪对象发生了错误认识，从而致使其犯罪行为无法达到犯罪既遂形态，而只能成立犯罪未遂的情形。如误认尸体为活人而开枪射杀的；误认田野中的稻草人为自己仇人而开枪射杀的等，均属于对象不能犯未遂。所谓工具不能犯未遂，是指行为人所使用的犯罪工具无法使其犯罪行为达到既遂形态，而只能成立犯罪未遂的情形。如用没有装子弹的空枪去射杀他人，投放失效的农药去毒杀他人等，均属于工具不能犯未遂。

（二）争议的问题

在刑法理论界，各国关于能犯未遂已基本形成了一致的观点，没有什么引起争议的问题，但关于不能犯未遂，却存在争议。不同国家在不能犯问题上发生的争议可以归结为两大类：一是保持传统的犯罪未遂理论，将不能犯未遂作为未遂犯的一种情形进行处罚，只是将迷信犯认定为重大无知行为排除处罚；二是将不能犯作出区分，在不具法益侵害的危险时，不作为犯罪未遂，而称之为不能犯，不处罚。

在德国，不能犯是犯罪未遂的一种，犯罪未遂根据行为是否能够客观实现既遂而分为能犯未遂与不能犯未遂，在不能犯未遂当中又划分为可罚的相对不能犯与绝对不能犯，绝对不能犯不罚。德国学者费尔巴哈认为，绝对不能犯是指行为人对行为手段本身和行为对象存在认识错误而不能产生危害结果的情形；相对不能犯是指行为人对所使用的手段以及行为对象没有错误认识，只是行为手段未产生效用或对象不在行为的有效作用范围内，而不能产生危害结果的情况。在他看来，相对不能犯存在未遂情形，当行为对行为人所追求的危害结果根据自然法则判断得出该行为具有客观危险性，且行为和危害结果之间具有因果联系时，对该未遂行为应进行处罚。而绝对不能犯因行为和危害结果之间不具有因果联系，故为不可罚的不能犯。[1]

---

① ［德］弗兰茨·冯·李斯特著：《德国刑法教科书》，徐久生译，法律出版社 2000 年版，第 342-343 页。

在日本，将不能犯直接脱离犯罪未遂，犯罪未遂和不能犯是两个相互独立的概念，不存在可罚的不能犯未遂，而全部认定为犯罪未遂，犯罪未遂以外不能发生结果的是不罚的不能犯。日本学者大谷实在其《刑法总论》中认为，不能犯是行为人所实施的、本身不可能实现犯罪构成要件的行为，这个行为虽然是在行为人犯罪意思的支配下实施，但其不具有产生犯罪结果的可能性，不符合犯罪构成，不成立犯罪。[①] 曾根威彦教授认为，不能犯也即不能犯未遂，是指行为人着手实施的行为不可能产生危害结果而使犯罪不能既遂的情形，并认为这种情形不是犯罪，不能进行处罚。[②] 因此，不能犯未遂行为发生结果的“不可能”也就意味着行为不具有“危险性”，从而不具备可罚性，这也是日本的通说。

在我国刑法理论界，通说认为不能犯是未遂犯的一种，即不能犯未遂，是相对于能犯未遂而言的。通说从行为无价值的角度出发，认为是行为人对有关犯罪事实因认识上的错误，如对象不存在或者工具不能而使犯罪行为无法达到既遂的情形，应该按照未遂犯进行处罚，但是迷信犯例外。主张不能犯未遂应追究刑事责任的学者认为，行为人主观上具有实行犯罪的故意，客观上实施了犯罪的实行行为，只是由于行为人对犯罪对象和犯罪工具产生了某种错误的认识，才使其行为没有引起其追求的危害结果，这完全符合犯罪未遂的构成特征。[③] 由此可见，在我国刑法理论通说中，无论是工具不能犯还是对象不能犯都是犯罪未遂的一种类型，都具有相当的社会危害性，其负刑事责任的根据就在于其具备了主客观相统一的犯罪构成。

但在我国刑法理论界，有学者对通说的观点提出了反对意见，认为只有当行为人主观上具有故意，客观上实施的行为具有侵害法益的紧迫危险时，才能认定为犯罪未遂；行为人主观上具有犯意，其客观行为没有侵害法益的任何危险时，就应认定为不能犯，不以未遂犯论处。至于客观行为是否具有侵害法益的紧迫危险，则应以行为时存在的所有客观事实为基础。[④] 赵秉志教授认为通说将不能犯一概认为是未遂犯的观点是不妥当的，应当对不可罚的不能犯与可罚的未遂犯予以适当区分。[⑤] 对于有些不能犯来说，由于行为人采用迷信或者重大无知的方法进行犯罪，在这些情况下，行为人无论实施什么行为都不会对

---

① ［日］大谷实著：《刑法总论》，黎宏译，法律出版社 2003 年版，第 280 页。

② ［日］曾根威彦著：《刑法学基础》，黎宏译，法律出版社 2005 年版，第 126-127 页。

③ 马克昌主编：《刑法学》，高等教育出版社 2003 年版，第 150 页。

④ 张明楷著：《刑法学》，法律出版社 2016 年版，第 358 页。

⑤ 赵秉志著：《中国刑法典型案例研究》（第一卷），北京大学出版社 2008 年版，第 329 页。

法益产生危险，其社会危害性几近于零，故这些行为属于不可罚的不能犯。而另外有的不能犯，由于行为人对所采用的犯罪手段、工具或者针对的对象发生错误认识，从而使其犯罪不能达到既遂，在这些情况下，行为的社会危害性是存在的，只是犯罪形态不能达到既遂，只可能成立犯罪未遂。比如，误用未装子弹的空枪进行射击、进入空无一物的房子实施盗窃等，从逻辑上来看，开枪射击能致人死亡，进入他人房子能盗窃到他人财物，均能造成现实的社会危害性，只是由于行为人对枪支里是否有子弹、他人房子里是否有财物发生了错误的认识，才致使其犯罪没有得逞，故对行为人的行为应按不能犯未遂论处。在不能犯问题上，笔者赞同赵秉志教授将不能犯分为不可罚的不能犯与可罚的未遂犯的观点。

刑法理论之所以将犯罪未遂分为能犯未遂和不能犯未遂，是因为能犯未遂从理论上来看具有达到犯罪既遂的可能，只是由于行为人意志以外的原因，而使犯罪没有得逞。而不能犯未遂由于行为人对犯罪对象或犯罪工具发生了错误认识，致使其犯罪无法达到既遂形态。因此，一般而言，能犯未遂的社会危害性要大于不能犯未遂，其刑事责任也相对要重些。

第三节
未遂犯的刑事责任

未遂犯需承担刑事责任，是现代各国刑事立法和刑法理论普遍公认的原则。但对于未遂犯为什么需承担刑事责任，在刑法理论上却有不同的主张。

一、未遂犯承担刑事责任的根据

（一）国外刑法学者的观点

在国外刑法理论中，关于未遂犯的刑事责任存在“客观主义”和“主观主义”对立的两种学说。前者为刑事古典学派学者的主张，后者为近代派学者所创导。

“客观主义”主张，未遂犯的处罚根据在于发生构成要件结果的客观危险性或者法益侵害的客观危险性；即使认定存在犯罪意思，但如果没有发生结果的客观危险性，则不能作为未遂犯予以处罚。“主观主义”则主张，未遂犯的处罚根据在于显示出犯罪人的性格危险性的、与法敌对的犯罪意思；如果某种行为将这种犯罪意思表现在外部，则未遂犯的意思与既遂犯的意思没有差异；既然如此，未遂犯应与既遂犯受到同等处罚。①

可见，客观主义侧重于客观的行为及其所造成的结果，以行为的客观危险性、定型性及构成要件的符合性作为理论基础。因此，认为犯罪未遂行为之所以应当承担刑事责任，是由于它是已经表现于外部的危害行为，并且对刑法所保护的法益造成了实际威胁。而主观主义则侧重于行为人本身的危险性，着眼于行为人的主观认识、意欲及危险性格的表露。因此，认为犯罪未遂行为之所以应当承担刑事责任，是由于它已经表露出行为人的犯罪故意和人身危险性。②此两种观点的缺陷就在于其割裂了主客观相统一的原则。

（二）国内刑法学者的观点

我国刑法学者坚持主客观相统一的原则，以犯罪构成为理论基础，明确提出未遂犯承担刑事责任的依据，在于它完全具备了犯罪构成四个方面的要件。这一观点目前已成为我国刑法理论中的通说。

马克昌教授认为，“未遂犯承担刑事责任的根据，毫无例外地，是它必须具备犯罪构成要件”。③ 高铭暄教授认为，“行为符合主客观相统一的犯罪构成，是使行为人负刑事责任的科学根据”，“这既适用于故意犯罪的完成形态也适用于故意犯罪的未完成形态”。④ 赵秉志教授认为，“犯罪未遂与既遂在客观方面的区别，只是在于它没有完成犯罪行为或者没有造成法律所要求的特定犯罪结果（而不是绝对没有造成任何具体危害结果），这只是犯罪客观要件中非基本因素的不齐备，而不是整个客观要件或基本客观要件的不具备”。⑤

笔者认为，未遂犯应当承担刑事责任。未遂犯与既遂犯一样，同样具备了主客观相统一的犯罪构成，由我国犯罪构成理论所决定，犯罪构成是衡量行为是否成立犯罪的唯一标准。犯罪未遂作为犯罪的一种未完成形态，当然必须以成立犯罪为前提，而成立犯罪的前提当然应该具备刑法所规定的犯罪构成要件，所以犯罪未遂必然符合刑法规定的犯罪构成。刑事责任是行为成立犯罪所必须承担的法律后果，这是未遂犯承担刑事责任的根据所在。由于未遂犯和既

---

① ［日］野村稔著：《刑法总论》，青林书院 1993 年版，第 201-202 页。

② 马克昌主编：《犯罪通论》，武汉大学出版社 1999 年版，第 459-460 页。

③ 马克昌主编：《犯罪通论》，武汉大学出版社 1999 年版，第 461 页。

④ 高铭暄主编：《新编中国刑法学》，中国人民大学出版社 1998 年版，第 204 页。

⑤ 赵秉志著：《犯罪未遂的理论与实践》，中国人民大学出版社 1987 年版，第 55 页。

遂犯承担刑事责任的根据是一样的，因此，那种认为犯罪未遂欠缺犯罪构成要件，仅仅依据犯罪概念所揭示的犯罪行为的社会危害性来解释未遂行为的可罚性的观点，不但没有回答未遂行为与犯罪构成的关系，而且是与犯罪构成理论相矛盾的，因而是错误的。

二、我国刑法关于未遂犯的处罚原则

（一）刑法理论观点与立法例

1. 必减主义。该主张认为，刑法处罚的对象是行为人的行为，故处罚的轻重应当以实害大小为准。在犯罪未遂状态下，行为人的行为没有发生既遂的犯罪结果，行为的社会危害性显然要小于犯罪既遂，因此，在对未遂犯处罚时，应当轻于既遂犯。在立法例上，以德国刑法为代表。

2. 同等主义。该原则认为，刑罚作为防卫社会的手段，应关注犯罪人的主观恶性，以犯罪人主观恶性的大小为标准，来决定刑罚的轻重。就犯罪人的主观恶性而言，未遂犯与既遂犯并无差异，因此，对未遂犯应当处以与既遂犯同等的刑罚。在立法例上，以法国刑法为代表。

3. 得减主义。该主张认为，对未遂犯可以比照既遂犯从轻、减轻处罚，也可以不从轻、减轻处罚，是否从轻、减轻，应由审判机关根据实害大小和犯罪人主观恶性大小等因素来决定。在立法例上，以我国刑法为代表。

笔者认为，同等主义只关注了犯罪主观方面而忽略了犯罪客观方面，只看到未遂与既遂主观恶性性质相同的一面，而没有看到未遂比既遂客观危害性小的一面，以犯罪人主观恶性的大小来确定罪行的大小，这种主观归罪的主张不可取。得减主义的主张使未遂犯可能判处与既遂犯相同的刑罚，之所以会出现该种情形，是因为未遂犯“可以”比照既遂犯从轻、减轻处罚，这就意味着，未遂犯也“可以”不比照既遂犯从轻、减轻处罚。事实上，未遂犯没有全部完成犯罪，而既遂犯已经完成犯罪，从社会危害程度来看，通常情况下，未遂犯的危害小于既遂犯。由于社会危害性的大小决定着犯罪行为承担刑事责任的轻重，故将未遂犯处与既遂犯相同的刑罚是不科学的。必减主义注重考虑未遂犯与既遂犯对社会造成的不同危害程度，认为未遂行为的社会危害性小于犯罪既遂，从而主张未遂犯应当比照既遂犯从轻或减轻处罚。必减主义关于未遂犯的刑罚应轻于既遂犯刑罚的主张是合理的，但对所有未遂犯均应给予刑罚处罚是不科学的。

（二）我国未遂犯处罚立法缺陷与认识误区

1. 立法缺陷。我国《刑法》第 23 条第 2 款规定：“对于未遂犯，可以比照既遂犯从轻或者减轻处罚。”可见，我国刑法在未遂犯处罚原则上采取的是得减主义。笔者认为，我国刑法关于未遂犯处罚原则的立法规定存在缺陷，具体表现在：对于未遂犯，“应当”比照而不是“可以”比照既遂犯从轻或减轻处罚。根据我国刑法的规定，对于未遂犯，可以比照既遂犯从轻或者减轻处罚，这就意味着，未遂犯可以判处与既遂犯相同的刑罚。根据危险递增理论，一个直接故意犯罪，从犯罪预备开始，直至最后完成犯罪，达到既遂状态，其行为的社会危险性是逐步递增的，就犯罪预备、犯罪未遂和犯罪既遂来说，犯罪预备的危险性最小，犯罪未遂次之，而犯罪既遂的危险性最大。犯罪未遂属于犯罪未完成形态之一，犯罪未遂意味着犯罪未得逞。由于犯罪未遂行为人已经开始着手实施具体犯罪的实行行为，因而其行为可能已经造成了实际的危害结果，也可能实际的危害结果还没有造成，但至少有一点可以肯定，行为人所实施的犯罪行为没有达到既遂形态。而犯罪既遂形态的出现，意味着行为人已经将全部犯罪行为实施完毕，其行为已经造成了法定的危害结果，且该犯罪结果是最终的结果，即该犯罪结果是某一具体犯罪行为所导致的最严重的危害结果。在犯罪未遂的情况下，即使行为造成了危害结果，但其危害结果依然会小于犯罪既遂所造成的结果。而行为人在实施某种故意犯罪时，其主观恶性的大小无论是在犯罪未遂还是在犯罪既遂的情况下，都是不会有所改变的。因此，未遂犯与既遂犯罪行的大小就只能通过犯罪行为所造成的社会危害性的大小来加以认定，并据此给予刑罚处罚。既然未遂犯的社会危害性小于既遂犯，故对未遂犯的处罚就不能是“可以”比照既遂犯从轻或减轻处罚，而是“应当”比照既遂犯从轻或减轻处罚。

综上所述，笔者建议我国《刑法》第23条第2款做如下修改：“对于未遂犯，应当比照既遂犯从轻或者减轻处罚。”

2. 认识误区。误区一：行为人主观恶性大小影响未遂犯比照既遂犯处罚。得减主义认为，对未遂犯可以比照既遂犯从宽处罚，但是否从轻或减轻处罚，应由审判机关根据实害大小和犯罪人主观恶性大小等因素来决定。诚然，未遂犯承担刑事责任的轻重与实害大小有着直接的关系，但犯罪人主观恶性的大小不应成为未遂犯刑事责任的影响因素。因为犯罪未遂的刑事责任是与同一人所实施的同一犯罪的既遂相比较来确定的，不同的人即使实施相同的犯罪，其未遂与既遂的刑事责任没有可比性。如甲出于报复的动机而故意杀乙，但在杀乙的过程中遇到乙的反抗，刀子被乙奋力夺下，甲逃走，甲的行为属于犯罪未遂。在本案中，我们在追究未遂犯甲的刑事责任的时候，到底应该怎样去比照故意杀人罪从轻或减轻处罚呢？很显然，未遂犯甲的刑事责任我们只能假设甲因报复而将乙杀害，以成立故意杀人罪既遂所承担的刑事责任来进行比照，由此来确定未遂犯甲的刑事责任，而不是直接按刑法所规定的故意杀人罪既遂犯的刑事责任进行比照，否则，所有的故意杀人未遂无论犯罪情节如何，社会危害性大小如何，都是比照故意杀人罪既遂的刑事责任给予处罚，未遂犯比照既遂犯从轻或减轻处罚就没有任何差异。在该案中，甲的主观恶性在其犯罪的预备阶段就已经产生，不会因犯罪阶段不同而发生改变，甲故意杀人未遂行为是其犯罪预备行为的继续，如果甲故意杀人行为没有因其意志以外的原因而停止下来，而是最终完成了故意杀人犯罪，达到犯罪既遂，其主观恶性也是不会有任何改变的。因此，犯罪人的主观恶性大小并不能成为未遂犯比照既遂犯处罚的影响因素。我们判断未遂与既遂社会危害性的大小只需根据客观行为所造成的实害大小来加以确定，应以行为人的行为及其所造成的社会危害性的大小作为处罚犯罪未遂的依据。

误区二：对未遂犯可以处以与既遂犯同等的刑罚。依据该观点，犯罪人虽然具有未遂这一法定的从轻情节，但同时又可能存在其他应当从重的量刑情节，对其不应当也不能从轻处罚。这些情节包括：已经构成累犯、在共同犯罪中处于主犯地位、犯罪的性质特别恶劣、犯罪的手段特别残忍、犯罪所造成的后果特别严重等。对于具有这些情节的犯罪分子，其危害程度与既遂犯相差无几，所以应当与既遂犯同等处罚。[①] 笔者认为，当未遂犯具有上述情形时，其受到的刑罚处罚有可能与既遂犯相同，这是毋庸置疑的。但在这些情形下，未遂犯之所以处以与既遂犯同等的刑罚，其依据并非是因为刑法所规定的未遂犯可以比照既遂犯从轻或者减轻处罚所致，而是因为未遂犯具有累犯、主犯、性质恶劣、手段残忍、后果严重等从重处罚的量刑情节所导致，是根据未遂犯有从重处罚的情节而独立给予的刑罚处罚。因此，在该情形下，未遂犯可以处以与既遂犯同等的刑罚，并不能说明未遂犯与既遂犯具有相同的社会危害性，而只是表明未遂犯因有从重处罚的情节，最终导致未遂犯被处以与既遂犯同等的刑罚。

对于未遂犯到底应当怎样比照既遂犯给予刑罚处罚，笔者认为，未遂犯应当依据该未遂犯罪在犯罪既遂状态下所应承担的刑事责任从轻或减轻处罚，否则，未遂犯比照既遂犯从轻或减轻处罚就没有一个科学的标准。因为相同性质的犯罪，刑法统一规定了法定刑的种类和量刑幅度，而同一性质犯罪的未遂犯，因各自主客观因素不同，最终导致其造成的社会危害结果的大小也不尽相

---

① 马克昌主编：《犯罪通论》，武汉大学出版社 1999 年版，第 463 页。

同，因而其承担的刑事责任也是不同的。如果未遂犯应当比照既遂犯从轻或者减轻处罚，就可能造成不同情节的、同一性质的犯罪，其承担的刑事责任是相同的结果。如同是故意杀人，甲是报复杀人，而乙是义愤杀人，而犯罪的手段都很残忍，但最终犯罪均未得逞，甲乙均构成故意杀人罪未遂。在此种情形下，按照刑法的规定，甲乙两人的行为均可以比照故意杀人罪的既遂犯从轻或者减轻处罚，且可能被判处与故意杀人罪既遂相同的刑罚。比较甲乙两人的故意杀人犯罪行为，显然乙的犯罪情节轻于甲，因而甲承担的刑事责任应重于乙，如果对甲乙判处相同的刑罚，就无法体现刑罚个别化的要求，违背罪责刑相适应的原则。因此，我们在理解未遂犯比照既遂犯从轻或减轻处罚的含义时，应当理解为未遂犯应依据该未遂犯罪在犯罪既遂状态下所应承担的刑事责任从轻或减轻处罚。故上述案例中，甲报复杀人未遂，应比照甲在报复杀人既遂形态下的刑事责任给予相应的处罚，而乙义愤杀人未遂，则应比照乙在义愤杀人既遂形态下的刑事责任给予相应的处罚。只有这样，未遂犯比照既遂犯从轻或者减轻处罚才有明确的比照标准，才能体现罪责刑相适应的原则要求。

第九章
犯罪未遂特论

第一节
不同犯罪成立形态未遂论

我国刑法理论通说将行为犯、结果犯、危险犯以及举动犯称为犯罪既遂的四种类型。笔者认为，这四种类型非犯罪既遂类型，而是不同的犯罪成立形态，并且将举动犯归入行为犯中，是行为犯的一种成立形态。同时，笔者主张，犯罪既遂的判断标准应采用“期待结果出现说”，即以行为人对自己实施的犯罪行为所期待的犯罪结果的全部出现或部分出现作为犯罪既遂的标志。如果行为人所期待的犯罪结果没有出现，则其行为只能成立犯罪未遂。由于不同的犯罪成立形态具有不同的特征，故其犯罪未遂的认定标准存在差异，有必要加以探讨。

一、行为犯未遂

（一）关于行为犯未遂存在的理论争议

在大陆法系与英美法系的刑法理论中，行为犯通常被认为是犯罪成立的一种类型，而非犯罪既遂类型。在英美法系国家传统刑法理论中，由于受到判例法特色的影响，通常并没有将行为犯作为一种犯罪类型加以研究。只是随着英美法系国家制定法的增多，加上国际间刑法理论的交流日益频繁，行为犯这一概念才得到一些英美法系国家学者的关注，但他们通常只是将行为犯作为犯罪成立的一种类型加以研究，并未对行为犯是否存在未遂加以研究。德国、日本、法国、意大利等大陆法系国家的刑法理论将行为犯与结果犯作为一对范畴加以研究。根据行为与结果的关系，将犯罪分为实质犯和形式犯，实质犯又称为结果犯，而形式犯又称为行为犯。法国学者认为，在实质犯中，犯罪结果是犯罪的构成要件，有实际损害的出现才能构成既遂罪，形式犯可以独立于任何损害结果而成立，即使行为没有造成追求的结果，犯罪也可以成立。[①] 日本有些学者认为："根据构成要件，以结果发生为不必要，单纯仅以行为为要素的，这种犯罪被称为单纯行为犯。然而，对于大部分犯罪而言，除行为以外，以一定结果为构成要件要素的，称为结果犯。"[②] 我国台湾地区有的学者认为："犯罪之构成，是否以发生一定之结果为要件，本得分为单纯行为犯与结果犯二种。前者，以一定行为之终了，其犯罪即已完成，其结果如何在非所问；后者，其犯罪之是否既遂，有待一定结果之已否发生，亦称实质犯。"[③] 而我国刑法理论通说的观点是将行为犯视为犯罪既遂的一种类型。认为行为犯是指只要实施刑法分则规定的某种危害社会的行为就构成既遂的犯罪形态。行为犯的实质是法律将行为人实施犯罪的行为直接规定为犯罪既遂。[④]

笔者赞同行为犯是犯罪成立的一种类型的观点，其理由在前面有关章节中已有详细论述，在此不再赘述。既然行为犯是犯罪成立的一种类型，自然也就存在犯罪的既遂与未遂问题。

（二）行为犯未遂的判断标准

笔者在前面有关章节中已经论述，犯罪既遂的判断标准为"期待结果出现说"，这就意味着，犯罪未遂的判断标准应为"期待结果未出现说"，即行为人所实施的故意犯罪行为没有全部出现或没有部分出现行为人所期待出现的犯罪结果。由于行为犯包括了过程犯与举动犯，因此，行为犯未遂就必须分两种情形加以判断。

1. 过程犯未遂的判断标准。所谓过程犯，是指行为人不仅要实施法定的犯罪行为，而且其犯罪行为必须完成才能成立的犯罪。如诬告陷害罪，构成本罪，行为人必须实施捏造犯罪事实，向国家机关或有关单位作虚假告发的行为。其犯罪的实施有一个犯罪的过程，只有当其犯罪过程完成时，犯罪才能成立。就过程犯而言，行为人完成了法定的犯罪行为，还只能说明行为已经构成了犯罪，但并不意味着犯罪已经既遂。对于诬告陷害罪的行为人来说，捏造犯罪事实，实施对他人诬告的行为，其目的就是陷害他人，意图使他人受到错误

---

① ［法］卡斯东·斯特法尼等著：《法国刑法总论精义》，中国政法大学出版社 1998 年版，第 226 页。

② ［日］团藤重光著：《刑法纲要总论》，创文社 1979 年修订版，第 114 页。

③ 陈朴生、洪福增著：《刑法总则》，台湾五南图书出版公司 1982 年版，第 159-160 页。

④ 马克昌主编：《犯罪通论》，武汉大学出版社 2001 年版，第 299 页。

的刑事处罚。被害人受到错误的刑事处罚是行为人所期待的结果，当该结果出现时，诬告陷害罪既遂成立。当行为人的诬告行为只引起了司法机关对被害人的立案侦查，结果发现为是诬告而撤销案件时，由于被害人的人身权利已经受到了侵害，此时应认定行为人所期待的结果部分出现，其诬告陷害行为依然应当认定为诬告陷害罪既遂。对于过程犯而言，其犯罪行为均是在其主观直接故意的支配下实施，其所积极追求的犯罪目的非常明显，只有当其犯罪目的即其所追求的或期待的犯罪结果全部出现或部分出现时，我们才能说其犯罪“已得逞”，犯罪既遂成立，否则只能认定为犯罪未遂。

2. 举动犯未遂的判断标准。所谓举动犯，是指按照刑法规定，行为人一经着手实施犯罪构成要件的实行行为即告犯罪成立的犯罪。举动犯包括两种类型，一种是预备型举动犯，如参加恐怖活动组织罪，参加行为是恐怖活动组织犯罪的预备行为，参加的目的就是进行恐怖活动。由于恐怖活动组织犯罪是严重刑事犯罪，因此，即使是恐怖活动组织犯罪的预备行为，只要行为人一着手实施参加恐怖活动组织的行为，即构成犯罪。另一种是煽动型举动犯，如煽动颠覆国家政权罪，只要行为人一经着手实施以造谣、毁谤或者其他方式煽动颠覆国家政权、推翻社会主义制度的行为即构成犯罪。作为举动犯，并非一经着手实施法定行为即构成犯罪既遂，同样存在既遂与未遂问题。任何犯罪行为都是一个过程，即使是所谓的举动犯，也必然有一个过程（当然，过程的长短有异），并非一经着手就既遂。①

无论是预备型举动犯还是煽动型举动犯，均存在犯罪的既遂与未遂问题。举动犯的举动是在其意识支配之下的行为，其举动的目的性非常明确。如参加恐怖活动组织罪，行为人参加恐怖活动组织的目的就是实施恐怖活动，因此，只有当行为人参加恐怖活动组织后积极实施恐怖活动，引起人们的恐慌，造成社会的混乱，影响社会秩序的稳定，才意味着行为人参加恐怖活动组织的“期待结果出现”，犯罪既遂成立。如果行为人参加恐怖活动组织后还没有来得及进行具体的恐怖活动就被抓获，则其参加恐怖活动组织所期待的犯罪结果没有出现，犯罪“未得逞”，其行为就只能成立犯罪未遂。再如，煽动颠覆国家政权罪，行为人犯罪的目的就是颠覆国家政权、推翻社会主义制度，只有当行为人的煽动行为已经被其他被煽动者接受，并开始实施颠覆国家政权的行为，即表明行为人实施煽动的犯罪行为的“期待结果出现”，其行为应成立犯罪既遂，当行为人的煽动行为并没有被其他被煽动者接受时，则表明行为人煽动的犯罪

① 张明楷著：《刑法学》，法律出版社 2003 年版，第 310 页。

行为“未得逞”，行为成立犯罪未遂。因此，对于举动犯来说，当其实施的犯罪行为的“期待结果未出现”时，行为只能成立犯罪未遂。

二、结果犯未遂

（一）结果犯形态之争议

关于结果犯，我国刑法学界存在“犯罪既遂说”与“犯罪成立说”之争议，其中“犯罪既遂说”为理论通说。通说认为，结果犯是指不仅实施犯罪构成客观要件的行为，而且必须发生法定的危害结果，才构成既遂的犯罪。[①]“犯罪成立说”认为，所谓结果犯，是指行为人实施了法定的危害行为，并且实际造成了法定的危害结果所成立的犯罪，在这种犯罪中，法定的危害结果是否发生是区分罪与非罪的标志，而非衡量既遂与未遂的标志。[②]

笔者认为，法定的危害结果的发生既是结果犯成立犯罪的必要条件，也是犯罪既遂成立的标志，只是犯罪成立是前提，只有在结果犯成立犯罪的前提下，法定的危害结果才能成为结果犯既遂的标志，从这一角度来说，“犯罪既遂说”与“犯罪成立说”无疑都是正确的。但“犯罪成立说”认为法定的危害结果不属于衡量既遂与未遂的标志是站不住脚的。如故意伤害罪，成立该罪，必须是行为人所实施的故意伤害行为导致他人轻伤以上的危害结果，这既是故意伤害罪结果犯成立的条件，也是该罪犯罪既遂的标志。再如，行为人采取秘密手段窃取他人数额较大的财物，这既是这种盗窃罪结果犯成立的条件，也是该盗窃罪犯罪既遂的标志。由此可见，对于结果犯而言，法定的危害结果的出现，既是其犯罪成立的条件，同时也是犯罪既遂的标志。

（二）结果犯未遂的判断标准

由于法定的危害结果的出现是结果犯犯罪既遂的标志，故结果犯未遂的判断标准就是法定的危害结果未出现。但在具体认定过程中有以下问题需加以明确：

1. 危害结果的属性问题。在结果犯中，危害结果是仅指物质性危害结果，还是包括非物质性危害结果，刑法理论上存在争议。有观点认为，只有那些对犯罪客体造成的物质性的、有形的、具体的危害结果，才能作为区分犯罪未遂与既遂的客观要件，否则，就会使对犯罪未遂或既遂的认定丧失客观标准。因为，非物质性的、无形的、抽象的危害结果往往颇具弹性，令人难以捉摸，稍

---

① 赵秉志主编：《刑法学通论》，高等教育出版社 1993 年版，第 189 页。

② 段立文：《结果犯与举动犯术语探略》，载《现代法学》1991 年第 6 期。

有不慎，就会导致主观归罪。[①]

笔者赞同该观点。结果犯之危害结果不仅指物质性危害结果，而且包括非物质性危害结果。结果犯包括了普通结果犯、结果加重犯、数额犯和情节犯，其中普通结果犯、结果加重犯和数额犯所造成的危害结果均为物质性的危害结果，但情节犯所造成的结果则通常为非物质性的、无形的、抽象的危害结果。如果非物质性的、无形的、抽象的危害结果不能作为结果犯未遂与既遂的判断标准，那么应该以什么作为结果犯未遂与既遂的判断标准呢？回答只能是没有。既然情节犯未遂与既遂没有判断标准，那就意味着情节犯只存在是否构成犯罪的问题，而不存在犯罪未遂与既遂问题，或者说只存在犯罪既遂，而不存在犯罪未遂问题，事实也是如此。如侮辱罪、毁谤罪，根据我国《刑法》第246条的规定，以暴力或者其他方法公然侮辱他人或者捏造事实毁谤他人，情节严重的构成侮辱罪、毁谤罪。情节严重是这两种犯罪成立的标准，也可以说是犯罪既遂的标准，如果行为没有达到情节严重的程度，则行为人的行为不构成犯罪，即侮辱罪、毁谤罪不存在犯罪未遂问题。由此我们可以得出结论，在结果犯的危害结果中，只有法定的物质性危害结果是否出现，才能作为结果犯未遂与既遂的判断标准，而结果犯中法定的非物质性危害结果是否出现只能作为结果犯是否成立的判断标准，不能作为结果犯未遂与既遂的判断标准。

2. 危害结果的法定性问题。所谓危害结果的法定性，是指结果犯的危害结果只能是刑法条文所明文规定的或者根据立法精神所要求的危害结果。法定的危害结果是判断结果犯未遂与既遂的法律依据。在司法实践中，有许多结果犯不只是造成一个危害结果，往往会造成多个危害结果，而在这多个危害结果中，究竟哪一种危害结果是区分结果犯犯罪未遂与既遂的危害结果，我们只能根据刑法条文的明文规定或者根据立法精神来加以判定。例如，在盗窃案件中，盗窃行为既可能造成被害人的经济损失，也可能给被害人带来的精神痛苦，甚至还会引起被害人自杀身亡。而就盗窃的数额来说，有的可能只有几元人民币，有的却成千上万。而刑法所要求的危害结果只是达到一定数额的钱财。因此，只有当行为人已经将法定数额的财产非法占为己有时，才构成盗窃罪的既遂犯，如果实施盗窃行为后，未能将达到法定数额的财产据为己有，可能构成盗窃罪的未遂。[②] 至于行为人在盗窃过程中给被害人带来的精神痛苦，可能引起的被害人自杀身亡等危害结果，由于不是盗窃罪法定的危害结果，故

① 马克昌主编：《犯罪通论》，武汉大学出版社2001年版，第446页。

② 马克昌主编：《犯罪通论》，武汉大学出版社2001年版，第446-447页。

不能作为盗窃罪未遂与既遂的判断标准，而只能作为盗窃罪量刑的情节加以考虑。

三、危险犯未遂

（一）理论上的争议

危险犯是否存在未遂，刑法理论上存在争议。我国刑法理论通说认为，“危险犯是指行为人实施的危害行为造成法律规定的发生某种危险结果的危害状态作为既遂标志的犯罪”①，或者说“危险犯是指以危害行为具有造成一定客观后果的危险状态作为犯罪构成必要要件的犯罪，……判断危险犯既遂的标准是行为人所实施的危害行为是否达到了足以造成一定后果的客观危险状态”②。但随着研究的深入，不少学者对刑法理论通说之危险犯既遂说提出挑战，主张危险犯非犯罪既遂形态，而是犯罪成立形态，认为危险犯是指以构成要件该当行为致使某种法定具体危险状态的出现为犯罪成立条件的犯罪。③

笔者赞同危险犯成立说的观点。危险犯进入刑法，是“风险社会”导致的必然结果。科学技术的飞速发展，便捷了人类的生活，但也隐藏着巨大的风险，且这些风险相较于传统社会风险更难预测，不但波及范围更广，而且破坏性也更强。基于此，防范社会的不安全性成为刑法的重要功能之一。日本学者关哲夫指出：在风险社会中，预防主义成为现代刑法的核心，将其称为“危险刑法”可能更为适当。人类为保障共同体的安全、维持稳定的社会秩序，在应对风险时企图能从刑事法规中寻求解决之道。④ 而现代刑法中危险犯的出现就顺应了这一趋势，危险犯已成为各国刑法不可忽视的内容。刑法关于危险犯的立法是基于危险犯的危险性大于其他类型的犯罪，故立法者在危险犯立法时，设定的犯罪成立条件就是危险行为足以造成某种法定危险状态出现，并不要求实害结果出现。因此，作为犯罪成立的一种形式，所谓危险犯，是指以行为人所实施的危害社会的行为造成某种危险状态出现为犯罪成立构成要件的犯罪。

（二）危险犯未遂的判断标准

由于危险犯又分为具体危险犯和抽象危险犯两种，不同的危险犯其构成特

---

① 高铭暄、马克昌主编：《刑法学》，北京大学出版社、高等教育出版社 2011 年版，第 146-147 页。

② 马克昌主编：《犯罪通论》，武汉大学出版社 2001 年版，第 494 页。

③ 苏彩霞：《危险犯及其相关概念之辨析》，载《法学评论》2001 年第 3 期。

④ ［日］关哲夫：《现代社会中法益论的课题》，王充译//赵秉志主编：《刑法论丛》（第 12 卷），法律出版社 2007 年版，第 337 页。

征不同，因而其犯罪未遂的判断标准也是不同的，需分别加以判断。

德国学者罗克辛教授认为，抽象危险犯，是指“一种典型的危险的举止行为被作为犯罪而处于刑罚之下，不需要在具体案件中出现一种危险的结果”。[①]日本学者大谷实教授则认为，“将在社会一般观念上认为具有侵害法益危险的行为类型化之后所规定的犯罪，就是抽象危险犯”。[②] 我国著名刑法学者马克昌教授则认为，所谓抽象危险犯，是指只要行为人实施了刑法分则条文所规定的某种具体犯罪客观方面构成要件的行为，就具有产生某种后果的危险，而不需要结合具体案件进行分析判断的犯罪。如在放火案件中，只要行为人实施了放火焚烧公私财物的行为，就能认定其具有造成人身伤亡和财产损失的危险。所谓具体危险犯，是指行为人的行为是否具有足以造成某种危害后果的危险，需要根据具体案情加以判断的犯罪。如在破坏交通工具的案件中，行为人的破坏行为是否具有足以造成交通工具发生倾覆、毁坏的危险，就要确定交通工具是否处于正在使用的状态，并根据破坏的手段、部位、程度等具体事实加以确定。如果具有这种危险，就构成危险犯，如果没有客观危险，则属于一般的破坏行为，不构成犯罪。[③]

危险犯以某种法定具体危险状态的出现为犯罪成立条件，但行为人实施犯罪行为所追求的绝非只是某种法定具体危险状态的出现，某种法定具体危险状态的出现不能作为危险犯既遂的标志。根据犯罪既遂“期待结果出现说”的观点，当行为人所实施的某种犯罪行为导致了行为人所期待的犯罪结果全部出现或部分出现，即成立该种犯罪的既遂。反之，则只能构成犯罪未遂。因此，危险犯未遂的判断标准就是，行为人所实施的某种犯罪行为没有导致行为人所期待的犯罪结果全部出现或部分出现，即非实害危险犯是危险犯的未遂形态，而实害犯是危险犯的既遂形态。危险犯是否既遂，既要结合刑法的规定，又要结合具体案情加以判断。具体而言，使用危险方法实施犯罪的危险犯，如果已经造成危害公共安全的后果，即行为人所期待的危害结果全部出现或部分出现，如放火罪中被燃物已被点燃且已独立燃烧，投放危险物质罪中被害人已经吃下行为人投放的毒物且已中毒等，即使最终行为人所期待的结果没有全部出现，则行为均构成危险犯既遂。如果危险行为已经实施，且行为足以造成但还没有造成危害公共安全的现实后果，却由于行为人意志以外的原因而未得逞，则其

---

① ［德］克劳斯·罗克辛著：《德国刑法学总论》（第 1 卷），王世洲译，法律出版社 2005 年版，第 278 页。

② ［日］大谷实著：《刑法总论》，黎宏译，法律出版社 2003 年版，第 95 页。

③ 马克昌主编：《犯罪通论》，武汉大学出版社 2001 年版，第 501 页。

行为构成危险犯未遂。对于破坏特殊对象的危险犯而言，如果其破坏行为已经使特定对象部分或全部倾覆、毁坏，则行为人的行为构成危险犯既遂，如果行为人的破坏行为足以使法定的特定对象发生倾覆、毁坏危险，但由于行为人意志以外的原因而未得逞的，即法定的特定对象没有发生倾覆、毁坏的实际损害后果，则构成危险犯未遂。

第二节 特定犯罪之未遂研究

在刑法理论中，行为人的行为构成一罪的情形包括法定的一罪、处断的一罪以及实质的一罪，在这些构成一罪的情形中，有的犯罪触犯两个以上的罪名，有的造成两个以上的危害结果等，这就给行为的定性以及犯罪停止形态的认定带来困难。因此，有必要对这些构成一罪的特定犯罪的未遂与既遂问题加以研究和区分。

一、结果加重犯

（一）结果加重犯的概念与特征

所谓结果加重犯，是指实施基本犯罪构成要件的行为，由于发生了基本犯罪构成要件以外的重结果，因而刑法规定加重刑罚的犯罪形态。用公式可以表示为：结果加重犯=基本结果+加重结果。如故意伤害致人死亡、抢劫致人重伤或死亡、强奸致人重伤或死亡等情形都属于结果加重犯。结果加重犯的特征：

1. 行为人实施了基本的犯罪行为。基本犯罪行为是结果加重犯存在的前提条件，没有基本犯罪行为，就不会有结果加重犯。关于基本犯罪行为是否必须产生犯罪结果，刑法理论上有争议。一种意见认为，加重结果就是基于结果犯的加重结果，不然就不能成为加重结果，故基本犯以结果为其构成要件，即基本犯必须是结果犯。另一种意见认为，加重结果是基于基本犯的加重结果，基本犯不必一定是结果犯，有结果与无结果的基本犯都可以成立结果加重犯。[①]笔者认为，结果加重犯中的基本犯必须存在一定的结果，如果基本犯没有一定的犯罪结果存在，则加重结果就失去了存在的前提，因为在整个犯罪中只存在一个犯罪结果，就不能将其称为加重结果，既然是加重结果，就必然是在原有结果的基础上的加重，否则就不能称为加重结果。此外，结果加重犯的基本犯通常是结果犯，但不排除行为犯。在行为犯产生了一定的犯罪结果的情形下，就会存在结果加重犯，此时，行为犯产生的犯罪结果是基本犯，在此基础上出现加重的结果时，结果加重犯成立。并非所有的行为犯都存在结果加重犯，只有那些产生了犯罪结果的行为犯才能存在结果加重犯的情形，那些没有产生犯罪结果的行为犯，也就不存在结果加重犯的基本犯，故不存在结果加重犯的情形。如非法拘禁他人，致人重伤、死亡的，成立结果加重犯。尽管非法拘禁罪属于行为犯，但由于行为人对他人实施了非法拘禁的行为，这就产生了他人被非法拘禁的结果，他人被非法拘禁的结果就是基本犯，在非法拘禁过程中致人重伤、死亡，重伤、死亡的结果就是加重结果，故行为犯非法拘禁罪存在结果加重犯。危险犯不存在结果加重犯，因为危险犯的危险没有转化为现实的危害后果，不存在结果加重犯中的基本犯，即使危险变为实际的危害，但整个犯罪也只存在一个犯罪结果。因此，危险犯不存在结果加重犯，否则，结果加重犯将有被泛化的危险。如有人认为，我国《刑法》第121条劫持航空器罪，当未造成严重后果时，该罪名是危险犯，而造成严重后果（如造成人员伤亡、机体损伤甚至飞机坠毁）时，就是危险犯的结果加重犯的规定，显然，这是将结果加重犯泛化的表现。

2. 产生了基本犯罪构成以外的加重结果。该加重结果不是基本犯构成要件客观方面的结果，它是基于基本的犯罪构成，而在基本犯罪构成以外发生的结果，加重结果由基本的犯罪行为引起，没有基本行为的实施，就不会有加重结果的产生。因此，加重结果与基本犯罪行为之间必须具有因果关系。在某一单一的犯罪中，如果某一严重的犯罪结果是该种犯罪客观方面应当具备的结果，即该严重结果没有改变犯罪的性质，则该结果不是结果加重犯的结果，即使该结果加重了刑罚的处罚，也不属于结果加重犯中的加重结果。如故意伤害罪可能导致他人轻伤，也可能导致他人重伤，还可能导致他人死亡，其中轻伤和重伤都是故意伤害罪客观方面构成要件的结果，一个故意伤害行为只能造成一个伤害结果，或者是轻伤，或者是重伤，二者不能并存，无论是哪种伤害，都只

① 马克昌主编：《犯罪通论》，武汉大学出版社2001年版，第653页。

是故意伤害罪客观方面构成要件的结果，故重伤的结果不属于故意伤害罪结果加重犯的加重结果。在故意伤害罪中，致人死亡的结果不是故意伤害罪客观方面构成要件的结果，而是在伤害结果基本犯基础上产生的加重结果，故致人死亡的结果是故意伤害罪结果加重犯的加重结果。

3. 刑法就加重结果规定了加重法定刑。这里的加重法定刑，是相对于基本犯罪的法定刑而言的，即结果加重犯的法定刑高于基本犯罪的法定刑。如果虽然行为人实施了基本犯罪行为，并由此产生了超出成立基本犯罪要求的严重后果，但刑法并没有对其单独规定较重法定刑的，那就不是结果加重犯。如《刑法》第247条规定，刑讯逼供致人伤残、死亡的，依照刑法关于故意伤害罪、故意杀人罪的规定定罪从重处罚。这种情形就不属于刑讯逼供罪的结果加重犯，[①] 而是属于转化犯。

（二）结果加重犯是否存在未遂

1. 理论上的争议。关于结果加重犯是否存在未遂，刑法理论上存在“肯定说”和“否定说”的争议。持“肯定说”的学者认为加重结果未发生时，应当存在结果加重犯的未遂形态。日本学者牧野英一认为如果刑法条文中规定的结果加重犯属于对加重结果的既可以是故意也可以是过失的情况下，“其有犯意者（即持故意态度者）得认定有加重犯未遂之成立”[②]。德国刑法学界中，普遍承认结果加重犯的未遂形态，而《德国刑法典》中目前也有很多承认这种结果加重犯的未遂的立法例，司法实践中更是有不少相关判例。我国也有学者支持结果加重犯的未遂，如张明楷教授认为，如果行为人意图通过实施犯罪行为导致加重结果的发生而最终没有发生加重结果，那么应当成立结果加重犯的未遂。例如，行为人为劫财而故意杀害被害人的，如果被害人没有死亡，则应当成立结果加重犯的未遂。[③]

持“否定说”的学者则认为即使加重结果未发生，结果加重犯也不存在未遂形态。虽然德国刑法界普遍认为应当存在结果加重犯的未遂，但也有少数德国学者持相反观点，如柯拉将犯罪未遂与人的“意欲”联系在一起，认为人对不意欲的事物没有未遂，对意欲的事物才有未遂，那么如果行为人对加重结果没有意欲，即行为人的故意没有指向时，就不存在结果加重犯的未遂。[④] 日本

① 贾宇主编：《刑法原理与实务》，中国政法大学出版社2017年版，第117页。

② 李邦友：《结果加重犯理论研究综述》，载《法学评论》1999年第2期。

③ 张明楷主编：《刑法学（上）》，法律出版社1997年版，第273页。

④ 马克昌著：《比较刑法原理——外国刑法学总论》，武汉大学出版社2002年版，第548页。

学者大塚仁认为，如果行为人对加重结果持故意的心理态度，则此时结果加重犯可以视为一个故意的结果犯，就应当承认此时存在结果加重犯的未遂。但是他又指出行为人对加重结果应当只能出于过失，那么所谓持故意态度的结果加重犯就不存在于结果加重犯的概念之中，于是故意的结果加重犯也就不存在未遂形态。[①] 在我国刑法学界，“否定说”是通说。吴振兴教授认为，如果加重结果没有发生，加重结果犯的构成要件就不满足，也就不能成立结果加重犯，更无从谈及其有无未遂。[②]

2. 笔者的观点。笔者赞同“否定说”的观点。在结果加重犯中，基本犯只能是故意犯罪，过失犯罪不存在结果加重犯。在过失犯罪中，法定危害结果的出现是行为构成犯罪的前提，如果法定危害结果出现后，在此基础上又出现更严重的加重结果，则整个犯罪行为的性质将发生改变，行为的性质将不再以基本犯的性质定罪处罚，而是按新的犯罪处罚。如甲过失重伤乙，由于乙伤势严重，虽经抢救但依然死亡。在本案中，甲的行为不属于结果加重犯，即乙死亡的结果不是过失重伤罪的结果加重犯，而是过失致人死亡罪的法定危害结果，对甲的行为只能按过失致人死亡罪定罪处罚。由于结果加重犯仅具有一个犯罪行为，因而从犯罪构成角度分析，依然属于一罪，根据我国刑事立法和司法实践，对结果加重犯依然是按基本犯的罪名定罪处罚，只是加重了法定刑。故过失致人重伤后引起被害人死亡的，不属于结果加重犯，行为人的行为不能定为过失重伤（致死）罪，而只能直接定为过失致人死亡罪。

结果加重犯的基本犯的主观方面只能出于故意，但行为人对于加重结果的出现主观方面则既可以是出于故意，也可以是出于过失。结果加重犯的主观罪过形式可以表述为：基本犯（故意）+加重犯（故意）和基本犯（故意）+加重犯（过失）两种表现形式。但不管行为人对加重犯主观上是出于故意还是过失，对结果加重犯的成立均没有实质的影响，结果加重犯的成立关键在于加重结果是否出现。结果加重犯的成立与否与行为人对加重结果的主观认识无关，只是在加重损害结果发生时，国家依据此加重损害结果的出现而相应地加重了其法定刑。在行为人实施基本犯罪时，出现了加重结果，则构成结果加重犯，没有出现加重结果，则不构成结果加重犯。因此，结果加重犯只有构成与否的问题，不存在既遂与未遂的问题。

在国外的刑法理论中，之所以存在结果加重犯未遂与既遂之争，是由于国

---

① 张明楷著：《未遂犯论》，法律出版社 1997 年版，第 17-18 页。

② 吴振兴著：《犯罪形态通论》，法律出版社 1994 年版，第 380 页。

外一些国家的刑法将结果加重犯设立了不同于基本犯罪罪名的独立罪名，如对抢劫致人死亡的，认定为抢劫致死罪，对强奸致人死亡的，则认定为强奸致死罪等，这样的立法规定自然使结果加重犯存在既遂与未遂问题。而我国刑法没有此立法模式，就上述情形而言，在我国的刑法中依然按基本犯即抢劫罪与强奸罪定罪，但对加重结果单独规定了加重的法定刑。因此，在我国刑事立法和司法实践中，对于结果加重犯是按照基本犯定罪，且不管基本犯是既遂还是未遂，只要出现加重结果，都是按照基本犯的加重法定刑处罚，故结果加重犯不存在既遂与未遂问题。

二、想象竞合犯

（一）想象竞合犯的概念及特征

所谓想象竞合犯，又称为想象的数罪，是指一个行为同时触犯数个罪名的犯罪形态。如甲实施开枪杀人的犯罪行为，瞄准对乙开一枪，结果将乙打死的同时将丙打伤，甲的行为即属于想象竞合犯。在我国刑法理论中，想象竞合犯通常被认定为实质上的一罪。想象竞合犯的特征：

1. 行为人只实施了一个犯罪行为。该特征是成立想象竞合犯的前提条件。何谓“一个危害行为”，通常认为，这里的危害行为不是自然意义上的行为，而是社会意义上的行为，即行为人为达到某种目的或者意图而实施具有侵害性的行为活动。该行为活动从客观上看，一次只能符合一个具体犯罪的犯罪构成。因此，“一个危害行为”是指基于一个罪过所实施的完成某一犯罪的行为。① 这里所说的行为不仅包括狭义的行为，而且也包括结果在内的广义的行为。如开一枪打死一人并同时打伤一人的情形，即一个发生了一死一伤两个结果的行为。想象竞合犯的一行为通常只能是作为，但也不排除不作为。这里的行为既可能是故意的行为，也可能是过失的行为，还可能同时出于故意和过失。如行为人意图杀害甲，但担心伤害站在甲身旁的乙，遂转移位置，选择不易伤害到乙的角度向甲射击，结果由于枪法不准，还是将乙打成重伤，而甲则幸免于难。这里行为人的行为对甲而言是出于故意，对乙则是基于过失。②

2. 一个行为同时触犯数个罪名。该特征为想象竞合犯的本质特征。首先，一个行为所触犯的罪名必须是同时触犯。即一个行为的实施同时侵犯了刑法所保护的两个以上的社会关系，行为同时符合两个以上犯罪的构成条件，如果一

---

① 高铭暄主编：《刑法学》，法律出版社 1987 年版，第 277 页。

② 贾宇主编：《刑法原理与实务》，中国政法大学出版社 2017 年版，第 114-115 页。

个行为所触犯的数个罪名不是同时触犯，则该行为不能成立想象竞合犯。其次，一个行为所触犯的数个罪名必须是数个不同的罪名。在刑法理论上，触犯的数个罪名是否必须性质不同存在争议。虽然一个行为同时触犯数个相同的罪名并不与想象竞合犯的构成特征相违背，但行为人在相同的罪过支配下侵犯同一犯罪客体的，成立一个犯罪，已是犯罪论的公理。因此，当一个行为同时触犯数个相同的罪名时，不会在罪名的确定上产生疑问，而想象竞合犯所要解决的问题恰恰就是确定行为的罪名和刑罚的适用，如果将触犯数个相同罪名的行为作为想象竞合犯处理，则并没有刑法上的理论意义以及司法意义。故在想象竞合犯中，一个行为所触犯的罪名必须是不同性质的罪名，如果是触犯相同性质的数个罪名，则直接按一罪处理，在量刑时对触犯相同数罪的情形予以考虑。

（二）想象竞合犯是否存在犯罪未遂

由于想象竞合犯其主观罪过形式可以是出于故意，故想象竞合犯当然存在犯罪未遂和犯罪既遂形态。但在想象竞合犯中，行为所触犯的数个罪名未必都会达到犯罪既遂的状态。在司法实践中，想象竞合犯所触犯的数个罪名，有以下几种犯罪停止形态的出现：第一种情形是，重罪和其他犯罪均既遂；第二种情形是，重罪既遂，其他犯罪未遂；第三种情形是，重罪未遂，其他犯罪既遂。根据我国刑法理论界的主张，对于想象竞合犯不按数罪并罚处理，而是采取“从一重罪处断”原则给予处理。在上述第一、二种情形中，由于重罪均是犯罪既遂，故该两种想象竞合犯的犯罪停止形态均为犯罪既遂形态，应按重罪的既遂犯追究行为人的刑事责任。对于第三种情形而言，重罪未遂是否意味着该想象竞合犯也是未遂？不一定，这就要看对想象竞合犯“从一重罪处断”原则内涵如何理解。“从一重罪处断”的内涵可以有两种理解：其一，“从一重罪处断”就是按行为所触犯的数个罪名中处罚最重的罪名定罪处罚，即按刑法所规定的重罪定罪处罚；其二，“从一重罪处断”也可以解释为按行为所触犯的数个罪名中实际造成的危害后果的严重程度来确定罪名，并给予刑罚处罚，即按实际造成的危害大小来确定重罪，并按该重罪定罪处罚。上述对想象竞合犯处罚原则内涵的不同理解，将导致同一想象竞合犯处于不同的犯罪停止形态。如甲意图杀害乙，一天晚上将一枚炸弹扔进乙单门独户的房子内。当天晚上恰巧乙不在家，但炸弹爆炸后将乙的房子炸毁，造成乙巨额财产损失。在本案中，甲所实施的爆炸杀人行为同时触犯了故意杀人罪和故意毁坏财物罪两个罪名，属于想象竞合犯。按照第一种理解甲的行为应按故意杀人罪（未遂）定罪处罚，按第二种理解，如果故意毁坏财物罪（既遂）实际承担的刑事责任要大于故意杀人罪（未遂）的刑事责任，则甲的行为应按故意毁坏财物罪（既遂）定罪处罚。

笔者赞同第二种对想象竞合犯“从一重罪处断”含义的解释。在我国刑法中，明确规定了罪责刑相适应原则，该原则要求，一个人犯多大的罪，就应当承担多大的刑事责任，法院亦应判处行为人相应轻重的刑罚，做到重罪重罚、轻罪轻罚，罚当其罪、罪刑相称。[①] 在想象竞合犯所触犯的数个罪名中，刑法所规定的重罪实际产生的社会危害性未必比轻罪实际产生的社会危害性大。如果对想象竞合犯一律按刑法所规定的重罪处断，而不根据行为触犯的数罪实际造成的社会危害性来评价罪行的轻重，就有可能违背罪责刑相适应原则。上述案例中，如果按第一种解释，甲的行为应按故意杀人罪（未遂）定罪处罚。根据我国《刑法》第232条的规定，故意杀人的，处死刑、无期徒刑或者10年以上有期徒刑；情节较轻的，处3年以上10年以下有期徒刑。又根据我国《刑法》第23条的规定，对于未遂犯，可以比照既遂犯从轻或者减轻处罚。这样一来，甲的行为就可能在3年以上10年以下有期徒刑幅度内判处刑罚，如果给予减轻处罚，则甲实际判处的刑罚就会低于3年有期徒刑。如果按第二种解释，甲的行为有可能按故意毁坏财物罪处罚，因为故意毁坏数额巨大的财物，其实际承担的刑事责任有可能大于故意杀人罪（未遂）承担的刑事责任。我国《刑法》第275条规定，故意毁坏公私财物……数额巨大或者有其他特别严重情节的，处3年以上7年以下有期徒刑。故在该案件的实际审判中，甲故意毁坏财物的犯罪行为有可能最高判处7年有期徒刑。第一种解释，甲的行为按故意杀人罪（未遂）定罪处罚，甲最终就有可能只承担低于3年的有期徒刑。而第二种解释，甲的行为按故意毁坏财物罪定罪处罚，故意毁坏财物的行为承担的刑事责任实际应当大于故意杀人罪（未遂）的刑事责任，则故意毁坏财物罪就是数罪中的重罪，甲故意毁坏财物罪承担的刑事责任就要大于故意杀人罪（未遂）。因此，笔者认为，第二种解释更符合罪责刑相适应原则的要求。在该案中，甲的行为到底是按故意杀人罪（未遂）定罪处罚，还是按故意毁坏财物罪定罪处罚，这就要看法院认为哪种犯罪是重罪，哪种犯罪处罚重。如果法院按故意杀人罪（未遂）定罪处罚，则说明故意杀人罪（未遂）是重罪，在此情形下，该想象竞合犯属于犯罪未遂。如果法院按故意毁坏财物罪定罪处罚，则说明故意毁坏财物罪是重罪，在此情形下，该想象竞合犯属于犯罪既遂。

---

① 周光权著：《刑法总论》，中国人民大学出版社2016年版，第54页。

三、牵连犯

（一）牵连犯的概念和特征

我国刑法理论通说认为，所谓牵连犯，是指以实施某一犯罪为目的，而其犯罪的方法行为或者结果行为又触犯了其他罪名的犯罪。如甲伪造公文骗取某机关公款，该骗钱行为构成了诈骗罪，作为诈骗方法的伪造公文行为又构成了伪造国家机关公文罪；再如，乙盗窃枪支，构成盗窃枪支罪，作为盗窃结果的私藏枪支行为，又构成了私藏枪支罪。[①] 牵连犯的特征：

1. 行为人必须是出于一个犯罪目的。这是牵连犯的主观条件。犯罪目的，是指行为人通过实施危害社会的行为所希望达到的结果。犯罪目的只存在于一部分直接故意犯罪中，过失犯罪和间接故意犯罪不成立牵连犯。在牵连犯中，行为人只能出于一个犯罪目的，如果行为人出于不同的犯罪目的，而实施数个行为，则不能成立牵连犯。在一个犯罪目的支配下实施的牵连犯罪行为，其故意的内容可以不同。

2. 行为人必须实施了数个相对独立的犯罪行为。这是构成牵连犯的客观条件。行为人只有实施了数个行为才有可能构成牵连犯。牵连犯是数个相对独立的行为之间的牵连，且数个行为均分别具备了刑法分则某一具体犯罪的构成条件，能够单独成罪，如果行为人只实施了一个行为，则无法形成行为之间的牵连关系。如果行为人所实施的数个行为中，只有一个行为构成犯罪，则也不能构成牵连犯。在行为人所实施的数个行为中，直接体现行为人犯罪目的的行为是目的（原因）行为，为实现犯罪目的而实施的行为称为方法行为或手段行为；目的（原因）行为实施完毕后，为保障犯罪目的实现而实施的行为称为结果行为。

3. 数个犯罪行为必须触犯不同的罪名。这是牵连犯的法律特征，也是确定牵连犯的标志。牵连犯中的数个行为应具有异质性，即具有牵连关系的数个行为必须符合不同的犯罪构成要件、触犯不同罪名。在数个行为触犯的是同一罪名的情况下，不会存在目的行为与手段行为或者原因行为与结果行为，自然也无法成立牵连犯。如入户盗窃，从形式上看，盗窃是目的行为，而入户是方法行为，似乎成立牵连犯，但由于我国刑法已将入户盗窃作为盗窃罪的一种犯罪行为加以规定，并非两个不同的罪名，入户是入户盗窃成立犯罪的必备条件，不能将两个行为隔离开来，否则，两个行为都有可能不构成犯罪，不能成为两

---

① 贾宇主编：《刑法学》，中国政法大学出版社 2017 年版，第 165 页。

个相对独立的不同罪名，故入户盗窃不是牵连犯。

4. 数个行为之间必须具有牵连关系。这是牵连犯的本质特征。数个行为之间若要成立牵连关系，则其中一个行为需是犯某罪的常见方法行为，或者其中某一行为是犯某罪的当然结果行为，即行为人实施的数个行为间具有通常的方法（手段）与目的牵连或通常的原因与结果之间的牵连。在牵连犯中，数行为之间的牵连关系具体有两种形式：其一，方法行为与目的行为牵连。即行为人以实施某种犯罪为目的，其所采取的犯罪方法又牵连触犯了其他罪名。如前例甲伪造公文骗取某机关数额较大的公款即是。甲的目的是骗取某机关数额较大的公款，目的行为是诈骗罪，但甲在实施诈骗罪时，采取的方法是伪证公文，其方法行为是伪证国家机关公文罪。其二，原因行为与结果行为牵连。即行为人实施某种犯罪行为，其犯罪的结果又牵连触犯其他罪名。如乙在火车上盗窃了一名现役军人的小皮箱后下火车逃离，发现小皮箱内有军用手枪一支，手枪子弹 10 发，遂将手枪和子弹加以隐藏。在该案中，原因行为是盗窃罪，其结果行为则触犯了私藏枪支、弹药罪。

（二）牵连犯未遂的认定

根据刑法理论，牵连犯除刑法另有规定的以外，均按处断的一罪论处，而牵连犯又只能由故意构成，故牵连犯也存在犯罪既遂与未遂问题。由于牵连犯不同于单纯的一罪，因此，其犯罪的未遂与既遂的认定与单纯一罪的未遂与既遂的认定存在区别，有必要加以研究。

在牵连犯中，其数个行为触犯的不同罪名所呈现的犯罪停止形态有以下情形：第一种情形，方法行为与目的行为均既遂；第二种情形，方法行为既遂而目的行为未遂；第三种情形，原因行为与结果行为均既遂；第四种情形，原因行为既遂而结果行为未遂。在上述四种情形中，第一种、第三种情形的牵连犯均属于既遂犯应该不会有人质疑，但第二种、第四种情形的牵连犯是否均为既遂犯却不一定。

先看第二种情形，方法行为既遂而目的行为未遂。在刑法理论上，对牵连犯的处罚存在不同的观点，通说主张“从一重罪处罚”，即按照数罪中最重的罪所规定的法定刑范围内酌情确定应当执行的刑罚。另有观点主张，对牵连犯应当“从一重罪从重处罚”。笔者赞同该观点，因为牵连犯实质上是数罪，只不过在处断上按一罪论处，牵连犯实施了数个犯罪行为，比单纯的一罪的社会危害性大，如果仅按其中最重的罪定罪处罚，就意味着对其他的犯罪没有给予刑罚处罚，存在轻纵犯罪之嫌，只有对牵连犯“从一重罪从重处罚”，才能真正体现罪责刑相适应的刑法基本原则要求。根据牵连犯的处罚原则，在牵连犯方法行为既遂而目的行为未遂的情况下，牵连犯到底属于既遂还是未遂，就应当看哪个行为构成重罪，承担的刑事责任重。而判断罪轻罪重，依然应是根据行为所造成的实际危害性的大小，而非刑法所规定的犯罪法定刑的轻重作为判断标准。如果方法行为构成的犯罪处罚重于目的行为构成的犯罪，则牵连犯就应当以方法行为构成的犯罪定罪从重处罚，牵连犯成立犯罪既遂，如果目的行为构成的犯罪处罚重于方法行为，则牵连犯就应当以目的行为构成的犯罪从重处罚，在此情形下，牵连犯成立犯罪未遂。

再看上述第四种情形，原因行为既遂而结果行为未遂。在该种情形下，牵连犯到底是犯罪既遂还是犯罪未遂，同样应看哪个行为构成重罪，承担的刑事责任重。如果原因行为构成的犯罪处罚重于结果行为构成的犯罪，则牵连犯就应当以原因行为构成的犯罪定罪从重处罚，此时，牵连犯成立犯罪既遂，如果结果行为构成的犯罪处罚重于原因行为，则牵连犯就应当以结果行为构成的犯罪从重处罚，在此种情形下，牵连犯成立犯罪未遂。

第四编

犯罪中止论

第十章 犯罪中止概论

第一节 犯罪中止概述

一、犯罪中止的概念

在刑事立法上，最早出现“中止”一词的是1810年的《法国刑法典》，该刑法典第2条规定：“凡未遂之重罪，已表明于外部行为并继之着手实施，仅因偶然或非出于犯人本意之情况，而中止或未生结果者，以重罪论。”① 但这里的“中止”并非现代意义上的犯罪中止，而是“仅因偶然或非出于犯人本意”停止了犯罪行为，实属犯罪未遂。现代大陆法系国家通常没有将犯罪中止作为一种独立的犯罪停止形态，而是将其视为犯罪未遂的一种表现形式。如1999年1月1日生效的《德国刑法典》，将中止未遂与障碍未遂共同规定在未遂犯一章中，并给予了中止犯更为宽大的处理。在英美法系国家中的美国，刑法上并没有犯罪中止这个术语，但在有些州的刑法典上规定的放弃犯罪其实就是犯罪中止的意思。放弃犯罪应当是自愿的、彻底的。有些州把放弃犯罪放在犯罪未遂条款之后，规定应当减轻其刑罚。有些州把放弃犯罪放在免罪辩护章节里作为一种免罪辩护的理由，如《纽约州刑法典》。②

在大陆法系国家，无论各国刑法是否将中止犯归入未遂犯，但刑法理论均认为，中止未遂与障碍未遂是有严格区分的，并且各国刑法关于中止犯减免刑

---

① 徐逸仁著：《故意犯罪阶段形态理论》，复旦大学出版社1992年版，第154页。

② 储槐植、江溯著：《美国刑法》，北京大学出版社2012年版，第107页。

罚的规定基本上是一致的。[①] 此外，大陆刑法学者达成的共识是，中止未遂只能发生在犯罪既遂之前，“犯罪一经既遂，即使行为人意图挽回犯罪后果，也不能成立放弃犯罪的问题，而只成立积极的悔罪。……积极的悔罪不能抹去行为的犯罪性质，但是，法官可以……对悔罪人给予减轻的处罚”。[②]

在我国刑法中，犯罪中止是一种独立的犯罪停止形态。我国《刑法》第24条规定：“在犯罪过程中，自动放弃犯罪或者自动有效地防止犯罪结果发生的，是犯罪中止。”从我国刑法对犯罪中止的界定，我们可以清楚地看到，犯罪中止是行为人出于自己的真实意愿而自动放弃犯罪或者自动有效地防止犯罪结果发生的一种犯罪停止形态，而犯罪未遂则是由于行为人意志以外的原因而被迫放弃或停止犯罪的一种犯罪停止形态，两种犯罪停止形态的本质区别在于行为人是否自动放弃犯罪或者自动有效地防止犯罪结果发生，故我国刑法将犯罪中止作为一种独立的犯罪停止形态是非常科学的。

二、犯罪中止的特征

当前我国刑法学界关于犯罪中止特征的表述主要观点有三种：两特征说、三特征说、四特征说。两特征说认为行为具备两点即可成立犯罪中止，两特征说又具有不同的主张。第一种观点认为：犯罪中止一是必须在犯罪过程中；二是出于本人的意志自动中止。第二种观点则认为：具备彻底的中止犯罪和有效的中止犯罪这两个方面的特征，行为就可以认为成立犯罪中止。第三种观点认为：具备行为发生在犯罪过程中并且存在防止犯罪结果发生的实际效果，符合这两个方面也成立犯罪中止。[③] 三特征说又有两种观点，一种观点认为，犯罪中止的特征包括时空性、自动性、有效性；另一种观点认为犯罪中止的特征包括时空性、自动性、彻底性。四特征说认为，犯罪中止的成立应符合时空性、自动性、彻底性与有效性四个特征。笔者赞同四特征说。根据我国《刑法》第24条的规定，犯罪中止有两种类型，即自动放弃犯罪的犯罪中止和自动有效防止犯罪结果发生的犯罪中止，且两种类型的犯罪中止其特征也有所不同。

（一）自动放弃犯罪的犯罪中止的特征

自动放弃犯罪的犯罪中止，是指在犯罪过程中，只要行为人自动放弃犯罪就能成立的犯罪中止。该类犯罪中止的特征包括：

---

① 李春雷、张鸿巍主编：《外国刑法学概论》，北京大学出版社2011年版，第162页。

② ［法］卡斯东·斯特法尼等著：《法国刑法总论精义》，罗结珍译，中国政法大学出版社1998年版，第245页。

③ 梁剑主编：《犯罪中止比较研究》，中国方正出版社2002年版，第251页。

1. 时空性。自动放弃犯罪的犯罪中止，其时空性特征，即强调该犯罪中止在一个故意犯罪中存在的时间段。根据我国《刑法》第 24 条的规定，该犯罪中止只能发生于犯罪过程中，该犯罪过程通常认为包括从行为人着手犯罪预备行为到犯罪实施行为而犯罪没有完成之前的整个犯罪过程，即该类犯罪中止既可以发生在犯罪预备阶段，也可以发生在着手犯罪实行行为后，犯罪完成前的整个犯罪实施阶段。正因为犯罪中止能够发生在犯罪完成之前的整个犯罪过程，故刑法学界认为该类犯罪中止根据发生的不同阶段，可以将其分为犯罪预备阶段的犯罪中止和犯罪实行阶段的犯罪中止。

所谓犯罪预备阶段的犯罪中止，是指行为人在开始实施犯罪预备行为，即开始准备工具、制造犯罪条件的行为后，着手实施犯罪实行行为以前，自动停止尚未完成的预备行为或已经完成的犯罪预备行为而成立的犯罪中止。在犯罪预备阶段，由于行为人还没有着手实施犯罪，故犯罪预备行为还没有造成实际的危害结果，故只要行为人自动停止犯罪预备行为就能成立犯罪预备阶段的犯罪中止。在犯罪预备阶段的任意时空点上，均能成立犯罪预备阶段的犯罪中止。在行为人开始实施犯罪预备行为，但还没有完成犯罪预备行为之前，只要行为人放弃犯罪就能成立该犯罪中止。例如，甲意图杀害乙，从商场购买了杀人的刀子，在前往杀害乙的途中，突然良心发现，打消杀害乙的念头，从而放弃了杀害乙的行为，甲的行为就属于犯罪预备阶段的犯罪中止。即使行为人已经完成全部的犯罪预备行为，但只要其在着手实施犯罪的实行行为前自动放弃犯罪，同样成立犯罪预备阶段的犯罪中止。如行为人丙携带自制好的爆炸装置进入某商场准备实施爆炸，因担心商场人太多，爆炸造成的危害太大，于心不忍，最后偷偷带着已经安装好的爆炸装置逃离而放弃犯罪的行为，同样属于犯罪预备阶段的犯罪中止。

所谓犯罪实行阶段的犯罪中止，是指行为人着手实施犯罪实行行为时或正在犯罪行为实施过程中，自动停止犯罪，没有完成犯罪的情形。但需要注意的是，成立该种犯罪中止，必须是行为人的行为还没有造成危害社会的结果，否则不能成立该犯罪中止。例如，甲与乙有仇，欲枪杀乙，但当甲举枪瞄准乙准备开枪的一瞬间，因悔悟而停止了杀乙的行为，该情形即为犯罪实行阶段的犯罪中止，因为行为人的着手行为还没有造成实际的危害结果，故只需行为人自动放弃犯罪即可成立该犯罪中止。再如，在强奸案件中，行为人通过使用暴力手段，已经使被害妇女失去反抗能力，但由于被害妇女的哀求，行为人最终放弃了奸淫行为，该情形即为犯罪实行阶段的犯罪中止。成立该种犯罪中止，只需行为人自动放弃正在实施的犯罪行为即可，无须采取有效措施来防止犯罪结果的发生。

2. 自动性。自动性，是指行为人必须是自动放弃并停止犯罪。犯罪中止的自动性是区分犯罪未遂与犯罪中止的关键性特征。怎样把握“中止的自动性”，国外刑法理论上存在不同观点：观点一，主观说。主观说认为，行为人放弃犯罪的动机是基于对外部障碍的认识时，就是未遂，此外的场合便是自动中止。其判断基准是弗兰克公式：能达目的而不欲时，为犯罪中止；欲达目的而不能时，为犯罪未遂。观点二，限定主观说。该说认为，只有基于悔悟、同情等对自己的行为持否定评价的规范意识、感情或者动机时而放弃犯罪的，才是自动中止，此外的都是未遂。观点三，客观说。该说主张，对没有既遂的原因（引起行为人放弃犯罪或防止结果发生的现象）应根据社会的一般观念进行客观评价，如果当时的情况不会对一般人产生强制性影响，一般人处于该情况下不会放弃犯罪，而行为人放弃的，便是犯罪中止；如果当时的情况能对一般人产生强制性影响，即一般人在当时的情况下也会放弃犯罪时，行为人放弃的，便是犯罪未遂。观点四，折中说。该说主张，通过客观地判断行为人是否认识以及如何认识外界现象，来看外界现象是否对行为人的意识产生强制性影响，进而区分未遂与中止。①

在我国刑法理论界，关于犯罪中止之“自动性”的含义也存在不同的理解。观点一，主张行为人存在否定自己行为价值的规范意识而中止时，才能成立中止犯。行为人必须基于规范意识觉醒或广义的后悔等内容的、主观上的动机而停止犯罪的有成立犯罪中止的余地。② 此说主张中止犯的自动性必须包含伦理道德要求，实际上是国外限定主观说观点在国内的表述。观点二，主张在外部事实障碍和行为人的中止行为同时存在的场合，就要以行为人本人的情况为基础，以一般人的立场为标准，判断该种程度的事实障碍是否会导致行为人放弃犯罪。如果得出肯定结论的话，就是犯罪未遂；如果得出否定结论的话，就是犯罪中止。③ 此观点系国外客观说观点在国内的表述。此说以社会一般人认识为标准，只有行为人的认识异于社会一般人的认识，并停止犯罪行为时才认可行为人具备犯罪中止自动性。观点三，主张所谓中止犯的自动性，是指行为人在确信能够将犯罪进行到底的情况下，基于本人的意志决定而停止犯罪行为，或者主动防止危害结果的发生。④ 此观点系国外主观说观点在国内的表述。

---

① 张明楷著：《未遂犯论》，法律出版社 1997 年版，第 356-377 页。

② 王昭武：《论中止犯的性质及其对成立要件的制约》，载《清华法学》2013 年第 5 期。

③ 黎宏主编：《刑法学》，法律出版社 2012 年版，第 254 页。

④ 马克昌主编：《犯罪通论》，武汉大学出版社 2001 年版，第 467 页。

目前，该观点为我国通说观点。根据通说观点，行为人是否具备中止自动性，应该从行为人自身的视角来考察，只要行为人确信能完成犯罪，而行为人不愿完成即可表明行为具备中止自动性。

在上述观点中，限定主观说主张自动性包含道德规范要求，如果不是基于道德规范的要求停止犯罪，行为就不具备犯罪中止的自动性。其带来的后果：首先，不恰当地压缩了我国刑法规定的犯罪中止成立范围，扩张了犯罪未遂形态存在的范围。对行为人自动中止犯罪的动机不能只限于悔悟、同情等基于道德规范的要求，还应当包括主客观方面不利因素的影响。行为人真诚悔悟、同情等因素固然是其可能中止犯罪的原因，但实际上行为人中止犯罪的原因除道德规范的要求外，还存在许多其他原因能使行为人中止犯罪，这些原因包括：他人的规劝、教育或斥责；慑于刑法的威严而担心受到刑罚处罚；家人、朋友的规劝等，如果将这些中止犯罪的因素加以排除，则犯罪中止的空间将会被大大压缩，不利于鼓励行为人自动放弃犯罪。其次，限定主观说混淆了法律规范与道德规范的界限。虽然法律和道德同属于社会范畴，是调整社会关系和人们行为的重要手段，但法律具有明确的行为指向，它是由国家制定或认可的，具有形式上的建构性，以权利和义务为内容，有明确的法律后果。而道德的行为指向相对比较模糊、抽象，它是人们在社会生产和生活过程中逐步形成的关于善恶、正义非正义的观念和依此评价指导人们行为的规范。法律在制定和执行中必须体现正义，而道德则可以成为批判法律的标准，但在法律的制定中不能附加道德的要求，否则，道德将凌驾于法律之上。道德规范只能对人的行为对错作出评判，只有刑事法律规范才能对行为的性质，即行为是否构成犯罪作出评判。故在犯罪中止自动性的认定上，不应附加道德的要求，如果对犯罪中止自动性的认定在刑法规定之外以伦理道德规范施加限制，这不仅对罪刑法定原则造成破坏性冲击，同时也降低了刑法对人的行为指导价值。除非伦理道德的正义性要求内化为法的规定时，才能直接适用于罪刑关系的调整。

客观说以社会人一般认识作为自动性认定标准，也是存在问题的。首先，社会上每一个人的智力和认知能力是不同的，如何在不同的社会个体上得出社会一般认识能力是很难做到且不具有实际可操作性的。因此，社会一般人的认识评判标准是什么是不明确的。其次，行为时的情况是否会对行为人产生强制性影响，即使同一性质的情况，对于同一个人而言，在不同的时空场合也是不同的。如在白天实施犯罪还是在晚上实施犯罪，是在人多的地方实施犯罪还是在人少的地方实施犯罪，是一人实施犯罪还是多人实施犯罪，同一性质的情况，对同一行为人产生强制性影响的程度也会是不同的。因此，以社会人一般认识作为自动性认定标准，就是以社会大众标准代替行为人的个体标准，实际上就否定了犯罪中止所赋予行为人自动放弃犯罪的主观能动作用。

故在上述观点中，笔者赞同主观说的观点。在犯罪过程中，行为人在具备犯罪行为持续实施的条件并能够完成犯罪时，行为人自愿放弃原有犯罪意图，并停止正在实施的犯罪，这就说明，行为人在确信其能够完成犯罪的情形下，有意阻止犯罪结果的发生。行为人放弃犯罪行为是否具有自动性，只需要考察行为人的主观动向，有真诚的放弃意思便可：客观上不存在障碍，行为人认为有而放弃的不能视为真诚，便不算中止：即便客观上存在障碍因素，但行为人不认为它能阻止其实现犯罪意图而放弃的，属于犯罪中止。行为人为什么要自动停止犯罪，其原因并不需要做过多的分析和要求。

3. 彻底性。所谓彻底性，是指行为人彻底放弃正在实施的犯罪。从主观上来讲，犯罪人已经有了彻底放弃正在实施的犯罪的主观意志，从客观上来讲，行为人彻底放弃了自己认为依然可以继续进行下去的犯罪行为，在放弃犯罪行为这一个节点上达到了主客观方面的高度统一。在理解犯罪中止彻底性特征时，有两点需引起注意：第一点，彻底性是指行为人彻底放弃正在实施的犯罪，而不是指行为人从此开始彻底放弃所有犯罪，从此不再实施任何犯罪。作为社会的每一个个体的人，不是处于与他人绝缘的真空之中，而是处于复杂的社会中，由于各种利益的交织和利害冲突，难免作出错误的判断，产生错误的冲动。因此，作为一个社会人，谁也无法保证一辈子不会犯罪。因此，犯罪中止的彻底性，是指行为人彻底放弃正在实施的犯罪，而不是从此不再实施任何犯罪。第二点，彻底性是指行为人彻底放弃正在实施的犯罪，而不是暂时中断正在实施的犯罪。暂时中断犯罪是犯罪分子出于时机不良、准备不足等方面的考虑，决定暂时停止犯罪，待条件、时机成熟了再继续实施该行为。如行为人甲于某日深夜遇见相互认识的女青年乙，闲聊过程中，甲提出与乙发生性关系，乙不同意，甲恼怒之下将乙推翻在地，意图使用暴力对乙实施强奸。乙拼命反抗并呼救，但无济于事。在此危急情况下，乙对甲说：“今天晚上无论如何都不行，我来例假了，过几天我答应你的要求。”甲听乙这么一说，同时担心乙的呼救引来周边的人，遂停止了对乙实施的强奸行为，并对乙说：“5 天后你必须到某某地方来，我在那等你，到时候你不来，你就等着看家伙。”等甲离开现场后，乙到公安机关报案，当晚，甲被抓获。在本案中，甲所实施的强奸行为遇到了乙的反抗，当乙答应过几天满足甲的要求时，甲停止了强奸乙的行为，但并没有彻底放弃对乙所要实施的强奸行为，只是暂时中断了强奸犯罪，以便时机更好时再实施对乙的强奸行为，但最终由于乙的报案，甲被抓获，致使甲强奸乙的犯罪行为未得逞。故甲的行为不属于犯罪中止，而是犯罪未遂。

（二）自动有效防止犯罪结果发生的犯罪中止的特征

自动有效防止犯罪结果发生的犯罪中止，是指在犯罪过程中，行为人自动放弃犯罪，并有效防止犯罪结果发生，因而成立的犯罪中止。该类犯罪中止的特征包括时空性、自动性、彻底性和有效性四个特征。其中自动性、彻底性特征与自动放弃犯罪的犯罪中止的自动性、彻底性特征是完全相同的，故在此不再赘述。而自动有效防止犯罪结果发生的犯罪中止的时空性特征与自动放弃犯罪的犯罪中止的时空性特征存在差异，有效性特征是自动有效防止犯罪结果发生的犯罪中止特有的特征。下面只对自动有效防止犯罪结果发生的犯罪中止的时空性、有效性特征加以论述。

1. 时空性。在时空性特征上，自动放弃犯罪的犯罪中止的犯罪过程包括犯罪预备阶段以及犯罪实施阶段，而自动有效防止犯罪结果发生的犯罪中止的犯罪过程只包括犯罪实施阶段，在犯罪预备阶段不能成立自动有效防止犯罪结果发生的犯罪中止。因为在犯罪预备阶段，不可能产生实际的危害结果，只要行为人自动放弃犯罪预备行为，无须采取其他预防措施，就可以成立自动放弃犯罪的犯罪中止。自动放弃犯罪的犯罪中止尽管也可以发生在犯罪的实施阶段，但必须是在行为造成现实危害结果以前自动放弃犯罪，且放弃犯罪前的行为不会继续导致危害结果出现，只有这样，该类犯罪中止才能成立，如果行为人自动放弃了犯罪行为，但在放弃犯罪前的行为的作用力下依然出现了危害结果，则行为人自动放弃犯罪的行为不能成立犯罪中止，而只能成立犯罪未遂或既遂。如甲故意杀乙，用刀向乙刺去，但被乙躲过。此时，如果甲自动放弃杀乙的行为，则甲的行为成立自动放弃犯罪的犯罪中止。但如果行为人甲一刀已将乙刺成轻伤或重伤后，此时，甲仅仅自动放弃杀乙的行为不能成立犯罪中止，因为其故意杀人行为已经造成了他人的伤害，故只有甲自动放弃杀乙行为，同时采取积极措施，对乙进行抢救治疗，并最终避免了乙死亡结果的发生时，甲的行为才能成立犯罪中止。但在此情形下成立的犯罪中止已不是自动放弃犯罪的犯罪中止，而是成立自动有效防止犯罪结果发生的犯罪中止。如果甲仅仅是自动停止犯罪而离开，则甲的行为就不能成立故意杀人罪犯罪中止，而只能成立故意杀人罪未遂，如果导致乙死亡，则甲的行为构成故意杀人罪既遂。自动有效防止犯罪结果发生的犯罪中止尽管也是发生在犯罪实施阶段，但其成立的前提是行为人的行为已经造成了一定的危害结果，或者犯罪行为实行终了，有出现危害结果的现实可能性，而且在法定的危害结果实际出现前。只有在这样的情形下，才可能成立自动有效防止犯罪结果发生的犯罪中止。如前例甲故意杀乙的行为已导致乙轻伤或者重伤，在乙死亡之前，甲自动放弃杀乙的行为，并将乙急送医院抢救，经抢救，乙脱离生命危险。在此种情形下，甲的行为才能成立自动有效防止犯罪结果发生的故意杀人罪犯罪中止。

2. 有效性。所谓有效性，是指行为人采取有效措施，防止了自己所实施的犯罪行为可能导致的法定危害结果的发生。行为人虽然采取了防止法定犯罪结果发生的积极措施，但最终未能阻止法定犯罪结果发生的，则不能认定为犯罪中止。如甲投毒杀乙，将老鼠药偷偷放入乙吃的饭菜里，乙吃了甲投放有老鼠药的饭菜后中毒，后甲良心发现，急将乙送医院抢救，但抢救无效，乙死亡。由于甲采取的措施缺乏有效性，最终还是出现了乙死亡的结果，故甲的行为不能成立犯罪中止，只能构成故意杀人罪既遂。此外，如果法定犯罪结果没有发生是由于与行为人所采取的措施无关的其他原因导致的，行为同样不能认定为犯罪中止。

需要注意的是，中止行为实施后，由于其他原因导致危害结果发生的，如果结果不能归属于行为人最初的实行行为的，在此种情况下，即使出现了该种犯罪的法定结果，行为人也可以成立犯罪中止。例如，甲基于杀人的故意而砍杀乙，致乙重伤，甲见乙非常痛苦，就送乙到医院抢救。此后，由于医生的重大过失，乙死亡。在本案中，甲为中止犯罪付出了应有的努力，乙的死亡是由于医生的过失，甲并不能阻止医生的过失，他人的行为导致的结果与甲的实行行为无关，甲可以成立犯罪中止。① 但在本案中，如果甲致乙重伤，当甲将乙送到医院后，即使医生全力抢救，但依现有的医疗技术条件仍然无法挽救乙的生命，此时，即使存在医生的过失，乙最终死亡，甲的行为不能认定为犯罪中止，而应认定为故意杀人罪既遂，因为甲所采取的措施未有效防止法定犯罪结果的发生，行为缺乏自动有效防止犯罪结果发生的犯罪中止的有效性特征。

此外，在犯罪中止有效性的判断问题上，是看采取行为的有效性还是看避免危害结果发生的有效性，可能存在不同的看法。如甲以投毒的方式杀乙，将足量致人死亡的农药偷偷投放到乙喝的水中，乙饮水后即刻发生反应，极为痛苦，甲心生怜悯，立刻开车将乙送到最近的医院抢救，然而由于甲的车速过快，中途发生车祸，甲乙均昏迷不醒，致使乙延误了治疗时机，乙最终死亡。事后调查认为，如果中途不发生车祸，甲及时将乙送到了医院抢救，就不会发生乙死亡的结果。在本案中，如果以采取行为的有效性来判断犯罪中止的有效

---

① 周光权著：《刑法总论》，中国人民大学出版社 2016 年版，第 309 页。

性特征，则甲采取的措施具有犯罪中止有效性的特征，因为如果中途不发生车祸，就不会使乙延误了治疗时机，甲采取的行为就能有效避免乙死亡结果的发生，故甲的行为成立犯罪中止。如果以避免危害结果发生的有效性来判断犯罪中止的有效性特征，则甲采取的措施没有有效防止犯罪结果的发生，乙最终死亡，在此情形下，甲的行为成立犯罪既遂。笔者认为，犯罪中止有效性特征，应当是避免危害结果发生的有效性，因为我国《刑法》第24条规定："在犯罪过程中，自动放弃犯罪或者自动有效地防止犯罪结果发生的，是犯罪中止。"其中"自动有效地防止犯罪结果发生"才能成立自动有效防止犯罪结果发生的犯罪中止，故上述案例中，甲的行为不能成立犯罪中止，而是构成犯罪既遂。

第二节 犯罪中止的种类

犯罪中止的种类形态依据不同的标准，从不同的角度，可划分为多种类型。对犯罪中止进行正确的合理的分类和研究，有利于更好地认识犯罪中止，明确把握犯罪中止的特征，正确的认定犯罪中止，解决犯罪中止认定过程中遇到的难题，从而在司法实践中更好地对犯罪中止进行量刑。根据我国刑法的规定，我国刑法理论界根据不同的划分标准，将犯罪中止进行了不同的分类。

一、预备中止与实行中止

根据犯罪中止发生的不同阶段，可将犯罪中止分为预备中止和实行中止。

（一）预备中止

所谓预备中止，是指发生在犯罪预备阶段的犯罪中止，即行为人开始实施犯罪预备行为后，着手实施犯罪实行行为前，自动放弃犯罪预备行为而成立的犯罪中止。作为预备中止，只要行为人自动放弃犯罪预备行为即可成立。因为行为人在犯罪预备阶段所实施的犯罪预备行为，还不可能对刑法所保护的社会关系造成实际的危害后果，只要行为人自动停止正在实施的犯罪预备行为，实际的危害后果就不会产生，从而无须行为人采取有效措施防止危害结果发生。例如，甲因私仇意图杀害乙，在前往杀害乙的途中，幡然醒悟，最终放弃了杀害乙的念头，返回自己家里，甲的行为即属于预备中止。

（二）实行中止

所谓实行中止，是指发生在着手犯罪实行行为阶段的犯罪中止，即行为人着手实施犯罪实行行为后，自动放弃犯罪，或者自动有效防止法定犯罪结果发生而成立的犯罪中止。实行中止在刑法理论上又可分为未实行终了的中止和实行终了的中止。

未实行终了的中止，是指在行为人着手实施犯罪实行行为后，实行行为实施完毕前，行为人自动放弃犯罪或自动有效防止法定危害结果发生而成立的犯罪中止。如丙在杀丁的过程中，由于丁的哀求，丙心生怜悯而放弃杀丁的行为，或者丙将丁杀伤后，看到丁痛苦的表情，于是自动放弃杀丁的行为，并将受伤的丁送医院抢救，使丁脱离生命危险。在这两种情形下，丙所实施的故意杀人的犯罪行为均没有实行完毕，并且都是在丙能够继续实施故意杀人的犯罪行为，直至完成犯罪的情况下中途自动放弃犯罪，故丙的行为属于未实行终了的中止。

实行终了的中止，是指行为人所实施的犯罪实行行为全部已经实施完毕，但在法定危害结果出现前，行为人采取有效措施，防止了法定危害结果出现因而成立的犯罪中止。如果行为人将某种犯罪的实行行为全部已经实行完毕而完成了整个犯罪，但没有造成危害结果，即使行为人事后采取补救措施，由于行为人自动放弃犯罪的时空性特征已经不再具备，故在此种情形下，行为人的行为不能成立犯罪中止，而只能成立犯罪未遂。如周某、李某共同抢夺陈某的包裹后，发现包裹里没有值钱的东西，于是周某、李某将包裹返还给陈某。在本案中，当周某、李某将陈某的包裹抢走后，其抢夺行为全部实施完毕，返还包裹的行为是行为人事后采取的补救措施，不属于自动放弃犯罪的行为，故周某、李某的行为不能成立犯罪中止，而是犯罪未遂。只有当犯罪的实行行为全部实施完毕，法定的危害结果可能出现而未出现时，行为人采取有效的措施，防止了危害结果出现的，才能成立实行终了的中止。如高某投毒意图杀害于某，一天趁于某不备，将老鼠药偷偷放入于某吃的饭菜中。后于某吃了投入老鼠药的饭菜后中毒，表情痛苦。高某见此情景，于心不忍，遂将于某急送医院抢救，最终于某脱离生命危险。在本案中，当高某将老鼠药放入于某的饭菜中后，其投毒杀人的犯罪行为就已经全部实施完毕，但犯罪结果还没有出现，在于某中毒死亡的法定危害结果出现前，高某采取有效措施，急送于某到医院抢救，于某没有死亡，高某的行为即属于实行终了的中止。

二、消极中止与积极中止

依据成立犯罪中止所采取行为的要求程度不同来划分，可将犯罪中止分为消极中止和积极中止。对消极中止与积极中止的理解，在刑法理论研究上，不同的刑法理论研究者持不同的见解。有学者认为，消极中止是行为人在犯罪未实行终了时，自动放弃犯罪；积极中止是指行为人在犯罪实行终了时，有效防止犯罪结果发生。[①] 另有学者认为，在犯罪预备阶段和犯罪未实行完毕的多数情形下，行为人不作为停止犯罪行为即可成立消极中止；在犯罪未实行完毕前的少数情形下和犯罪行为实行完毕时，行为人主动停止犯罪行为，并采取措施阻止构成犯罪既遂的结果的发生，成立积极中止。[②] 消极中止指行为人停止犯罪行为的继续进行就可以成立犯罪中止，而积极的中止指行为人在停止犯罪行为之后还应采取积极而真挚的行动去防止犯罪结果发生才能成立犯罪中止。[③]

（一）消极中止

所谓消极中止，是指在犯罪预备阶段以及犯罪实行行为终了前，只要行为人自动放弃犯罪即可成立的犯罪中止。消极中止存在两种表现形式：其一，预备阶段的犯罪中止。预备阶段的犯罪中止均属于消极中止。在犯罪预备阶段，行为人只是为实施犯罪准备犯罪工具，为犯罪制造便利条件，还没有着手实施具体犯罪的实行行为，还不可能对刑法所保护的社会关系造成实际的危害，因此，只要行为人自动放弃正在实施的预备行为，无须行为人积极采取其他防范措施，即可成立消极中止。如甲在前往杀乙的途中因悔悟而自动放弃杀乙的行为即成立消极中止。因为在此种情况下，甲的行为还没有对乙造成实际的危害，此时，只要甲自动放弃杀乙的行为，无须积极采取其他防范措施，乙就不会受到任何伤害，消极中止成立。其二，犯罪实施阶段的消极中止。成立犯罪实施阶段的消极中止，必须同时具备两个条件：第一个条件，该消极中止只能是行为人已经着手实施犯罪实行行为，且实行行为终了前才能成立。如果犯罪的实行行为已经实行终了，则其行为只能是犯罪未遂或犯罪既遂。第二个条件，行为还没有造成任何危害结果。这里的危害结果包括法定的危害结果和其他危害结果，如果行为已经造成了危害结果，即使行为人自动放弃犯罪，也不能成立消极中止，而只能成立犯罪未遂或犯罪既遂。如丙故意杀丁，致丁重

---

① 陈兴良著：《刑法适用总论（上卷）》，法律出版社 1999 年版，第 449 页。

② 高铭暄著：《刑法学原理（第二卷）》，中国人民大学出版 1993 年版，第 340 页。

③ 高铭暄、马克昌主编：《刑法学》，北京大学出版社、高等教育出版社 2007 年版，第 175-176 页。

伤，丙目睹丁的惨状后不忍再下手，于是放弃杀丁而逃离。在本案中，丙的行为不能成立消极中止。如果丙逃离后，受重伤的丁被他人发现而被送到医院抢救，最后脱离生命危险，则丙的行为构成故意杀人罪的未遂；如果丙逃离后，受重伤的丁最终由于没有得到及时救治，失血过多而死亡，则丙的行为构成故意杀人罪的既遂。

（二）积极中止

所谓积极中止，是指行为人在着手实施犯罪实行行为后，不仅要求其自动放弃犯罪，而且要求其必须采取积极的措施去有效阻止法定危害结果发生才能成立的犯罪中止。积极中止有两种表现形式：其一，行为人已经着手实施犯罪实行行为，实行行为还没有实施完毕，但已经造成了非法定的犯罪结果，行为人自动放弃犯罪并采取积极有效措施，防止法定犯罪结果发生而成立的犯罪中止。如胡某因私仇用刀子杀张某，致张某重伤后心生怜悯，自动停止杀害张某的行为，并立即送张某到医院抢救，经抢救，张某获救。本案中，胡某所实施的故意杀人行为没有全部实施完毕，但已经造成了张某受重伤的结果。由于胡某在张某死亡结果（故意杀人罪既遂的法定结果）出现前，采取了积极有效的措施，及时送张某到医院抢救，避免了张某死亡结果的发生，胡某的行为成立积极中止。其二，犯罪实行行为已经实施终了，法定危害结果还需要一定的时间才能出现，在法定危害结果出现前，行为人采取积极措施，有效防止了法定危害结果出现而成立的犯罪中止。如戴某为报复社会，一天晚上趁无人之机，将一块大石头压放在铁轨上，刚一离开即产生悔意，于是，在火车驶来之前又将压在铁轨上的石头搬走，避免了火车的倾覆、毁坏。本案中，当戴某将大石头压放在铁轨上后，其破坏交通设施的犯罪行为就已经全部实施完毕，但法定危害结果（火车倾覆、毁坏）的出现还需要一定的时间，在火车经过撞上石头前，戴某又将石头搬走，从而有效防止了火车倾覆、毁坏危害结果的发生，戴某的行为成立积极中止。有效性特征是积极中止的本质特征，如果行为人所采取的措施最终没有有效地避免法定危害结果的发生，则其行为只能构成犯罪既遂。

第三节 中止犯的处罚原则

所谓中止犯，是指实施犯罪中止行为的罪犯。对于中止犯的处罚，世界各国刑法均采取从宽处罚原则，其中有的采取必减免制，如日本、意大利等国；有的采用得减免制，如瑞士、波兰等国。之所以如此，是因为从主观上看，犯罪分子系主动放弃犯罪或有效防止犯罪结果发生，与不自动放弃犯罪者相比，其主观恶性显然要小；从客观上看，犯罪结果未发生，与犯罪既遂相比，对社会的客观危害性也要小。① 我国《刑法》第 24 条第 2 款规定："对于中止犯，没有造成损害的，应当免除处罚；造成损害的，应当减轻处罚。"由此可见，我国刑法对中止犯的处罚采用折中制。据此规定，是否造成损害，是对中止犯予以免除处罚还是减轻处罚的依据。

一、损害的含义

对于如何理解这里的损害，理论上存在争论。有观点认为，这里造成的损害，仅指有形的物质性损害，不包括无形的、非物质性损害；② 也有学者主张，将没有造成的损害解释为没有造成任何损害；③ 还有的观点主张，没有造成损害包括损害结果不大的，造成损害是指已经造成损害结果或者损害结果较大的情形；④ 张明楷教授主张，这里的损害不限于物质性损害，但必须是刑法规范所禁止的损害。⑤ 上述观点中，笔者赞同张明楷教授的主张。

首先，这里的损害主要是指物质性损害，但也不能完全排除精神性损害，否则，就有可能轻纵犯罪。如甲意图强奸女青年乙，开始时对女青年乙实施强

---

① 周光权著：《刑法总论》，中国人民大学出版社 2016 年版，第 310 页。

② 谢雄伟：《对中止犯处罚原则中"损害"概念之界定》，载《法学评论》2006 年第 1 期。

③ 马克昌主编：《犯罪通论》，武汉大学出版社 2001 年版，第 488 页。

④ 陈兴良著：《刑法适用总论》，法律出版社 1999 年版，第 450 页。

⑤ 张明楷：《中止犯中的"造成损害"》，载《中国法学》2013 年第 5 期。

制猥亵的行为，后在乙的一再哀求下，甲自动放弃强奸乙的行为而逃离现场。在本案中，甲虽然自动放弃强奸行为，成立强奸罪犯罪中止，没有造成乙被强奸的危害结果，但甲对乙所实施的强制猥亵行为，已造成了乙的精神伤害，如果不将该精神伤害视为这里的“损害”，则该案中甲所实施的强奸中止犯罪行为，依据我国刑法的规定，就应当免除处罚。但如果该案中甲不是意图强奸乙，而仅仅是强制猥亵乙，则甲强制猥亵乙的行为构成强制猥亵妇女罪，其行为必定要受到刑罚的处罚。而在本案中，甲实施了强制猥亵乙的行为，又有强奸中止的行为，却被免除处罚，这显然违背罪责刑相适应的刑法原则的要求。

其次，这里的损害必须是刑法规范所禁止的损害。非刑法规范所禁止的损害无须刑法规范来调整，我国《刑法》第 13 条规定，情节显著轻微，危害不大的，不认为是犯罪。因此，我国《刑法》第 24 条第 2 款中所谓的“损害”，是指依据我国刑法的规定，某一具体犯罪行为已经造成了一定的危害结果，且该危害结果已符合我国刑法中某一具体犯罪客观方面的构成要件，只有这样的危害结果，才是刑法规范所禁止的损害，否则，就应当认定为没有造成损害。如丙故意伤害丁，致丁轻微伤后，丙因悔悟而自动放弃继续伤害丁的行为。根据我国刑法的规定及司法实践，构成故意伤害罪必须造成被害人轻伤以上的危害结果，如果故意伤害他人的行为仅造成他人的轻微伤，则不以犯罪论处。即在故意伤害罪中，造成他人轻微伤的损害，不属于刑法规范所禁止的损害。故在本案中，丙的行为属于犯罪中止，且没有造成损害，对丙应当免除处罚。

二、减轻处罚的含义

在我国刑法的规定中，未遂犯、预备犯都是规定为可以比照既遂犯从宽处罚，而对于中止犯却没有规定比照既遂犯从宽处罚，而是直接规定，造成损害的，应当减轻处罚。在这里，应当怎样理解“减轻处罚”？我国学界基本上以既遂犯为比较对象来讨论中止犯应当减免处罚的理由。但是也有观点主张以预备犯、未遂犯为比较对象来讨论中止犯应当减免处罚的理由。有观点认为，“犯罪中止，不仅客观上没有发生预期的危害结果，而且中止犯本人的危险性也比较小。所以，与犯罪预备和犯罪未遂相比较，对中止犯的处罚应当更轻”。①

笔者认为，这里的“减轻处罚”仍然应当是比照既遂犯减轻处罚。根据我国刑法的规定，预备犯可以比照既遂犯从轻、减轻或者免除处罚，未遂犯可以比照既遂犯从轻或者减轻处罚。如果对中止犯以预备犯、未遂犯为比较对象来

① 高铭暄主编：《中国刑法学》，中国人民大学出版社 1989 年版，第 180 页。

讨论中止犯的刑事责任问题，就会存在两个问题：

首先，中止犯到底是比照预备犯减免处罚还是比照未遂犯减轻处罚没有具体标准，无所适从，同一性质的犯罪中止行为比照预备犯还是比照未遂犯，因此中止犯承担的刑事责任将会轻重不同，从而违背罪责刑相适应的原则。

其次，在预备犯、未遂犯已经比照既遂犯从轻、减轻甚至免除处罚的情况下，再对中止犯在预备犯、未遂犯从宽处罚的基础上再从宽处罚，将有可能使中止犯从宽处罚处于虚设的状态，使刑法对于中止犯的处罚失去刑法意义。例如，在预备犯可以免除处罚的情况下又如何对中止犯再比照预备犯减轻处罚？在某种犯罪只存在一个法定刑量刑幅度，而预备犯、未遂犯又可以减轻处罚的情况下，又如何将中止犯再比照预备犯、未遂犯减轻处罚？故我国《刑法》第24条第2款所规定的对中止犯免除处罚与减轻处罚只能是比照既遂犯从宽处罚。

在具体比照既遂犯减轻处罚时，还要注意刑法对某一具体犯罪所规定的法定刑，使得对中止犯的处罚与具体犯罪所规定的相应法定刑的档次相符合，在此基础上再给予减轻处罚。如根据我国《刑法》第232条的规定，故意杀人罪有两个法定刑幅度，第一个法定刑幅度为“死刑、无期徒刑或者10年以上有期徒刑”，第二个法定刑幅度为“3年以上10年以下有期徒刑”。第一个法定刑幅度适用于情节严重的故意杀人罪，第二个法定刑幅度适用于情节较轻的故意杀人罪。现假设行为人姚某实施了故意杀人行为，且成立犯罪中止，那么，应怎样对姚某的行为比照故意杀人罪既遂犯减轻处罚呢？根据有关刑法理论的规定，当某罪只有一个法定刑量刑幅度时，减轻处罚是指低于最低法定刑给予处罚，当某罪有多个法定刑量刑幅度时，减轻处罚就是减低一个法定刑量刑幅度决定应当执行的刑罚。因此，在本案中，对姚某到底应怎样减轻处罚，就要看姚某的故意杀人行为符合故意杀人罪的哪个量刑幅度。如果姚某故意杀人的行为属于情节严重的报复杀人、奸情杀人、图财杀人等，则适用故意杀人罪的第一个量刑幅度，但由于姚某属于中止犯，应减轻处罚，故对姚某就应当在故意杀人罪第一个法定刑量刑幅度的下一个量刑幅度内给予处罚，即应当在3年以上10年以下有期徒刑幅度内决定姚某的宣告刑；如果姚某的行为属于情节较轻的故意杀人行为，如义愤杀人、防卫杀人等，则与姚某故意杀人行为对应的既遂犯的刑事责任范围为第二个法定刑量刑幅度，在此种情形下，对姚某故意杀人犯罪中止的处罚就应当是低于故意杀人罪的第二个法定刑量刑幅度，即对姚某就只能是给予低于3年有期徒刑的处罚。

第十一章
犯罪中止特论

第一节
预备中止是否可罚

依据我国《刑法》第 24 条第 2 款的规定，中止犯没有造成损害的，应当免除处罚。所谓免除处罚，是指行为人的行为已经构成犯罪，但由于情节较轻，危害不大，而不予追究刑事责任。免除处罚的前提是行为人的行为已经构成犯罪，免除处罚也是一种刑罚处罚。从我国刑法理论对犯罪中止的分类情况看，预备中止是其中的一种类型，因此，根据我国《刑法》第 24 条第 2 款的规定，预备中止行为属于犯罪行为，只是因其没有造成损害而免除刑罚处罚。笔者认为，在犯罪中止中，没有造成损害，即没有造成刑法规范所禁止的损害只有两种情形：一种是已经着手犯罪实行行为，但实行行为未实行终了，且未造成刑法规范所禁止的任何损害的犯罪中止。该犯罪中止由于行为人已经着手实施犯罪实行行为，因而行为已经具备了某一犯罪客观方面的构成要件，行为虽然没有造成具体的危害，但对其认定为犯罪行为，免除处罚是无可厚非的。另一种是预备中止。所谓预备中止，是指行为人在犯罪预备阶段，因自动放弃犯罪而成立的犯罪中止。由于预备中止发生在犯罪的预备阶段，还没有着手实施某种具体犯罪的实行行为，因而预备中止行为不可能对刑法所保护的具体社会关系造成实际的损害，也不会出现刑法规范所禁止的任何损害，故笔者认为，预备中止不具有可罚性。

一、预备中止可罚违背我国《刑法》第 13 条“但书”的规定

我国《刑法》第 13 条明确规定：“……但是情节显著轻微危害不大的，不

认为是犯罪。”根据该“但书”的规定，一个行为是否构成犯罪，应从情节和危害两个方面进行综合判断。

首先，从情节上来看。所谓情节，即犯罪情节，是指作为犯罪构成必要要件的基本事实以外的其他能够影响社会危害程度的各种具体事实情况。也就是说，这里的犯罪情节并不影响犯罪性质，但与决定犯罪性质的主客观事实具有密切联系，且能说明犯罪行为的社会危害程度。同一性质的犯罪，由于犯罪情节的差别，其社会危害程度也必然有所区别，因而应受到刑罚处罚的轻重也会有所不同，故犯罪情节对准确适用刑罚具有重要意义。[①] 在预备中止中，无论中止犯为实施犯罪作了怎样的准备，但毕竟其在着手实施犯罪实行行为前自动放弃了犯罪，这足以说明中止犯主观恶性不深，与犯罪既遂和犯罪未遂相比，犯罪情节显著轻微。

其次，从危害上来看。行为具有严重的社会危害性，是犯罪最本质、最基本的特征，某种行为之所以被规定为犯罪，最根本的原因就在于行为具有严重的社会危害性。如果某种行为根本不可能给社会带来危害，则刑法就没有必要将其规定为犯罪，也不会对其给予刑罚处罚。某种行为虽然具有社会危害性，但是依据刑法的规定，属于情节显著轻微危害不大的，也不认为是犯罪。由此可见，没有社会危害性，就没有犯罪；社会危害性没有达到相当严重的程度，也不构成犯罪。预备中止发生在犯罪预备阶段，还没有着手实施某一具体犯罪的实行行为，还不可能对刑法所保护的社会关系造成实际的危害。即使行为人准备犯罪工具、制造犯罪便利条件的行为可能存在一定的社会危害性，但其危害性一定不会大，不会出现刑法规范所禁止的损害。如果其预备行为的社会危害性较大，且达到需要用刑法来追究行为人刑事责任的时候，则该行为就不会是犯罪预备行为，而是成为其实施犯罪的方法行为，在此种情形下，该行为只可能成立牵连犯，按犯罪既遂或未遂论处。如行为人基于故意杀人的目的而盗窃枪支，在着手实施故意杀人行为前，自动放弃杀人行为。在此种情形下，行为人的行为触犯了盗窃枪支罪（犯罪既遂）和故意杀人罪（犯罪中止）两个罪名，其中盗窃枪支行为是手段行为，而故意杀人行为是目的行为，属于牵连犯，按照牵连犯“从一重罪处断”的原则，对行为人就应当以盗窃枪支罪定罪处罚。因此，对于预备中止来说，无论是犯罪情节还是社会危害性，都符合我国《刑法》第 13 条“但书”的规定，预备中止的中止犯的行为不能认为是犯罪。

---

① 贾宇主编：《刑法原理与实务》，中国政法大学出版社 2017 年版，第 151 页。

既然预备中止的中止犯的行为不能认为是犯罪，那么，对预备中止的中止犯就不能给予免除处罚，而只能认定其行为不构成犯罪，不予以处罚。免除处罚与不予以处罚虽然都没有对行为人给予刑罚处罚，但其法律后果有着本质的区别。免除处罚的前提是行为人的行为已经构成犯罪，即使免除刑罚处罚，但其犯过罪的事实是不能否定的，即有前科。而不予以处罚的前提是行为人的行为没有构成犯罪，因而无须受到刑罚处罚，没有犯罪即意味着行为人没有前科。行为人存在前科之后，必将给其个人以及家庭的生活和工作带来诸多不便，甚至行为人可能会受到家人和社会的鄙视，从而使行为人产生自卑或报复情绪，对家庭和社会造成不利影响。

既然预备中止的中止犯的行为符合我国《刑法》第13条“但书”的规定，属于情节显著轻微危害不大的行为，那么，对于预备中止的中止犯就不能是给予免除处罚，而只能不认为是犯罪，应不予以处罚。

二、预备中止可罚有违刑法的谦抑性

陈兴良教授认为，刑法的谦抑性又称刑法的经济性或者节俭性，是指立法者应当力求以最小的支出——少用甚至不用刑罚（而用其他刑罚替代措施），获取最大的社会效益——有效地预防和抗制犯罪。[①] 张明楷教授指出，刑罚的谦抑性，是指刑法依据一定的规则控制处罚范围与处罚程度，即凡是适用其他法律足以抑制某种违法行为，足以保护合法权益时，就不要将其规定为犯罪；凡是适用较轻的制裁方法足以抑制某种犯罪行为，足以保护合法权益时，就不要规定较重的制裁方法。[②]

刑法具有立法和司法两重属性，故刑法的谦抑性也具有立法和司法两种表现，简单地说就是立法与司法的谦抑性。从立法方面来讲，整个刑事立法要实现犯罪圈的最小化。立法机关在制定刑法时，必须充分考虑到，某种行为的社会危害性是否达到非要用刑法来加以调整且必须以犯罪加以规定，如果无须刑法调整，则该行为应当非犯罪化。从司法上来讲，在定罪量刑过程中，对某些行为若由刑法来规制过于严厉时，应放弃刑法调整，改用其他处置方法。在一种行为实质上已经没有刑法要求的社会危害性，而刑事立法上依旧将其作为一种犯罪行为时，在司法过程中可以将其从犯罪圈里驱除，也就是在定罪量刑时不作为犯罪对待。无论从哪一方面来讲，都要求刑法在对社会造成损害的最小

---

① 陈兴良著：《刑法哲学》，中国政法大学出版社1997年版，第6页。

② 张明楷：《论刑罚的谦抑性》，载《法商研究》1995年第4期。

范围内发挥作用，要求刑法克制自己作为公法具有的内在扩张性，抑制自己内在发动的冲动性。

刑法的谦抑性要求，刑罚权在行使时应受到一定限制，以防止刑罚权滥用，造成不必要的损害。发生在犯罪预备阶段的预备中止，因行为人还没有着手具体犯罪的实行行为，故不可能产生实际的危害社会的结果，况且行为人又自动放弃犯罪，主观恶性非常小。如果仅仅对附加在这种行为上的主观恶性进行深度的探讨进而说明其具有刑法所需要的社会危害性，则有进行主观归责的嫌疑。虽然依据我国《刑法》第 24 条的规定，对预备中止的中止犯因没有造成损害而应当免除刑罚处罚，但毕竟还是认定了预备中止是犯罪行为，使预备中止的中止犯留下了犯罪前科。不可否认，在预备中止中，中止犯实施了准备工具、制造条件的行为，且目的是犯罪，因而行为具有一定的社会危害性或潜在的社会危害性，但对于预备中止而言，其行为的社会危害性不会比一些行政违法行为、民事违法行为或其他违法行为更大，因而预备中止行为就不值得刑法来规范，完全可以通过其他方法来调整。根据刑法的谦抑性要求可知，预备中止行为没有必要启动刑罚权，而采取其他方法处罚反而更有效，故预备中止行为不应认定为犯罪并给予刑罚处罚。

三、预备中止可罚与适用刑罚的目的不符

（一）从适用刑罚的基础来看，预备中止缺乏适用刑罚的基础

适用刑罚的基础主要为社会危害性（包括客观危害和主观恶性）。从犯罪客观方面来看，预备中止由于其处于预备阶段，预备行为对犯罪客体的实际侵害还存在相当的距离，因而其对犯罪客体所能造成的客观危害微乎其微。“犯罪预备的外部形态多表现为日常生活行为，如果大量处罚犯罪预备，就必然导致原本不是犯罪预备的日常生活行为也受到怀疑，极可能使一些外部形态类似于准备工具的日常生活行为受到刑罚制裁。”[①] 从预备中止的中止犯的主观恶性上看，行为人在预备犯罪之前虽然已经产生了犯罪故意，但是在犯罪预备阶段，中止犯由于其自动放弃犯罪而将自己的犯意主动扼杀掉了，故其主观恶性十分微小。行为人出于己意放弃犯罪恶行的进一步推进发展，无论是自我悔过还是其他障碍因素导致，都不能否认自身主观恶性和反社会性的下降和消弭。“行为人出于己意而在犯罪预备阶段就停止下来，不去实行犯罪构成客观方面

① ［德］冈特·施特拉腾韦特、洛塔尔·库伦著：《刑法总论——犯罪论》，杨萌译，法律出版社 2006 年版，第 250 页。

的行为，则无论从行为的危害性还是从行为人的主观恶性来说，均几乎接近于零。”① 因此，就预备中止的中止犯而言，无论从其客观危害还是主观恶性来看，其行为成立犯罪的客观要件和主观要件同时缺失，行为无法成立犯罪。预备阶段中止行为非犯罪化处理更具有理论价值意义，故预备中止的中止犯缺乏适用刑罚的基础。

（二）从刑罚的目的来看，预备中止也不宜以犯罪论处

刑罚的目的在于特殊预防和一般预防。特殊预防是指通过对犯罪分子适用刑罚，惩罚改造犯罪分子，预防他们重新犯罪。一般预防是指通过对犯罪分子适用刑罚，威慑、警戒潜在的犯罪者，防止他们走上犯罪道路。从特殊预防的角度看，对预备中止的中止犯没必要定罪，因为其自动放弃犯罪的行为足以证明，中止犯主观恶性非常小，已体现出明确的悔改表现，惩罚改造、预防他们重新犯罪已显多余。从一般预防角度看，不将预备中止行为规定为犯罪较之于将预备中止规定为犯罪更能有效地鼓励一般的违法犯罪分子中止自己的行为，因为预备中止不成立犯罪，不予以处罚，将使那些处于犯罪预备阶段的犯罪分子看到希望：只要自己在犯罪预备阶段自动放弃犯罪，就使自己走上了通向无罪的“黄金桥”，从而有效降低犯罪率，维护社会稳定。

（三）从刑罚的可行性角度来看，处罚预备中止犯未必存在可行性

根据《刑法》第 24 条第 2 款的规定，中止犯具有“减轻处罚”功能，而减轻处罚是指在相对应的法定刑幅度内判处“低于法定最低刑处罚”。对中止犯减轻处罚还是免除处罚，应当根据行为的社会危害程度，并考虑该量刑情节在案件中的具体体现。然而，按 3 年有期徒刑作为划分轻罪和重罪的标准，据统计，我国现行刑法轻罪共有 370 多种，其中法定最低刑分别为管制或者单处附加刑的近 180 种，它们已经没有任何可以适用减轻处罚的量刑空间。对于这类犯罪来说，《刑法》第 24 条第 2 款“应当减轻处罚”的规定，显然成了一纸空文。实践中有可能造成的后果是：要么是预备阶段的预备犯与中止犯被处以相同的刑罚，但这样显然不利于刑罚的预防功能的实现；要么对预备阶段的中止犯免于追究刑事责任或者免除刑罚处罚，这样就容易导致法律的虚化。因此，要解决该问题，就只能将预备中止的行为不认定为犯罪，不予以刑罚处罚。

（四）从减少诉讼成本的要求来看，对预备中止行为不宜认定为犯罪

诉讼经济即诉讼的效益，是指诉讼的有效产出减去实际投入的有利结果，其实质就是要以最小的诉讼成本换取最大的诉讼效果。因而，诉讼效益所注重

---

① 赵秉志：《海峡两岸犯罪中止形态比较研究》，载《法制与社会发展》1997 年第 5 期。

的不仅仅是诉讼有没有作用，甚至也不仅仅注重诉讼有多大作用，更重要的是注重诉讼的效果扣除成本之后的余额。所以启动诉讼程序时，应尽可能以较少的实际投入，得到最大的社会效益。为谋求诉讼效益的最大化，就必然要对诉讼程序的启动加以限制。一个诉讼程序的启动，必然要投入大量的人力、物力和财力。按照我国《刑法》第 24 条第 2 款的规定，预备中止的中止犯有可能被免除处罚，但作出免除处罚的判决只能是人民法院，而人民法院作出免除处罚的判决，只能是案件进入诉讼程序后，经公安机关、人民检察院立案、侦查和起诉，由人民法院经过审理才能作出。在公安机关、人民检察院立案、侦查、起诉以及人民法院审理案件的整个诉讼过程中，其投入的人力、物力和财力是可想而知的。由于预备中止的中止犯主观恶性小，又没有对刑法所保护的社会关系造成实际的损害，因此，与其将预备中止行为认定为犯罪而免除处罚，不如直接将其认定为不构成犯罪而不予以处罚，以免启动不必要的刑事诉讼程序，从而达到诉讼经济的要求。

综上所述，笔者建议将我国《刑法》第 24 条第 1 款修订为“已经着手实施犯罪之后，自动放弃犯罪或者自动有效地防止犯罪结果发生的，是犯罪中止”，这样规定预备中止就排除在犯罪中止之外，预备中止就可以不认为是犯罪而无须受到刑罚处罚。我国《刑法》第 24 条第 1 款这样修订后，第 2 款就无须再加以修订，因为在行为人已经着手实施某种犯罪的实行行为后，实行行为实行终了以前，对没有造成实际危害结果的犯罪中止行为，依然可以给予免除处罚。

第二节 危险犯中止问题研究

一、危险犯中止理论上存在的争议

关于危险犯成立后实害结果出现前行为人采取有效措施阻止严重危害结果出现的行为能否成立犯罪中止？在该问题上刑法理论界依然存在争议，主张危险犯是犯罪成立的一种形态的学者认为，危险犯存在犯罪中止。而主张危险犯是犯罪既遂的一种类型的学者，对危险犯是否存在犯罪中止存在理论争议，主要有三种观点：

1. 既遂说。认为犯罪既遂后不可能再出现犯罪中止的情况。解除危险状态或消除影响的行为虽然属于事实层面上的延续，但是由于犯罪停止形态下在法律层面上需要评价的行为已经结束，其后行为只应作为犯罪既遂后自动挽回行为看待，即只在量刑时酌定从轻处理。① 如果将行为人构成犯罪既遂后的消除危险的行为认定为犯罪中止的话，则必然会损及犯罪中止制度的科学性。因为“犯罪过程中”是指从预备行为到犯罪既遂形态出现之前的时间段内。②

2. 实害犯中止说。认为犯罪既遂后依然可以成立犯罪中止。即危险犯成立后其消除危险，防止实害结果发生后的行为构成实害犯的犯罪中止，整个犯罪过程应当以实害犯的犯罪中止规定进行定罪量刑。③ 该观点强调，在危险犯的场合，即使出现了危险状态，虽然此时已经构成了危险犯的既遂状态，但是危害行为往往会继续向前发展，一直到实害结果出现时危害行为才会被认为最终完成了。④ 在实害结果出现前行为人消除危险状态的行为完全符合犯罪中止的时间条件，因此成立实害犯的中止形态。

3. 危险犯中止说。认为行为人在已完成了危险犯的实行行为，实害结果产生之前，自动采取措施，并且有效地防止了犯罪结果的出现，应以中止犯论处。⑤ 行为人造成的危险状态只是部分的犯罪结果，只要在发生预期的实害结果前消除危险或者防范结果发生，毫无疑问是符合《刑法》第 24 条所规定的犯罪中止中防范危害结果有效性规定的。⑥

关于上述三种观点存在的缺陷，笔者在前面有关章节已有详细评析，在此不再赘述。

二、危险犯中止之我见

笔者赞同危险犯是犯罪成立的一种形态，危险犯可以成立犯罪中止的观点。怎样才能使危险犯中止的理由具有说服力？笔者认为，只有将危险犯视为

---

① 徐光华：《排除危险状态行为之认定》，载《河北法学》2009 年第 3 期。

② 王志祥著：《危险犯研究》，中国人民公安大学出版社 2004 年版，第 295-297 页。

③ 马克昌主编：《犯罪通论》，武汉大学出版社 2001 年版，第 466 页。

④ 王志祥：《危险犯实行阶段的中止问题研究》，载《云南大学学报（法学版）》2004 年第 3 期。

⑤ 马克昌主编：《犯罪通论》，武汉大学出版社 2001 年版，第 466 页。

⑥ 王志远、李世清：《论犯罪的“既遂后中止”——以危险犯为视角》，载《云南大学学报（法学版）》2006 年第 5 期。

犯罪成立的一种类型而非犯罪既遂的类型，危险犯中止的理由才能顺理成章。根据刑法理论，犯罪既遂是犯罪的完成形态，这就意味着犯罪既遂后不能再出现犯罪中止这一犯罪未完成形态。如果将危险犯视为犯罪既遂的一种类型，则危险犯中止问题就不会存在，故只有将危险犯视为犯罪成立的一种形态，危险犯中止才有成立的可能，才有研究的必要。根据刑法理论，危险犯包括抽象危险犯和具体危险犯，无论是抽象危险犯还是具体危险犯，只要行为人实施的行为足以产生某种危险，危险犯成立，在实害结果出现前行为人采取有效措施，防止了实际危害结果的产生，行为成立危险犯中止。如前例，戴某为报复社会，一天晚上趁无人之机，将一块大石头压放在铁轨上，刚一离开即产生悔意，于是，在火车驶来之前又将压在铁轨上的石头搬走，避免了火车的倾覆、毁坏，戴某的行为成立危险犯中止。因为在该案中，戴某的行为完全符合积极中止的成立条件：首先，戴某的行为符合积极中止的时空条件。在本案中，戴某的行为发生在犯罪实施行为实行终了，而在危害结果发生之前。当戴某将大石头压放在铁轨上后，其破坏交通设施的犯罪行为就已经全部实施完毕，但此时法定危害结果（火车倾覆、毁坏）的出现还需要一定的时间，在火车经过撞上石头前，戴某又将石头搬走，其行为符合积极中止的时空条件。其次，戴某的行为符合积极中止的有效性特征。当戴某在火车经过前又将石头从铁轨上搬走，从而有效避免了火车经过时撞上铁轨上的石头，造成火车倾覆、毁坏结果的发生。再次，戴某的行为符合积极中止自动性特征。戴某之所以将压放到铁轨上的石头又从铁轨上搬走，是因为戴某出于真诚的悔悟，而非外力的强制。最后，戴某的行为符合积极中止彻底性的特征。戴某放弃犯罪是其心甘情愿自动而为，没有任何外在因素的影响，因而这种放弃是彻底的放弃，而不是暂时中断犯罪，等待时间成熟时再来实施。由此可见，危险犯成立犯罪中止的前提是：非实害危险犯是危险犯的未遂形态，出现实害结果的危险犯是危险犯既遂形态。

第三节 放弃重复侵害行为的定性

一、放弃重复侵害行为的界定

（一）放弃重复侵害行为的定义

放弃重复侵害行为有狭义和广义之分。狭义的放弃重复侵害行为，特指开枪杀人行为，是指开枪杀人时，第一枪未射中，行为人当时有条件再射第二枪、第三枪，但出于本人的意愿而自动放弃了继续射击，因而使犯罪结果没有发生的情况。① 广义的放弃重复侵害行为，是指“行为人已经实施了足以发生特定犯罪结果的侵害行为，由于意志以外的原因而未发生这种结果，此时行为人仍能够重复实施这种侵害行为，但由于本人意愿而自动停止侵害行为，使特定的犯罪结果终未发生”。② 广义的放弃重复侵害行为不仅包括开枪杀人行为，还包括持刀杀人、棍棒杀人、投毒杀人等类似的行为。

（二）放弃重复侵害行为的定性

在我国刑法理论界，放弃重复侵害行为如何定性存在争议，其主要观点有以下三种：

1. 未遂说。该观点认为，处理类似以枪击方式杀人而没有击中目标继而放弃继续枪击的行为，即对此全部按照犯罪中止处理，那么对开枪杀人没有击中目标者只能免除处罚，因为行为人之行为没有造成事实上的损害，依我国刑法不能按照减轻处罚处理。若开枪者一枪就命中目标并致被害人死亡，则行为人无疑应当承担故意杀人既遂的罪责。同样是开了一枪，同样是具有故意杀人的意图，没有击中目标将被免除处罚，不承担任何刑事责任；击中目标者则应当被判处死刑、无期徒刑或者 10 年以上有期徒刑！两者相比较不难发现，放弃重复侵害行为按犯罪中止论处实在有失偏颇，因而绝非公正！就以枪击方式杀

① 赵秉志：《放弃重复侵害行为应属犯罪中止》，载《法学季刊》1984 年第 1 期。

② 刘宪权著：《刑法学（上）》，上海人民出版社 2016 年版，第 211 页。

人而言，行为人只要瞄准目标开枪射击，无论是否击中目标，其现实危险性已经显露无遗，因为每一个理智健全之人都会清楚地认识到，以枪击方式攻击他人是极其危险的行为。故只要行为人实施一次性具有现实危险性的攻击行为，且因为行为人意志以外的原因而没有完成犯罪的，即使行为人放弃继续侵害，也应当认定为犯罪未遂，而不应当认定为犯罪中止。[①]

2. 中止说。该观点主张，凡犯罪分子使用可以一次性造成犯罪结果的工具（不仅仅限于枪，还包括刀、铁器等），实施了足以发生其所追求的犯罪结果的行为，但是由于其意志以外的原因使这种结果没有发生（但不一定是任何具体危害结果都没有发生），犯罪分子根据主客观条件认为仍可实施重复侵害，但他却基于某种原因自动放弃了重复侵害，因而使犯罪结果不再可能发生的情况，都应属于放弃重复侵害行为，都成立犯罪中止而不是犯罪未遂。[②] 在放弃重复侵害的场合，从主客观相统一并结合犯罪实行行为的要求来看，犯罪行为并未实行终了，它完全有可能以连续的动作进一步发展为犯罪既遂。在这种情况下，行为人自动放弃了重复侵害行为，应视为犯罪中止。[③]

3. 折中说。该观点主张，放弃重复侵害行为到底属于犯罪未遂还是属于犯罪中止，应具体问题具体分析：第一，“放弃重复侵害行为可能是犯罪未遂”。例如，甲与乙有仇，决意以枪射杀，甲自信射击技术高明，预定一枪致乙死亡，如若不中，算乙走运，宿怨就此了结。在实行犯罪后的第一枪果未射中，当时有条件再射第二枪、第三枪，但甲出于本意自动不再射击，以致危害结果未能发生……在这种情况下，行为人实施了刑法所规定的构成故意杀人罪的一个完整的行为后，由于意志以外的原因而未得逞，符合未遂的特征（时间性、未得逞、由于意志以外的原因），当然属于未遂；第二，“放弃重复侵害行为也可能是典型的犯罪中止”。例如，甲持刀杀害乙，究竟几刀致乙死亡，甲事先并未考虑，在实行犯罪时，甲刺乙两刀未果，当时有条件再刺第三刀、第四刀，但甲出于本人的意愿而自动放弃继续刺杀的行为，以致危害结果没有发生，甲的行为属于犯罪中止；第三，“放弃重复侵害行为有可能是犯罪未遂+犯罪中止”。例如，甲（女）有外遇，多次提出与久病的丈夫乙离婚未成，决意投毒杀夫。她在给乙吃的面条内投放足以致人死亡的灭鼠药，认为此举定能实

---

① 谢望原：《论中止犯减免处罚之根据》，载《华东政法大学学报》2012 年第 2 期。

② 赵秉志著：《犯罪未遂的理论与实践》，中国人民大学出版社 1987 年版，第 144-145 页。

③ 陈兴良著：《规范刑法学（上册）》（第二版），中国人民大学出版社 2008 年版，第 215 页。

现杀夫目的。乙正要吃面时，突有不净之物掉入碗中，顿生恶心，便将面条倒掉。甲又煮另一碗面条，仍投放与前等量的灭鼠药，端来给乙吃。乙见状感激涕零，诉说以往夫妻恩爱，甲听后出于真诚悔悟，自动将面条倒掉……甲先后两次投毒杀夫行为，实际上是一个杀人未遂行为和一个杀人中止行为……第二次投毒杀人中止行为为第一次投毒杀人未遂行为所吸收，应按未遂犯定性，比照既遂犯从轻或者减轻处罚。①

上述观点中，笔者认为，未遂说的观点不能成立。未遂说的观点没有将一个枪击杀人案件的杀人行为作为一个整体来加以考察，而是将整体行为片面地分成多个彼此孤立的行为来考察行为的性质，从而导致对行为性质的判断出现偏差。就枪击杀人案件而言，行为人有可能第一枪就将被害人杀害，也可能第二枪、第三枪、第四枪甚至更多枪才将被害人杀害，但就一个枪击杀人案件来说，无论行为人开多少枪，只要被害人没有被打死，则枪击杀人行为就没有结束，只有当被害人死亡结果出现，枪击杀人犯罪行为才实施终了。我国《刑法》第 24 条第 1 款所规定的“犯罪过程”包含了一系列性质相同的行为，一个犯罪只有一个犯罪过程，而不可能有几个犯罪过程。从行为人开第一、二枪未打中，到行为人接着准备开第三枪时，都属于“在犯罪过程中”，而且属于“在一个犯罪过程中”。② 因此，那种认为停止重复侵害是未遂的观点过于机械。如果孤立地看第一枪，似乎是未遂。但犯罪分子开枪杀人，不会指望一枪奏效，只要还有子弹，一枪不行，就打两枪，直到打死才肯罢休。这几次射击的动作是紧密联系的，形成一个统一的杀人行为。如果不是这样联系起来看问题，而是孤立地看，一枪未打死就是一个未遂，如果 10 颗子弹有 9 颗都没打着，岂不等于有 9 个杀人未遂?③ 故未遂说的观点不能成立。

笔者也不赞同折中说的观点。该观点的第一、三种情形分别得出犯罪未遂和犯罪未遂+犯罪中止的结论，没有将行为作为整体看待，而是将一个动作视为一个行为。这实际上犯了与未遂说同样的错误。

目前，在我国刑法理论界，放弃重复侵害行为按犯罪中止论处已基本形成共识，笔者也持该观点。理由如下：

其一，从刑法理论上来讲，放弃重复侵害行为符合犯罪中止的特征。首

---

① 赵廷光、胡学相：《对“放弃重复侵害行为”质疑》，载《现代法学》1988 年第 5 期。

② 张明楷：《论放弃重复侵害的行为性质》，载《中外法学》2017 年第 6 期。

③ 陈兴良著：《规范刑法学（上册）》（第二版），中国人民大学出版社 2008 年版，第 215 页。

先，放弃重复侵害行为发生在犯罪过程中。刑法意义上的侵害行为，可以是人体的单个举动或动作，也可以是由几个连续举动或动作组成的一个整体行为。而重复侵害的行为本身就说明侵害行为是重复的、连续的，发生在犯罪过程中。其次，放弃重复侵害行为是自动的。因为行为人是在认为自己还能够把犯罪行为进行下去的情况下，自动放弃犯罪意图，不再实施侵害。最后，放弃重复侵害，有效地阻止了危害结果的发生。

其二，从立法精神上讲，刑法之所以确立犯罪中止制度，是为了鼓励犯罪分子在犯罪完成之前，自动中止犯罪、有效阻止危害结果发生，力争将损害控制在最小的范围内。而放弃重复侵害，正是犯罪分子在实施犯罪的过程中，自动放弃犯罪意图，停止能够再次实施的重复侵害行为，并避免了危害结果的发生。因此，将放弃重复侵害行为认定为犯罪中止是符合刑事政策的立法本意的。①

其三，从行为人自身来讲，在侵害行为可以重复进行的情况下，行为人没有继续实施，而是在行为人完全有条件、有能力继续实施可重复进行的犯罪行为，直到最后完成犯罪时，出于自己的真实意愿而自动放弃了可继续的重要侵害行为，从而有效避免了危害结果的发生，其行为完全符合犯罪中止自动性、有效性特征。

二、重复侵害行为的特征

（一）前行为足以造成刑法所禁止的危害结果

这是自动放弃可重复侵害行为成立犯罪中止的前提条件。如果行为人所实施的前行为不足以造成刑法所禁止的危害结果，而行为人放弃可以重复实施的后续行为的，其行为不能成立犯罪中止，而只能成立犯罪未遂。如行为人甲在一定距离之外向乙开枪射击，但由于超出射杀距离而无法射杀乙，于是甲放弃开枪杀乙行为。在该案中，甲对乙开第一枪的行为因超出射程，不足以造成刑法所禁止的危害结果，甲明知自己的开枪行为超出了有效射程，即使甲继续开第二枪、第三枪，也无法达到枪杀乙的目的，在此种情形下，甲放弃枪杀乙的行为不能成立犯罪中止，而是成立犯罪未遂。

（二）前行为没有造成刑法所禁止的危害结果

如果行为人所实施的前行为已经造成了刑法所禁止的实际危害结果，而行为人仅仅放弃可以继续重复侵害的行为，不能成立犯罪中止。在此种情形下，

① 贾宇主编：《刑法学》，中国政法大学出版社 2017 年版，第 140 页。

行为人的行为要成立犯罪中止，还必须采取有效措施阻止法定危害结果发生。但此时成立的犯罪中止就不是放弃可重复侵害行为而成立的犯罪中止，而是普通的自动有效防止犯罪结果发生的犯罪中止。如果前行为造成了非刑法所禁止的危害结果，而行为人自动放弃可重复侵害行为，则行为成立犯罪中止。如丙向丁开枪射击，致丁轻微伤后，在可重复对丁开枪射击的情况下自动放弃开枪杀丁的行为成立犯罪中止。因为轻微伤不属于刑法所禁止的危害结果，轻微伤也不会引起丁死亡结果的发生，故在此种情形下，只要丙自动放弃可继续开枪杀丁的行为，即可成立故意杀人罪的犯罪中止。如果前行为造成了刑法所禁止的危害结果，此时行为人自动放弃可继续重复进行的行为，但行为人没有采取有效措施阻止法定危害结果发生的，则行为构成犯罪未遂或犯罪既遂。如前例，甲故意开枪杀乙，若甲在有效射程内向乙开枪，导致乙重伤后，甲自动放弃可重复开枪杀乙的行为而离开现场，而没有对乙采取有效救护措施，即使乙没有死亡，则甲的行为不能成立犯罪中止，而是构成故意杀人罪未遂。这是因为，甲开枪杀乙的行为已经造成乙重伤的结果，该结果是刑法所禁止的危害结果，此时，甲仅仅自动放弃继续杀乙的行为不足以成立犯罪中止，只有当甲采取有效措施，阻止乙死亡结果的发生，才能成立犯罪中止。如果乙没有死亡，则甲构成故意杀人罪未遂，如果乙由于失血过多而死亡，则甲构成故意杀人罪既遂；如果第一枪就致乙死亡，但甲不知乙死亡，此时甲自动放弃继续射杀乙的行为，则甲的行为同样不能成立犯罪中止，而是构成故意杀人罪既遂。

（三）重复侵害行为不必是同一性质的犯罪方法行为

这里所说的侵害行为，是指同一性质的侵害行为，但在采取的犯罪方法上可以有所不同，重复侵害行为可以是不同性质的犯罪方法行为，不以相同性质的犯罪方法行为为必要。如甲用刀砍杀乙，砍了两刀后没有砍到乙，甲本来可以拔出随身携带的手枪将乙打死，但甲没有这样做，而是自动放弃了继续杀乙的行为。虽然用刀子杀人与用枪杀人在犯罪方法上不同，但危害行为的性质是相同的，即目的都在于非法剥夺被害人生命。因此，尽管犯罪方法不同，但由于犯罪目的相同，故犯罪性质相同。在此种情形下，不同的犯罪方法行为就可以视为可重复侵害行为，在本案中，甲的行为属于放弃重复侵害行为，成立故意杀人罪犯罪中止。

（四）重复侵害行为必须是针对同一犯罪对象的行为

所谓同一犯罪对象，是指一个犯罪行为所针对的犯罪对象必须是同一的，这里的同一，可以是一个具体的犯罪对象，也可以是多个具体的犯罪对象，但当犯罪对象是多个具体对象时，这多个具体对象必须是一个犯罪行为所针对的一个整体而加以侵犯，否则，行为所针对的犯罪对象就不具有同一性，行为人所侵犯的每一个犯罪对象分别单独构成犯罪。例如，甲以乙、丙、丁作为枪杀对象，对乙开枪未击中，又对丙开枪，仍然未击中，于是甲自动放弃可继续进行的杀人行为。在该案中，甲开枪射杀的虽然是三个不同的犯罪对象，但这三个犯罪对象是甲所实施的一个故意杀人犯罪的对象，是一个犯罪行为所针对的一个整体而加以侵犯的对象，故应当视为犯罪行为所侵犯的同一对象，甲的行为属于放弃重复侵害行为，对甲应按犯罪中止论处。再如，甲在夜间实施拦路强奸行为，在对一名妇女使用暴力时，由于妇女激烈反抗而未得逞；过了一会儿，另一名妇女经过，甲在对第二名妇女实施暴力时，由于该妇女苦苦哀求而放弃了强奸行为。在本案中，尽管甲自动放弃了本可以重复侵害的行为，但行为所针对的犯罪对象不是同一对象，甲侵犯第一个对象的行为已构成独立的犯罪且已经由于犯罪分子意志以外的原因而形成犯罪未遂的终局形态，应按强奸罪未遂论处，而侵犯第二个对象的行为同样独立构成犯罪，但最终甲自动放弃犯罪而成立强奸罪犯罪中止。在该案中，甲属于连续犯，其行为不属于重复侵害行为，整个案件应按强奸罪未遂处罚，而不能整体认定为强奸罪犯罪中止。

（五）重复侵害行为的后行为与前行为之间具有继续性或持续性特点

在针对同一行为对象实施侵害行为时，行为人所放弃的可以重复侵害的行为必须与前行为之间具有继续性或者持续性的特点，如果二者存在明显的时间与空间距离，导致全部犯罪行为丧失了构成要件行为的单一性，则整个犯罪行为就不能认定为犯罪中止，而是属于同种数罪，应按一罪从重处罚。例如，A为杀害仇人B，趁B毫无防备之机使用暴力将B推下山崖。3小时后，A下山回家时，发现落下山崖砸在巨石上的B流血不止，情状惨烈，没有继续实施杀害行为，而是出于同情将其送到医院。经过医生治疗，B在3个月后康复出院。在本案中，由于时间的间隔较长，使得后面放弃的行为与前面的行为丧失了构成要件行为的单一性，亦即前面的行为已经形成了犯罪未遂。[①] 在本案例中，A自动放弃可重复侵害的行为是在前行为实施完毕经过3小时后才实施，两个行为之间间隔的时间太长，且相互之间没有任何联系，导致两个行为之间缺乏继续性或持续性特征。A在经过3小时后发现B并没有死，随后出于同情将其送到医院救治的行为，是在杀人行为实施后的补救措施，不能认定为放弃可重复侵害的行为，故对A应按故意杀人罪未遂而非故意杀人罪中止论处。

---

① 张明楷：《论放弃重复侵害的行为性质》，载《中外法学》2017年第6期。

第五编

共同犯罪停止形态论

第十二章 共同犯罪停止形态概论

犯罪作为一种复杂的社会现象，在多数情况下表现为一人实施犯罪，在一人实施犯罪的情况下，其犯罪不同的停止形态的概念与特征及其刑事责任，在我国刑法中均有明确的规定。但在司法实践中，许多犯罪并非都是由一人实施，而是由二人以上共同故意实施，这样一来就产生了共同犯罪。我国现行刑法所规定的各种具体犯罪是以单独犯罪为基本模式加以规定（必要共同犯罪除外），那么共同犯罪这种特殊的犯罪构成就属于对基本模式的犯罪构成的一次修正。在实际生活中，数个行为人共犯一罪，也可能因为未完成犯罪而出现共同犯罪的预备形态、未遂形态和中止形态。这种情况下的犯罪构成，理论上称之为犯罪构成的二次修正。① 共同犯罪的停止形态的认定和处理比单独犯罪停止形态要复杂得多，这就需要以共犯理论和犯罪停止形态理论为指导，结合其他相关方面理论来加以综合研究。

第一节 共同犯罪停止形态的理论梳理

一、共同犯罪的理论争议

在中外刑法学说中，关于共同犯罪应当具有怎样的形式（即共同犯罪的本

---

① 陈兴良著：《共同犯罪论》，中国社会科学出版社 1992 年版，第 390 页。

质），主要有犯罪共同说、共同意思主体说、行为共同说和修正行为共同说四种主张。①

1. 犯罪共同说。犯罪共同说强调犯罪构成要件对犯罪的定性作用，主张共同犯罪就是共同犯罪人实施的符合一定犯罪构成要件的犯罪，多人参与实施的犯罪，只有各个犯罪人实施相同犯罪时，才可能成立共同犯罪。其中又分为完全犯罪共同说和部分犯罪共同说。完全犯罪共同说主张，多人参与实施的犯罪要成立共同犯罪，不仅要求犯罪人实施的行为相同，还要求各犯罪人触犯的罪名也相同，即数人实施的犯罪必须完全一样才成立共同犯罪，即“数人一罪”。② 该说在一定程度上反映了共同犯罪的实质合理性，即该说主张成立共同犯罪要求犯罪人具有相同的犯罪故意，犯罪人彼此间有犯罪意思的联系与沟通，犯罪人之间的犯罪意思相互促进，犯罪人所实施的行为在法律性质上要完全一致，这种行为在功能上相互增强，在作用上彼此弥补，在方式上互相配合，从而结合成为一个犯罪有机整体。这些是该说的合理之处。但学界有人认为，该说的不足是缩小了共同犯罪的成立范围，使得具备共同犯罪实质合理性的多人实施的犯罪，因不具备该说坚持的形式要件而不成立共同犯罪，因而该说不具有彻底的合理性。③ 部分犯罪共同说主张，“将共同实行之‘特定之犯罪’理解为‘构成要件重叠部分’，即便为不同犯罪，若有共同构成要件重叠部分，则于此限度内肯定共同正犯之成立”。④ 我国学界有人认为，该说认识到了具有不同犯罪故意的犯罪参与人共同实施犯罪时，犯罪参与人之间行为功能的相互增强性和行为作用的相互补充性，认识到犯罪参与人犯罪意思之间的相互沟通性，从而承认在重合范围内成立共同犯罪，这在立论上体现了共同犯罪实质合理性的要求。但是，部分犯罪共同说仍然存在涵括性不足的问题，不能将所有应当纳入刑法的共犯现象涵括入刑法学意义上的共同犯罪，受该说成立共同犯罪的条件限制，部分符合共同犯罪实质合理性的共同犯罪现象不能作为刑法论上的共同犯罪处理。同时，还可能产生重罪轻责、罪责失衡的后果，因为根据部分犯罪共同说，对超出共同故意部分的犯罪，应以单独正犯处理，而单独正犯的刑事责任是轻于共同犯罪中正犯的刑事责任的，这就违背了对共同犯罪应当从重追究刑事责任的实质合理性要求而使罪责失衡，因此，该说不是

---

① 荣晓红：《论共同犯罪刑事立法政策》，载《公安学刊——浙江警察学院学报》2016 年第 3 期。

② 陈家林著：《共同正犯研究》，武汉大学出版社 2004 年版，第 63 页。

③ 陈伟强著：《共同犯罪刑事责任研究》，清华大学出版社 2013 年版，第 113 页。

④ 陈子平著：《刑法总论》，中国人民大学出版社 2009 年版，第 332 页。

科学、合理的共同犯罪本质说。[①]

2. 共同意思主体说。共同意思主体说主张，只要犯罪人之间具有共同犯罪的犯罪故意和犯罪目的，为实施犯罪进行了谋划，主观上存在相互利用和补充的意图，哪怕只有其中一人实施了犯罪，其他没有着手实行犯罪的人也应承担共同犯罪的刑事责任。[②] 该说最初是为了解决参与共谋而没有着手实行犯罪的“共谋共同正犯”问题而提出，其不足之处是明显的，因为共同正犯是指两人以上共同实行犯罪，不仅有共同实行的意思，还要有共同实行的行为，只有共同实行的意思，显然是难以被认为是共同正犯；另外，犯罪参与人之间存在主观犯罪意思的相互促进关系，并不必然以具有相同的犯罪故意和犯罪目的为限，当犯罪人之间不具相同犯罪故意和犯罪目的时，仍然可能产生犯罪意思相互促进的效果，可见，共同意思主体说可能使共同犯罪的范围过小，所以，该说难以成为合理的共犯本质说。

3. 行为共同说。行为共同说认为，共同犯罪是指两个以上行为人通过实行共同的行为来实现各自的犯罪，而不是共同实施某一特定的犯罪，只要求各行为人具有共同意思并共同实施了行为即可成立共同犯罪，并不要求每个行为人均具有相同的犯罪故意，更不要求各行为人之间具有犯意联络。因此，无论是同种犯罪还是异种犯罪之间，即故意犯与故意犯、过失犯与过失犯、故意犯与过失犯之间，均能成立共同犯罪。很显然，行为共同说将使共同犯罪的范围明显扩大，使共同犯罪失去存在的意义。

4. 修正行为共同说。修正行为共同说主张，对客观主义行为共同说进行修正，在客观主义行为共同说中增添犯罪人相互促进的主观意思内容。当犯罪人之间具有犯罪意思的沟通，犯罪行为之间具有相互助益的关系时，就可认定为刑法意义上的共同犯罪。[③] 该说虽然较好地体现了共同犯罪实质合理性的要求，但也存在不足之处，表现在两个方面：第一，主张行为人之间持有的犯罪故意心理内容不一定相同，可以是不同的犯罪故意内容；第二，主张犯罪人实施的犯罪行为的法律性质并不一定完全相同，不同性质的犯罪行为，只要具有客观助益关系，均可成立共同犯罪。因此，该说也不能成为共同犯罪本质说的合理学说。[④]

---

① 陈伟强著：《共同犯罪刑事责任研究》，清华大学出版社 2013 年版，第 118-119 页。

② 马克昌著：《比较刑法原理》，武汉大学出版社 2002 年版，第 656 页。

③ 陈伟强著：《共同犯罪刑事责任研究》，清华大学出版社 2013 年版，第 127-128 页。

④ 荣晓红：《论共同犯罪刑事立法政策》，载《公安学刊——浙江警察学院学报》2016 年第 3 期。

二、共同犯罪的中国语境

我国《刑法》第25条第1款规定："共同犯罪是指二人以上共同故意犯罪。"可见，我国刑法在共同犯罪问题上采取完全犯罪共同说。完全犯罪共同说的特点在于数人一罪，即各个行为人必须基于相同的故意，共同实施侵害行为。根据我国刑法的规定，共同犯罪成立应当同时满足以下条件：

1. 犯罪主体必须是二人以上。就自然人犯罪主体而言，行为人必须达到法定刑事责任年龄，具有刑事责任能力。这里所讲的"二人"，可以是两个以上的自然人，也可以是两个以上的自然人和单位，还可以是两个以上的单位。凡主体资格不符的人参与共同侵害行为，一律不认为是共同犯罪。

2. 主观方面各行为人具有共同的犯罪故意。即参与者知道不是自己一个人在犯罪，而是和其他的参与者互相配合，共同地进行犯罪。同时也知道其他共同犯罪人将共同造成怎样的危害结果，并且希望或者放任这种结果发生。通过这样一种主观的认识，即主观上指向的目标一致性，把参与者的行为紧密地联系在一起。①

3. 客观方面各行为人具有共同的犯罪行为。首先，各共犯的行为受制于同一的或概括的犯罪故意。在以特定目的为特定构成要件的犯罪中，不仅属于直接故意，而且有相同的犯罪目的。其次，各共犯者为实现同一的危害社会的结果而联合行动。最后，各共犯者的行为都是实现犯罪结果的必要条件，每个共犯的犯罪行为都与已引起的危害结果之间存在因果关系。各共犯者的作用无论大小，均不影响定罪，直接作用大小只是确定主从身份的依据之一。②

---

① 王作富著：《中国刑法研究》，中国人民大学出版社1988年版，第240页。

② 贾宇主编：《刑法学》，中国政法大学出版社2017年版，第143页。

第二节 共同犯罪停止形态的概念与特征

一、共同犯罪停止形态的概念

关于共同犯罪停止形态的概念，刑法理论上没有明确的界定。笔者认为，所谓共同犯罪停止形态，是指共同犯罪在其准备实施犯罪、着手实施犯罪到最后完成犯罪的整个过程中，可能出现的犯罪停止而使犯罪呈现的不同停止形态。就共同犯罪停止形态而言，同样可以发生在犯罪预备阶段、犯罪实施阶段，直至最终完成犯罪。因此，共同犯罪停止形态同样包括犯罪预备、犯罪未遂、犯罪中止和犯罪既遂四种停止形态。

二、共同犯罪停止形态的特征

共同犯罪停止形态的特征与单独犯的停止形态特征有相同之处，但也存在明显的差异：

1. 共同犯罪的不同停止形态是在犯罪过程中的某一个点上的“停顿”而形成的犯罪停止形态。其一，某一犯罪停止形态是在犯罪过程中出现的“停顿”，而不是存在于“一段时间或一个行为过程中”。在这一点上，共同犯罪停止形态与单独犯的停止形态是相同的。在不同的犯罪过程的不同点上停顿下来，就会形成不同的犯罪停止形态。在犯罪的预备阶段出现停顿，就可能形成犯罪预备和犯罪中止；在犯罪的实行阶段出现停顿，就可能形成犯罪未遂、犯罪中止甚至犯罪既遂；在犯罪实行行为实行终了后停止犯罪，就可能形成犯罪未遂和犯罪既遂。其二，共同犯罪不同停止形态的出现，必须是全部共同犯罪行为在犯罪过程的某个点上全部停顿。由于在共同犯罪中，经过预谋的全部犯罪行为是一个整体，因此，在共同犯罪中，如果有人先停止了犯罪，而其他的共同犯罪人却并没有停止犯罪，则共同犯罪的停止形态不能以先停止犯罪的共同犯罪人停止犯罪行为作为判断犯罪停止形态的标准，而只能以共同犯罪人中最后停止犯罪行为所呈现的犯罪形态作为整个共同犯罪的停止形态。单独犯在犯罪过程中停止犯罪，就只会出现一个犯罪的停顿点，其犯罪停止形态容易判明。但在共同犯罪中，不同的共同犯罪人在不同的时空场合停止犯罪，就会形成不同的犯罪停顿点，前停顿点所呈现的共同犯罪形态并不能反映共同犯罪行为整体的犯罪停止形态特征，此时，要判明共同犯罪处于何种犯罪停止形态就必须以共同犯罪人中最后停止犯罪的停顿点作为共同犯罪停止形态的判断依据，只有最后的停顿点所呈现的共同犯罪形态，才能充分反映出共同犯罪行为整体的犯罪停止形态特征。

2. 共同犯罪停止形态的判断只能以正犯（实行犯）的行为最终停止而使犯罪所呈现出来的形态作为共同犯罪停止形态。正犯是行为人自己亲自或者利用他人的行为，实施刑法分则规定的具体犯罪实行行为的犯罪人。在共同犯罪中，各共同犯罪人由于分工的不同，并非所有的共同犯罪人都实施具体犯罪的实行行为，如组织犯、教唆犯、帮助犯，就可能不直接参与具体犯罪的实行行为，因而他们的行为不能左右共同犯罪行为会停止在哪个时间点，不能作为共同犯罪停止形态的判断依据。在正犯与共犯的分析框架之下，正犯与共犯的区分关键在于实行行为。实行犯在共同犯罪中是共同犯罪行为的实施主体，共同犯罪行为能否最终完成，取决于实行犯所实施的实行行为，实行犯共同犯罪行为的停止，意味着整个共同犯罪行为的停止，只有当所有共同犯罪中的实行犯的全部行为停止，才能科学判断共同犯罪处于何种停止形态。

3. 在同一共同犯罪中，虽然其中有共同犯罪人自动放弃犯罪或犯罪未得逞，但如果整个共同犯罪行为最终完成，则全体共同犯罪人均成立犯罪既遂。如甲乙丙三人是某公司保安，共谋抢劫公司副总经理的钱物，并准备了犯罪工具。作案前丙感到害怕，退出了犯罪。甲乙遂蒙面共同作案，抢劫了副总经理2万元人民币后逃离。依据目前被广泛认可的“部分行为全部责任”原则，即在共同犯罪中，即便某个行为人只是参与实施了整个犯罪过程的部分行为或者分担实施了部分实行行为，也要对整个犯罪结果承担全部责任。在我国刑法理论界，该原则被认为是通说。因此，在本案中，尽管丙因为害怕而最终没有参与甲乙所实施的抢劫行为，但由于丙已与甲乙形成了共同犯罪，即使丙只实施了共同犯罪的预备行为，但在共同犯罪故意下完成的犯罪预备行为是该共同犯罪整体行为的有效组成部分，每个人的行为都是整个共同犯罪行为整体的一部分，无法分割开来。由于甲乙的抢劫犯罪已构成抢劫罪既遂，故对丙的行为也应认定为抢劫罪既遂，而不能认定为犯罪中止。

第三节
共同犯罪的完成形态

一、共同犯罪完成形态的判断标准

（一）共同犯罪完成形态的概念

共同犯罪完成形态即共同犯罪既遂，是指共同犯罪人在共同故意的支配下，实施共同的犯罪行为，并最终完成犯罪所呈现的犯罪停止形态。与单独犯的犯罪既遂不同，共同犯罪既遂必须是整个共同犯罪行为完成才能成立，判断整个犯罪行为是否完成，不能以部分共同犯罪人完成犯罪作为判断标准，即使在犯罪过程中，中途有共犯自动放弃犯罪，或犯罪未得逞，这些共犯的行为也不能作为共同犯罪停止形态的判断标准，必须以最后完成共同犯罪行为的共同犯罪人的行为所呈现的犯罪停止形态作为整个共同犯罪停止形态的判断标准。

（二）共同犯罪既遂判断标准

关于单独犯犯罪既遂的判断标准，刑法理论界存在“目的实现说”“结果出现说”及“构成要件齐备说”，其中“构成要件齐备说”为通说。[①]“构成要件齐备说”认为，认定犯罪是否既遂，应当以行为人所实施的行为是否具备了刑法分则所规定的某一具体犯罪全部构成要件为标准，具备了某一具体犯罪全部构成要件成立犯罪既遂，否则是犯罪未遂。主张“犯罪既遂是指已经成立直接故意的犯罪行为，其客观方面齐备刑法分则规定的具体构成要件的犯罪形态”。[②] 笔者主张，单独犯犯罪既遂的判断标准应采用“期待结果出现说”，即当行为人所实施的危害行为造成其所期待的危害结果全部出现或部分出现时即成立犯罪既遂。共同犯罪既遂的判断标准同样应采用“期待结果出现说”。

在共同犯罪中，特别是在复杂共同犯罪中，由于其有一定的组织形式，组

---

① 高铭暄、马克昌主编：《刑法学》，北京大学出版社、高等教育出版社 2011 年版，第 146-147 页。

② 王作富主编：《刑法》，中国人民大学出版社 2011 年版，第 108 页。

织犯、教唆犯等往往不直接参与具体犯罪，他们的行为不直接决定最后犯罪的犯罪停止形态，只有实行犯的犯罪行为才最终决定犯罪的性质。因此，在共同犯罪中，犯罪是否既遂应以实行犯（正犯）的行为作为认定标准，并且共同实行犯中只要有一人的行为达到既遂，就应当认定为共同犯罪人所期待的犯罪结果出现，共同犯罪既遂成立。“共同参与者中有一名参与者或者一部分参与者的行为即使未遂，但因他人的行为达到了既遂时，共同参与者的全体成员都负既遂的责任。”① “在追究共同正犯的刑事责任时，应采取‘部分行为全部责任’原则。换言之，共同犯罪的整体性决定了在共同正犯中只要有一人既遂，其他行为人均应以既遂论处。”② 这里所说的共同犯罪人所期待的犯罪结果出现，是指共同犯罪人所期待的犯罪结果全部出现或部分出现，但构成犯罪既遂并不强求犯罪结果全部出现，即使共同犯罪人所期待的部分犯罪结果出现，也应当认定共同犯罪人所期待的犯罪结果已经出现，共同犯罪既遂成立。如甲乙丙三人预谋共同盗窃银行，意图窃取数额巨大的人民币，于一天晚上偷偷潜入银行盗窃，因无法打开银行保险柜，结果只盗窃到柜台上数额较大的零散的人民币。在本案中，行为人所期待的犯罪结果是窃得数额巨大的人民币，但最终只窃取了数额较大的人民币，其期待的犯罪结果没有完全实现，但由于行为人所期待的犯罪结果已部分出现，故甲乙丙三人成立共同盗窃犯罪既遂。

二、共同犯罪中不同犯罪成立形态既遂研究

笔者认为，行为犯、结果犯、危险犯均属于犯罪成立的类型，而非犯罪既遂类型，因而，其犯罪既遂的判断标准存在差异，由此导致这些犯罪类型在共同犯罪情况下其犯罪既遂的判断标准不同。

（一）行为犯共同犯罪既遂判断标准

关于单独行为犯的既遂判断标准，笔者在前面第五章已有论述，主张行为犯犯罪既遂的标准应采用“期待结果出现说”。同样，行为犯共同犯罪既遂也应以“期待结果出现说”作为判断标准。但就行为犯而言，单独犯与共同犯罪又存在区别，故行为犯共同犯罪既遂与单独行为犯既遂在具体认定的标准上是存在差异的。在单独行为犯中，只要行为人所实施的法定犯罪行为造成其所期待的危害结果全部出现或者部分出现，行为犯即成立犯罪既遂。而在行为犯共同犯罪中，并不要求所有行为人的行为必须共同导致其所期待的危害结果全部

① 贾济东著：《外国刑法学原理》，科学出版社 2013 年版，第 390 页。

② 叶良芳著：《实行犯研究》，浙江大学出版社 2008 年版，第 166 页。

出现或者部分出现，才能成立行为犯共同犯罪既遂，而是只要共同犯罪人中一人或部分共同犯罪人的法定犯罪行为导致全体共同犯罪人所期待的危害结果全部出现或者部分出现，行为犯共同犯罪既遂即告成立。如在共同伪证罪中，证人、记录人、鉴定人串通作伪证，意图使被害人受到错误的刑事追究。在他们作伪证的行为中，只要其中有一人所作的伪证行为引起了司法机关对被害人的刑事诉讼活动，就意味着行为人所期待的危害结果部分出现，即使最终被害人没有受到错误的刑事追究，行为人共同伪证罪既遂也同样成立。

（二）结果犯共同犯罪既遂判断标准

在结果犯的场合，只要共同实行犯中有一人的行为达到既遂，即已造成该共同犯罪所追求的法定危害结果出现，则该共同犯罪的全体共同犯罪人均以既遂论处。如甲乙丙三人共谋杀害丁，在甲乙丙杀丁的犯罪过程中，甲乙丙各自所实施的杀人行为是他们共同杀丁行为的有效组成部分，是故意杀人犯罪的整体。因此，无论是谁将丁杀死，对于其他两名共同犯罪人来讲，其所期待的犯罪结果已经出现，这就意味着犯罪已经得逞，犯罪既遂成立，三名共同犯罪人均应以故意杀人罪论处。

（三）危险犯共同犯罪既遂判断标准

危险犯共同犯罪既遂依然应以“期待结果出现说”作为判断标准。当危险犯共同犯罪行为人基于共同的犯罪故意而共同实施危险的犯罪行为时，只要其危险行为的实施已经导致了全体共同犯罪人所期待的犯罪结果的全部出现或部分出现，即成立危险犯共同犯罪既遂。如张某、钟某、高某三人共谋在火车铁轨上放置石头，意图使火车脱轨，造成重大交通事故，最终结果是导致火车一节车厢脱轨，多人受伤。在本案中，张某、钟某、高某三人有共同的犯罪故意，实施了共同的破坏交通设施的行为，至于石头是三人共同搬上铁轨，还是其中一人或者两人搬上铁轨，均不影响破坏交通设施罪共同犯罪既遂的成立，因为其破坏行为已经使其所期待的犯罪结果部分出现，故对张某、钟某、高某三人均应以破坏交通设施罪既遂定罪处罚。

第四节 共同犯罪的未完成形态

共同犯罪的未完成形态是指共同犯罪在其发展过程中，由于主观或者客观方面的原因而使犯罪中途停止下来，犯罪没有完成而呈现出的不同犯罪停止形态。在犯罪的未完成形态中，又可以根据犯罪停止下来的原因或与犯罪是否实际着手等不同情况，再进一步区分为共同犯罪的预备形态、共同犯罪的未遂形态和共同犯罪的中止形态三种。

一、共同犯罪预备

（一）共同犯罪预备的概念

一般认为，共同犯罪预备，是指在共同犯罪预备阶段，共同犯罪人在为犯罪准备工具、制造条件的过程中，由于共同犯罪人意志以外的原因而未能着手实施共同犯罪实施行为的一种犯罪未完成停止形态。

（二）共同犯罪预备的特征

其一，主观上各共同犯罪人有实施犯罪的共同直接故意，即各共同犯罪人之间有共同犯罪的意思联络。各共同犯罪人通过互相交流、沟通、合意，最终决定实施共同犯罪。在共同犯罪中，各共同犯罪人已经明确地知道自己和他人将要实施的犯罪行为的性质、意义及可能产生的后果，而在此基础上依然决意为之。可见，各共同犯罪人的犯罪意图明显，各共同犯罪人确切地知道，自己和他人将要实施的犯罪行为必然或可能造成危害结果，并对危害结果的发生持积极追求的态度。

其二，客观上各共同犯罪人实施了共同犯罪预备的行为。所谓共同犯罪预备行为，是指各共同犯罪人在实施具体犯罪实行行为之前，为犯罪的实施或完成犯罪做准备的行为，即犯罪预备行为意味着各共同犯罪人尚未着手犯罪的实行行为，如各共同犯罪人为实施故意杀人罪而准备毒药、购买凶器或跟踪被害人等行为。可见，犯罪预备行为发生的空间场合，只能是开始于实施犯罪的预备行为，终止于各共同犯罪人着手实施犯罪实行行为之前。应当注意的是，共同犯罪预备行为必须是所有共同犯罪人所实施的行为都是犯罪预备行为，如果其中有人已经开始实施某种犯罪的实行行为，则该共同犯罪行为就不能认定为犯罪预备行为，而应根据实行行为的最终形态来决定整个共同犯罪的最终形态。也就是说，如果某一共同犯罪人或部分共同犯罪人所实施的实行行为成立犯罪未遂，则整个共同犯罪成立犯罪未遂；如果某一共同犯罪人或部分共同犯罪人所实施的实行行为成立犯罪既遂，则整个共同犯罪成立犯罪既遂。

其三，共同犯罪行为终结于犯罪预备阶段是由于行为人意志以外的原因。从客观方面看，整个共同犯罪行为终结于预备阶段，即各共同犯罪人在着手实施实行行为前使犯罪停止了下来。从主观方面看，共同犯罪行为终结于犯罪预备阶段违背了共同犯罪人的意志，即按照各共同犯罪人本来的意愿，希望共同将犯罪一直继续下去，直至最终完成犯罪，但在各共同犯罪人着手实行行为前，由于出现了共同犯罪人意志以外的原因，而无法使某一具体犯罪的实行行为着手实施，迫使行为人在着手实行行为前停止犯罪。如遇到被害人的反抗、犯罪预备行为被他人发现而被制止、被警察及时抓获等，致使行为人在着手实行行为前被迫终结犯罪。值得注意的是，如果共同犯罪行为终结于犯罪预备阶段既有行为人意志以外的原因，也有其他共同犯罪人自动放弃犯罪的原因，此时，共同犯罪是成立犯罪预备还是成立犯罪中止呢？笔者认为，在此种情形下，应根据导致犯罪停止的主要原因来确定共同犯罪的停止形态。如果导致犯罪停止的主要原因是行为人意志以外的原因，则共同犯罪形态应认定为犯罪预备形态，如果导致犯罪停止的主要原因是共同犯罪人自动放弃犯罪，则共同犯罪形态应认定为犯罪中止形态。

在研究共同犯罪预备时，还有一个特殊情况值得研究，即被教唆人接受教唆并进行了犯罪预备，但由于其意志以外的原因而使犯罪停止在着手实施犯罪实行行为前而成立预备犯时，教唆犯的犯罪形态如何认定，是犯罪未遂，还是犯罪预备，在刑法理论上存在争议。共犯独立性说认为，这种样态下的教唆犯属于犯罪未遂，而共犯从属性说则认为属于犯罪预备。[①] 我国刑法学者也有主张在被教唆者属于犯罪预备的情况下，教唆犯也应以犯罪预备论处。[②] 不过，多数观点都认为此种情况的教唆犯属于犯罪未遂。因为教唆犯着手实施教唆行为，就应视为已经着手实行犯罪。被教唆的人在进行犯罪预备时被发觉，对于

① ［日］福田平、大塚仁著：《日本刑法总论讲义》，李乔等译，辽宁人民出版社 1986 年版，第 181 页。

② 吴振兴著：《论教唆犯》，吉林人民出版社 1986 年版，第 148 页。

教唆犯来说是意志以外的原因。因此，教唆犯应以犯罪未遂论。[①] 在该问题上，笔者赞同犯罪未遂的观点。

二、共同犯罪未遂

（一）共同犯罪未遂的概念

共同犯罪未遂，是指在共同犯罪中，共同犯罪人已经着手实行犯罪的实行行为，但由于共同犯罪人意志以外的原因而使犯罪停止，从而形成的一种犯罪未完成形态。由于共同犯罪存在犯罪人的分工和共同犯罪人之间的互相配合及互相影响，因此，共同犯罪未遂比单独犯罪未遂更加复杂，在认定和处理上也更加困难。

（二）共同犯罪未遂的特征

我国《刑法》第23条第1款规定："已经着手实行犯罪，由于犯罪分子意志以外的原因而未得逞的，是犯罪未遂。"在共同犯罪未遂特征的把握上，必须以我国《刑法》第23条第1款的规定作为依据。

1. 共同犯罪人已经着手实行犯罪。这一特征是共同犯罪未遂与共同犯罪预备相区别的根本标志。共同犯罪预备发生在犯罪的预备阶段，共同犯罪行为在犯罪预备阶段的任何一个时间点停止下来，均可成立共同犯罪预备。而共同犯罪未遂则表明共同犯罪人的行为已进入犯罪的实施阶段，共同犯罪行为在犯罪没有完成前的整个犯罪实施阶段的任意时间点停止下来，均可成立犯罪未遂。这里所说的已经着手实行犯罪，是指共同犯罪人已开始实施我国刑法分则中作为某一具体犯罪客观要件的危害行为。值得注意的是：只要共同犯罪人中有人实施了犯罪着手实行行为，就应当认定整个共同犯罪已经着手实行犯罪，并不要求所有共同犯罪人均实施犯罪实行行为才能认定为犯罪已经"着手"。共同犯罪是一个整体，只要有一个实行犯着手实行犯罪，共同犯罪的整体即由预备阶段进入犯罪实行阶段。

2. 共同犯罪未得逞。该特征是共同犯罪未遂与共同犯罪既遂相区分的根本标志。如何认定犯罪是否得逞，我国刑法理论界存在争议。笔者认为，在犯罪是否得逞的判断标准上，应采用"期待结果出现说"。只要行为导致行为人所期待的全部最终结果部分出现，就应当认定行为人所期待的结果出现，其行为就应当认定为犯罪既遂，当行为人所期待的结果没有出现时，就意味着犯罪未得逞，其行为就应当认定为犯罪未遂。因此，在共同犯罪中，所谓犯罪未得

---

① 陈兴良著：《共同犯罪论》，中国社会科学出版社1992年版，第395页。

逞，就是指各共同犯罪人所实施的全部犯罪行为没有导致各共同犯罪人所期待的犯罪结果的全部出现或部分出现。如果某一共同犯罪人或部分共同犯罪人的犯罪行为，导致了共同犯罪人所期待的犯罪结果出现，则整个共同犯罪应当认定为犯罪既遂。由于共同犯罪具有整体性，整个共同犯罪行为均含有所有共同犯罪人的共同协力，因而任何一个共同犯罪人的行为既遂，就意味着共同犯罪既遂。若整个共同犯罪行为没有造成各共同犯罪人期待的犯罪结果出现，则整个共同犯罪只能认定为犯罪未遂。

3. 共同犯罪未得逞是由于共同犯罪人意志以外的原因。共同犯罪未得逞是由于共同犯罪人意志以外的原因，这是共同犯罪未遂与共同犯罪中止相区别的主要标志。所谓犯罪分子意志以外的原因，是指违背犯罪人犯罪意志并能够阻止犯罪行为达到既遂状态的各种主客观因素。犯罪分子意志以外的原因包括以下三个方面：其一，行为人以外的客观原因，如遭遇被害人的强烈反抗、遭遇第三人的制止、被害人的有效逃避、自然力的破坏、犯罪的时间和地点不适于犯罪、遇到难以克服的物质障碍等。其二，行为人自身的客观原因，如行为人的智能低下、犯罪技术拙劣，犯罪时突发疾病使犯罪难以继续。其三，行为人主观认识错误，如对犯罪对象的认识错误、对犯罪工具的认识错误、对犯罪因果关系的认识错误、对犯罪时周围环境的认识错误等。例如，依照刑法原理，误将假币当作真币而抢劫、抢夺、盗窃的，属于对象不能犯，可以按抢劫、抢夺、盗窃罪的犯罪未遂处理。①

犯罪未得逞是违背犯罪分子意志的，如果是犯罪分子自动放弃继续犯罪，或者自动有效地防止犯罪结果的发生，属于自动中止，而不是犯罪未遂。从定量的角度分析，则必须是足以阻止其继续实施并完成犯罪的意志以外的原因。如果虽然存在妨碍犯罪分子继续实施犯罪的主客观障碍，但这些障碍尚不足以阻止犯罪分子继续实施犯罪行为，而犯罪分子出于本人的主观意愿主动停止犯罪的，则不能认为是犯罪未遂。如被害人轻微的反抗、善意的劝告、苦苦的哀求、严厉的斥责、严正的警告等，这些因素虽然可能对行为人完成犯罪产生不利影响，但这些因素不足以阻止行为人继续实施犯罪并完成犯罪，故这些因素不属于犯罪分子意志以外的原因，如果行为人因这些因素而停止犯罪，其行为不属于犯罪未遂，而应成立犯罪中止。可见，意志以外的原因首先是违背共同犯罪人犯罪意志的各种主客观因素，其次是这些主客观因素在共同犯罪人看来足以阻止或抑止其犯罪意志，从而使其被迫放弃犯罪。

---

① 刘宪权：《货币犯罪若干司法疑难问题探析》，载《犯罪研究》2008年第2期。

三、共同犯罪中止

(一)共同犯罪中止的概念

我国《刑法》第24条规定:“在犯罪过程中,自动放弃犯罪或者自动有效地防止犯罪结果发生的,是犯罪中止。”根据我国刑法典的规定,所谓共同犯罪中止,是指共同犯罪人出于自己的真实意愿而自动放弃犯罪或者自动有效地防止犯罪结果发生的犯罪停止形态。

(二)共同犯罪中止的特征

根据我国《刑法》第24条的规定,共同犯罪中止同样有两种类型,即自动放弃犯罪的犯罪中止和自动有效防止犯罪结果发生的犯罪中止,且两种类型的犯罪中止其特征也有所不同。

1. 自动放弃犯罪的共同犯罪中止的特征。自动放弃犯罪的共同犯罪中止,是指在犯罪过程中,只要共同犯罪人自动放弃犯罪就能成立的犯罪中止。该类共同犯罪中止的特征包括:

(1)时空性。即该共同犯罪中止发生在犯罪过程中,该犯罪过程包括从开始犯罪预备行为直至犯罪结果出现前的整个过程。正因为共同犯罪中止能够发生在犯罪完成之前的整个犯罪过程中,故刑法学界又将该类犯罪中止根据发生的不同阶段,分为犯罪预备阶段的共同犯罪中止和犯罪实行阶段的共同犯罪中止。所谓犯罪预备阶段的共同犯罪中止,是指共同犯罪人从开始实施犯罪预备行为后,着手实施犯罪实行行为以前,全部自动停止尚未完成的预备行为或已经完成的预备行为而成立的共同犯罪中止。成立该共同犯罪中止,一方面,无须全部共同犯罪人均实施了犯罪预备行为,只要其中有共同犯罪人实施了犯罪预备行为就足矣;另一方面,如果共同犯罪人中有人越过了犯罪预备行为,而着手实施犯罪实行行为,即使后来又自动停止实行行为,也不能成立共同犯罪预备中止,而只能成立犯罪实行阶段的共同犯罪中止。所谓犯罪实行阶段的共同犯罪中止,是指共同犯罪人在着手实施犯罪实行行为时或正在实施犯罪行为过程中,全部自动停止犯罪,没有完成犯罪的情形。判断共同犯罪行为是否进入犯罪实行阶段,以共同犯罪人中是否有人已经着手犯罪实行行为为标准。成立该种共同犯罪中止,只需全体共同犯罪人自动放弃正在实施的犯罪行为即可,无须采取有效措施来防止犯罪结果的发生。

(2)自动性。即所有共同犯罪人必须是自动放弃并停止犯罪。共同犯罪中止的自动性是区分共同犯罪未遂与共同犯罪预备的关键性特征。共同犯罪人自动放弃犯罪,应当是在全体共同犯罪人确信能够将犯罪进行到底的情况下,基于共同犯罪人的共同意志而决定停止犯罪行为。在犯罪过程中，全体共同犯罪人在清楚知道具备犯罪行为持续实施的条件并能够完成犯罪时而自愿放弃原来犯罪意图，并停止正在实施的犯罪，这就说明，全体共同犯罪人在有意阻止犯罪结果的发生。共同犯罪人放弃犯罪行为是否具有自动性，只需要考察共同犯罪人的主观内心动向，有真诚的放弃意思即可。客观上不存在障碍，行为人认为有而放弃的不能视为真诚，不能成立犯罪中止；即便客观上存在障碍因素，但行为人不认为它能阻止其实现犯罪意图而放弃的，属于犯罪中止。行为人为何要自动停止犯罪，其原因并不需要做过多的分析和要求。在共同犯罪人数较多的案件中，成立犯罪中止不要求所有的共同犯罪人都出于真诚意愿自动放弃犯罪，只要主犯有，并使共同犯罪停止，就可以成立共同犯罪中止。

（3）彻底性。即全体共同犯罪人彻底放弃正在实施的犯罪。从主观上来讲，共同犯罪人已经有了彻底放弃正在实施的犯罪的主观意志，从客观上来讲，行为人彻底放弃了自己认为依然可以继续进行下去的犯罪行为，在放弃犯罪行为这一个节点上达到了主客观方面的高度统一。彻底性是指全体共同犯罪人必须彻底放弃正在进行的某个具体的犯罪，而不是指全体共同犯罪人在以后任何时候都不再实施同种犯罪，更不能理解为行为人在以后任何时候都不再犯罪。同时，彻底性是指行为人彻底放弃正在实施的犯罪，而不是暂时中断正在实施的犯罪。暂时中断犯罪是犯罪分子出于时机不良、准备不足等方面的考虑，决定暂时停止犯罪，待条件成熟了继续实施该犯罪行为，这不属于犯罪中止，而是犯罪未遂。共同犯罪中止的成立，必须是所有共同犯罪人彻底放弃正在实施的犯罪，如果其中有人没有彻底放弃犯罪，而是暂时中断犯罪，等待时机成熟后再实施犯罪，则整个共同犯罪只能成立犯罪未遂，而非犯罪中止。

2. 自动有效防止犯罪结果发生的共同犯罪中止的特征。自动有效防止犯罪结果发生的共同犯罪中止，是指在犯罪过程中，全体共同犯罪人自动有效防止犯罪结果发生，因而成立的犯罪中止。该类共同犯罪中止的特征包括时空性、自动性、彻底性和有效性四个特征。其中自动性、彻底性特征与自动放弃犯罪的共同犯罪中止的自动性、彻底性特征是完全相同的，故在此不再赘述。而自动有效防止犯罪结果发生的共同犯罪中止的时空性、有效性特征与自动放弃犯罪的共同犯罪中止的时空性、有效性特征存在差异。

（1）时空性。在时空性特征上，自动放弃犯罪的共同犯罪中止的犯罪过程包括犯罪预备阶段以及犯罪实施阶段，而自动有效防止犯罪结果发生的共同犯罪中止的犯罪过程只包括犯罪实施阶段。因为在犯罪预备阶段，不可能产生实际的危害结果，只要全体共同犯罪人自动放弃犯罪预备行为，无须采取其他预防措施，就可以成立自动放弃犯罪的共同犯罪中止。自动放弃犯罪的共同犯罪中止尽管也可以发生在犯罪的实施阶段，但必须是在行为造成危害结果以前自动放弃犯罪，且放弃犯罪前的行为不会继续导致危害结果出现，只有这样，该类犯罪中止才能成立，如果全体共同犯罪人自动放弃了犯罪行为，但在放弃犯罪前的行为的作用力下依然出现了危害结果，则共同犯罪人自动放弃犯罪的行为不能成立共同犯罪中止，而只能成立犯罪未遂或既遂。而自动有效防止犯罪结果发生的共同犯罪中止尽管也是发生在犯罪实施阶段，但通常是共同犯罪人的行为已经造成一定的危害结果，或者犯罪行为实行终了，有出现危害结果的可能性，而法定的危害结果出现前，只有在这样的情形下，才可能成立自动有效防止犯罪结果发生的共同犯罪中止。

（2）有效性。即共同犯罪人采取有效措施，防止了共同犯罪人的犯罪行为可能导致的法定危害结果的发生。即使不是全体共同犯罪人均采取有效措施，而只是部分共同犯罪人甚至是一名共同犯罪人采取措施，且有效阻止了共同犯罪最终结果的发生，则整个共同犯罪也成立犯罪中止。共同犯罪人虽然采取了防止法定犯罪结果发生的积极措施，但最终未能阻止法定犯罪结果发生的，则不能认定为犯罪中止。

第十三章 共同犯罪停止形态特论

第一节 共犯脱离理论概述

一、共犯脱离理论产生的背景

（一）共犯脱离理论产生的事由

在共同犯罪中，常常出现这样的情形：共同犯罪人形成了共同犯罪的故意，并实施了犯罪的预备行为或实行行为，在共同犯罪完成前，其中有人由于各种原因的作用，中途自动放弃了犯罪行为，而其他共同犯罪人继续实施犯罪并最终完成犯罪。在此种情形下，对中途自动放弃犯罪的脱离者的行为如何认定，各国刑法学者对其展开了研究。对共犯脱离问题的争论和探讨，最终形成了共犯脱离理论，而最早提出这一理论的是日本学者，随后许多国家的刑法学界都接受了共犯脱离理论，并对共犯脱离问题进一步开展理论研究。

除了在理论上进行研究，一些国家和地区还在刑法典中加以规定。比较有代表性的是《德国刑法典》和《美国模范刑法典》，以及我国澳门特区的刑法。我国刑法理论界关于共犯脱离理论的研究还不甚成熟，有待于进一步深入。

（二）何谓共犯脱离

共犯脱离最先由日本学者提出并加以研究。日本学者大塚仁教授认为，共犯脱离仅仅指实行着手后、达到既遂之前，一部分共犯实施了中止犯罪行为的行为，并为阻止共犯的完成作出了真挚的努力，但还是达到既遂，可以对其为中止犯罪作出的认真努力予以评价，应肯定为共犯关系的脱离。[①] 笔者认为该观点的可取之处在于：肯定了脱离者的行为为犯罪中止行为，脱离者的行为要成立犯罪中止，还必须为阻止共犯的完成作出真挚的努力，至于其努力的效果如何在所不问。但不足之处在于：该观点认为共同脱离只能发生在着手实行行为之后，达到犯罪既遂之前，将共同犯罪人在犯罪预备阶段脱离共同犯罪的行为排除在共犯脱离范围之外是不可取的。实际上，在共同犯罪预备阶段、犯罪预备行为实施过程中或犯罪预备行为实施完毕但未着手犯罪实行行为前，均存在共犯脱离的情形，虽然日本刑法总则没有关于预备犯的规定，但在刑法分则中规定了许多犯罪预备行为，如内乱预备、外患预备、私战预备、放火预备、伪造货币预备、杀人预备、抢劫预备、以索取赎金为目的的拐诱与略诱预备等预备罪。[②] 大塚仁教授的观点也许适用于日本的国情，但可以肯定地说不适用于我国的国情，因为我国刑法总则中规定了犯罪预备，对预备犯可以比照既遂犯从轻、减轻处罚或者免除处罚。根据我国刑法的规定，犯罪中止也可以存在于犯罪预备阶段，故在我国共犯脱离可以存在于共同犯罪的预备阶段。

日本另一著名学者大谷实教授则认为，共犯脱离是指共犯关系成立之后，完成犯罪之前，部分处于共犯关系的人切断与共犯的关系而从该共犯关系中解脱出来，其他共犯人基于共犯关系实施实行行为，引起了犯罪结果的场合。[③] 笔者认为，该定义主张共犯脱离存在于共犯关系成立之后，完成犯罪之前是科学的。其不足之处在于：其一，部分处于共犯关系的人切断与共犯的关系而从该共犯关系中解脱出来，没有说明这种“切断”是出于脱离者自己的自愿，而不是被迫“切断”。其二，部分共同犯罪人脱离共同犯罪后，其他共同犯罪人继续实施的实行行为未必一定引起犯罪结果的发生，如行为犯、危险犯就不一定会引起犯罪结果发生，即使是结果犯，也未必一定会导致犯罪结果发生，事实上，结果犯未遂不一定出现犯罪结果。

笔者认为，共犯脱离是指共犯关系成立之后，完成犯罪之前，某一或某部分共同犯罪人自愿切断与共犯的关系而从该共犯关系中解脱出来，其他共同犯罪人基于共犯关系而继续实施共同犯罪行为的情形。

（三）共犯脱离现有处理模式

在传统的共同犯罪理论中，“部分行为全部责任”原则是共犯归责的根本

---

① ［日］大塚仁著：《刑法概说（总论）》，冯军译，中国人民大学出版社 2003 年版，第 295 页。

② 张明楷著：《外国刑法纲要》，清华大学出版社 1999 年版，第 281 页。

③ ［日］大谷实著：《刑法总论》，黎宏译，法律出版社 2003 年版，第 349 页。

原则，是通论。所谓“部分行为全部责任”，是指某一共同犯罪行为人或部分共同犯罪行为人只参与实施了整个犯罪过程的部分行为或者分担实施了部分行为，也要对整个犯罪结果承担全部责任。由于“部分行为全部责任”原则将共同犯罪视为一个犯罪整体，各共同犯罪人的行为是共同犯罪行为的有效组成部分，因而主张不能对每个共同犯罪人的行为性质作单独的评价，只能作出整体的评价，因此，“部分行为全部责任”原则确立了共同犯罪人行为性质判断的一种较为简便的归责原则。“部分行为全部责任”作为共同犯罪的归责原则得到了学界的广泛认可，认为“部分行为全部责任”是共同犯罪制度存在的根基，是追究共同犯罪人刑事责任的最基本的依据。① 故在对共犯脱离问题的处理上，世界各国仍大多采用“部分行为全部责任”原则。

我国《刑法》并没有关于共犯脱离的规定。在我国刑法理论界，“部分行为全部责任”原则占主导地位。在司法实践中，共同犯罪中的某一共同犯罪人或部分共同犯罪人因各种原因而自动放弃共同犯罪，从共同犯罪中脱离出来，甚至采取积极措施去消解共犯关系、阻止犯罪结果发生的现象大量存在。按照“部分行为全部责任”的原则，脱离者依然要对脱离前和脱离后的所有犯罪结果承担全部责任（如果共同犯罪最终由于其他共同犯罪人意志以外的原因而没有得逞，则对脱离者以犯罪未遂论处；如果其他共同犯罪人最终完成犯罪，则对脱离者以犯罪既遂论处，脱离行为不能认定为犯罪中止，只可作为从轻、减轻处罚的量刑情节），这显然是有失公平的。传统共同犯罪理论认为共同犯罪是“二人以上共同故意犯罪”，即共同犯罪是一个有机整体，各共同犯罪人持共同的故意，在整体的犯罪行为过程中相互配合、相互联系、分工负责，“各行为人的行为不能单一的、孤立的予以考察，只能放在整体犯罪活动中考察，由此才能体现出其完整的性质和作用”②，这有悖法治国理念，违背责任主义原则。

对于单独犯来说，行为人是一个完全独立的个体，只需要对其自身的行为负责，行为人在犯罪过程中，只要自动放弃犯罪，并停止自己的犯罪行为，或者自动有效阻止犯罪结果的发生，就可以成立犯罪中止。但是在共同犯罪中，由于各共同犯罪人主观上形成了共同的犯罪故意，客观上各共同犯罪人所实施的行为又是一个彼此紧密联系的整体，故即使某一共同犯罪人或部分共同犯罪

① 陆诗忠：《共同犯罪中“一人犯罪既遂则全体既遂”质疑》，载《内蒙古社会科学》2005 年第 6 期。

② 阴建峰、周家海主编：《共同犯罪适用中疑难问题研究》，吉林人民出版社 2001 年版，第 1–2 页。

人自动放弃自己的犯罪行为，或者采用一定的方式阻止其他共同犯罪人的犯罪行为，未必能使其他共同犯罪人停止犯罪，从而使整个共同犯罪无法完成。对于整个共同犯罪而言，在其没有完成犯罪前先行自动放弃犯罪的共犯，与后续继续实施犯罪的罪犯按“部分行为全部责任”“一人既遂、全部既遂”的共同犯罪处罚方式处罚，显然对脱离者有失公平。毕竟脱离者的主观恶性已经大大减少，有的甚至消失了，如果不对这些迷途知返者给予一定的法律上的救济和鼓励，则不利于共同犯罪人脱离共同犯罪，从而减小共同犯罪的社会危害性。从这方面来说，共犯脱离理论为共犯脱离者提供了保护的依据。

二、共犯脱离理论梳理

（一）共犯脱离判断之境外语境

1. 日本刑法。关于共同犯罪的脱离问题，在日本主要存在以下四种学说：

（1）共同意思欠缺说。冈野光雄教授指出，“在共同意思主体说看来，只要放弃并向其他共犯表明已放弃共同实行这一犯罪意思，并得到其他共同犯罪人的认可，就可以认为至此所形成的共同意思主体已经解消”。[①] 但问题在于：其一，脱离者要努力到何种程度才能认定其已经脱离共同犯罪没有具体标准，无法判明脱离者必须作出怎样的行为才能认定其共同意思欠缺、共同意思主体已经解消。其二，当某一共同犯罪人或部分共同犯罪人是实行犯（正犯），且各共同犯罪人的行为在造成法定危害结果前已经造成了犯罪对象一定的损害后果的情况下脱离共同犯罪，此时，脱离者仅仅表明自己已放弃共同实行犯罪这一犯罪意思，即使得到其他共同犯罪人的认可，也不能认定共同意思主体已经解消，因为在此种情形下，如果不采取有效措施阻止法定危害结果的发生，即使全体共同犯罪人都自动放弃犯罪，法定的危害结果依然有可能出现，故在此种情形下，要使共同意思欠缺，脱离者的脱离行为要具备自动性和有效性的特征。

（2）障碍未遂准用说。该学说是由大塚仁教授提出的，主要从以下两个方面对共犯脱离的判断标准进行了阐述。首先，脱离者必须在实行着手后、达到既遂之前，采用各种方法，向其他共同犯罪人表明其放弃犯罪的意思。这里对于采用的具体方法并没有限定，但是对于意思表示的结果有所要求，即其他共犯人必须接受并承认脱离者的脱离想法和脱离行为。其次，必须付出真挚的努

---

① ［日］冈野光雄著：《共同正犯的脱离》，转引自金泽刚：《论共犯关系之脱离》，载《法学研究》2006年第2期。

力来去除自己先前行为对犯罪结果的原因力。上面的两层标准缺一不可，只有同时具备，才可以成立共犯脱离，对于可能存在的犯罪既遂结果，承担障碍未遂的罪责。① 实际上，共犯脱离可以发生在共同犯罪的任何阶段，包括犯罪预备阶段和犯罪实行阶段，但该学说研究的前提限于正犯着手之后、既遂结果发生之前，致使共犯脱离的范围过窄。同时，对于主动放弃实行行为的行为以准障碍未遂处理也是存疑的。

（3）因果关系切断说。西田典之教授认为，应根据脱离者是否切断与其他共犯的行为及其结果间的因果关系为认定的标准。在着手实施犯罪之前，由于还没有实际的犯罪行为，共犯之间的联系仅仅止于心理上的，所以，只要将这种心理上的因果关系切断了，即使犯罪人主观上没有任意性，也可以认定为脱离，不具有可罚性。当犯罪已经进入实行阶段，如果不能阻止犯罪结果的发生，就视为因果关系仍然存在，成立犯罪既遂。事实上，一方面，在共同犯罪中，因果关系是非常复杂的，因果关系一旦形成，要想完全去除是不现实的，各共同犯罪人一旦实施了犯罪行为，这些行为的相互影响就难以消失；另一方面，因果关系是否切断没有统一具体的标准，只能靠法官的主观判断，而法官判断水平的高低取决于法官自身的素质，故同样的共犯脱离行为可能得出不同的判断结论，从而影响司法公正，故因果关系切断说不可取。

（4）共犯关系解消说。日本著名学者大谷实要求“脱离必须达到解消既存共犯关系的程度”，并且区分了着手前的脱离和着手后的脱离，具体为：在犯罪着手前，行为人一般只需要将自己脱离的意思明确表达出来，让其他共同犯罪人了解并承认，便可以认定为脱离。有一种例外情况是，在共谋阶段，行为人为其他共同犯罪人提供了作案工具等，这时候仅有意思表示是不能够成立脱离的。在犯罪着手后，不但要有脱离的意思表示并得到认可，还要积极实施能够阻止犯罪结果发生的行为，从而使得自己的先前行为归于未发生，才可能成立共犯脱离。② 该说着眼于以脱离时为节点将共犯关系分段来研究，重点考察脱离者退出之后，剩余共犯的行为和结果是否是由不包括脱离者在内的新的共谋关系所引起的，其也明确了在既遂之后仍可以成立脱离，这无疑是值得肯定的。但该说并没有考虑脱离者在共犯中的地位和作用，而是笼统的要求脱离者为阻止其他共犯的剩余行为作出积极的努力，在这点上值得商榷。

2. 德国刑法。德国刑法有明确的关于犯罪未遂的处罚，而将犯罪中止作为

---

① 张明楷著：《未遂犯论》，法律出版社、成文堂 1997 年版，第 409 页。

② ［日］大谷实著：《刑法总论》，黎宏译，法律出版社 2003 年版，第 350 页。

犯罪未遂的一种例外情况。犯罪未遂要承担刑事责任，而犯罪中止则不需要承担刑事责任。对于犯罪着手后共犯中的一部分人脱离共犯关系的情形，在德国是以中止犯的相关规定进行处理。《德国刑法典》第24条第2项规定：……犯罪非因中止者之所为而不完成，或犯罪之遂行与中止者之前之行为无关时，如果因己意防止犯罪完成之诚挚努力，亦足免罚。第31条第2项规定：犯罪之不发生，非由于中止者之行为所致，或犯罪之发生，与中止者以前之加功行为无关者，如中止者确曾因己意而尽力谋犯罪之防止，亦足免罚。[①] 从《德国刑法典》的规定来看，共犯脱离只存在于犯罪着手后的共同犯罪中。

3. 英、美刑法。英美法系中的共犯撤回即为共犯脱离。英国刑法中将共犯个体自动离开共犯整体、放弃犯罪、尽可能撤回其对其他共犯的影响的现象称为“共犯撤回”。共犯撤回属于对共犯责任的一种积极抗辩，脱离者可能尝试将其“撤回”作为与其他共犯人实施的实质犯罪的抗辩。《美国模范刑法典》第206条第6项第C款规定，在实行犯罪之前，中止共犯关系且将共犯关系给予实行犯罪之效果完全予以消灭或给予执法机关适时警告或以其他方式阻止其罪之实行做适当的努力，不能作为他人所实行之罪之共犯。在美国，共犯脱离只能成立于犯罪着手前。在英国，共犯撤回通常也只成立于犯罪着手前之阶段，也就是只支持着手前的撤回，犯罪着手之后不存在共犯撤回，只能与其他行为人承担相同的责任。

（二）共犯脱离判断之中国语境

近年来，我国一些学者在借鉴国外特别是日本刑法相关理论的基础上，开始关注共犯脱离问题。[②] 我国刑法学者主要借鉴了日本刑法学者的观点对共犯脱离的构成要件进行研究，形成了四种代表性观点。

第一种观点认为，脱离者必须切断其之前的行为与未脱离者行为之间的因果关联，该观点是从因果关系的立场考虑的，具体来说：在着手之前，脱离者须自动消除犯罪的主观意志且有真实的退出行为，脱离才有效；第二种观点认为共犯脱离需要具备四个条件：（1）脱离者需要具有自动性；（2）脱离者需中止自己的行为；（3）脱离者积极阻止其余共犯的行为以防止犯罪结果发生；（4）在特殊情形下使其他共犯知情。这四个条件对共犯脱离者来说是极其苛刻的，这样会使共犯脱离限制在很小的范围内。第三种观点认为，其他共犯需要了解脱离者退出共同犯罪的意思，且脱离者因停止自己的犯罪行为而解除了共

---

① 《德国刑法典》，徐久生译，中国法制出版社2002年版，第11页。

② 王昭武：《我国“共犯关系的脱离”研究述评》//赵秉志主编：《刑法论丛》（第12卷），法律出版社2007年版，第131页。

犯关系。第四种观点认为，在共同犯罪的任何阶段都存在共犯脱离的情形，只需要一个条件：解消既存的共犯关系。对于努力的程度、自动性等条件，具体情况具体分析，只要能解消原来的共同犯罪关系，之后的行为是基于新的共犯关系所实行的，并认为“不问是积极的脱离行为还是消极的脱离行为，也不问是基于任意性脱离意思还是被动性脱离意思。”①

第二节
构建共犯脱离的中国模式

一、共犯脱离的构成要件

研究共犯脱离的目的不是探讨脱离者是否成立中止，成立中止只是脱离者承担刑事责任的一种形式。研究共犯脱离的首要问题是要解决其成立要件以及认定问题，这样才能弥补我国刑法在理论和司法运用上的空白。共犯脱离理论从国外引进，并不完全适应我国的国情，必须对其加以改进，以适应我国本土化的要求。根据我国刑事立法和司法实际，共犯脱离应同时具备以下三个要件：

（一）时空性

共犯脱离的时空性，是共犯脱离成立的时空条件。共犯脱离的时空性，就是指共犯脱离可以存在于犯罪的哪些阶段。针对这一问题，国内外学者有许多不同的观点。笔者赞同日本学者大谷实教授的观点，共犯脱离可以成立于犯罪整个过程中，包括预备阶段和实行阶段。根据我国《刑法》第25条的规定：“共同犯罪是指二人以上共同故意犯罪”，成立共同犯罪不仅要求各共同犯罪人主观上具有共同的犯罪故意，而且要求客观上各共同犯罪人具有共同的犯罪行为。根据我国《刑法》第22条的规定，犯罪预备行为具有可罚性，犯罪预备也是整个犯罪过程不可分割的一部分。就单独犯来说，犯罪预备行为况且可

---

① 王昭武：《我国“共犯关系的脱离”研究述评》//赵秉志主编：《刑法论丛》（第12卷），法律出版社2007年版，第138页。

罚，而共同犯罪的预备行为其社会危害性大于单独犯的犯罪预备行为，就更应该给予刑罚处罚，故共同犯罪行为包括共同犯罪的预备行为。既然共同犯罪可以成立于共同犯罪的预备阶段，那么，共犯脱离就可以产生于共同犯罪的预备阶段。因此，在我国，共同犯罪的预备阶段和实行阶段都可以成立共犯脱离。

（二）自动性

共犯脱离的自动性，是共犯脱离成立的主观条件。自动性，是指行为人必须是自动放弃并停止犯罪。在单独犯犯罪中止自动性的认定上，存在主观说、限定主观说和客观说三种观点的争议。主观说认为，犯罪中止是行为人基于自己真实自由的意思表示而选择了放弃，未遂则是在实行不能的时候被迫停止的。[①] 限定的主观说则认为判断犯罪人是否自动放弃犯罪，要看犯罪人是不是出于悔改、惭愧、怜悯等积极的后悔。[②] 客观说主张，判断行为人是否具有自动性时，主要参照普通社会大众的观念，以一般性的经验为标准和判断根据。[③]

共犯脱离是基于共同犯罪中某一人或某部分人出于自愿而主动放弃犯罪，故共犯脱离也必须具备自动性。关于共犯脱离的自动性，笔者赞同主观说的观点。在共同犯罪过程中，部分共同犯罪人在具备犯罪行为持续实施的条件并能够完成犯罪时，其自愿放弃原来的犯罪意图，并停止正在实施的犯罪，这就说明，脱离者在确信其和其他共同犯罪人能够完成犯罪的情形下，有意放弃犯罪结果的发生。脱离者放弃犯罪行为是否具有自动性，只需要考察行为人的主观内心动向，有真诚的放弃意思即可，至于脱离者为什么要自动停止犯罪，其原因并不需要做过多的分析。

（三）彻底性

共犯脱离的彻底性，是共犯脱离成立的客观条件。关于彻底性，理论上也存在两种不同的理解：绝对意义上的彻底性与相对意义上的彻底性。绝对意义上的彻底性认为，部分共同犯罪人中途退出犯罪之后，在任何时间内、任何情况下都不可以有任何犯罪意图的存在。也就是说，不仅要求行为人放弃本次犯罪活动，以后也不准许有任何犯罪意图。相对意义上的彻底性认为，只要脱离者与其脱离的共同犯罪不再发生关系，则此次犯罪活动结束后，脱离者与该共同犯罪及其他共同犯罪人的联系也就不复存在了，即使以后再有其他的犯罪行为，也与这次的犯意没有关系。笔者认为采用相对意义上的彻底性作为判断标准更为合理。共犯脱离的彻底性包括两个方面：其一，彻底性是指脱离者彻底

---

① 张明楷著：《外国刑法纲要（第二版）》，清华大学出版社 2007 年版，第 286 页。

② 王昭武：《论中止犯的性质及其对成立要件的制约》，载《清华法学》2013 年第 5 期。

③ 黎宏主编：《刑法学》，法律出版社 2012 年版，第 254 页。

放弃正在参与的共同犯罪，而不是指脱离者从此开始彻底放弃所有犯罪，不再实施任何犯罪。其二，彻底性是指脱离者彻底放弃正在实施的犯罪，而不是暂时中断正在参与的共同犯罪。暂时中断犯罪是犯罪分子出于时机不良、准备不足等方面的考虑，决定暂时停止犯罪，待条件成熟后继续实施该犯罪行为。在共同犯罪中，对于暂时中断犯罪的共同犯罪人，应按共同犯罪最后呈现的犯罪停止形态，按“部分行为全部责任”原则追究刑事责任。

二、共犯脱离的责罚

关于共犯脱离的责罚，结合国外刑法的规定和刑法理论界的主张来看，主要有以下处理方式：

1. 按中止犯处理。《德国刑法典》第 24 条第 2 项规定：“数人共同加功于犯罪，其中因己意而防止犯罪之完成者，不受未遂犯之处罚。犯罪非因中止者之所为而不完成，或犯罪之遂行与中止者之前之行为无关时，如果因己意防止犯罪完成之诚挚努力，亦足免罚。”同时第 31 条第 2 项也规定：“犯罪之不发生，非由于中止者之行为所致，或犯罪之发生，与中止者以前之加功行为无关者，如中止者之确曾因己意而尽力谋犯罪之防止，亦足免罚。”张明楷教授认为，德国刑法这两条规定，实际就是对共犯关系脱离问题的规定，其依照中止犯处罚。①

2. 按未遂犯处理。日本的刑法中对于共犯脱离的成立要件和脱离者的刑事责任都没有作出规定，只是明确了在犯罪结果发生的情况下，行为人不可能成立中止、未遂。日本刑法理论界有学者主张，对于此种情形按照障碍未遂来追究其刑事责任。② 在日本的司法实践中，也是这样处理的，把这种行为人努力无效的情形划分到障碍未遂中，并在中止犯和既遂犯之间寻找量刑的切入点。

3. 按酌定情节处理。《俄罗斯联邦刑法典》第 31 条第 4 款规定：组织犯和教唆犯如果及时向权力机关报告或者采取其他措施阻止了实行犯将犯罪进行到底，不负刑事责任。第 31 条第 5 款规定：如果组织犯和教唆犯的行为未能使实行犯终止实施犯罪，则法院在处刑时可以将他们所采取的措施视为减轻刑罚的情节。

而在英美刑法中，当出现一些法定的情形时，共同犯罪人可能会因此被减轻或免除刑事责任，这些法定情况被称为“共犯的合法辩护事由”。这些合法

---

① 张明楷著：《外国刑法纲要》，清华大学出版社 1999 年版，第 335 页。
② 张明楷著：《未遂犯论》，法律出版社、成文堂 1997 年版，第 409 页。

辩护事由包括共犯退出共同犯罪协议。① 这些合法辩护理由要求，共犯脱离者若要减免刑事责任，不仅需要与主犯脱离共同犯罪关系，还要求共同犯罪人必须实施一定的行为，以消除其先前行为对主犯的影响，即共犯退出共同犯罪协议。当共犯人构成了有效的退出时，就可以对其减轻或免除刑事责任。

笔者认为，上述对共犯脱离的三种处罚模式均存在缺陷，不适合我国的国情。首先，在共同犯罪中，各共同犯罪人在共同犯罪中所起的作用和所处的地位是不同的，我国刑法据此将共同犯罪人分为主犯、从犯、协从犯和教唆犯，主犯和教唆犯在共同犯罪中通常起主要作用，其主观恶性和客观危害大于从犯和胁从犯。因此，不同的共同犯罪人其共犯脱离的条件应该有所不同。如果对共犯脱离均按犯罪中止处理，势必会扩大中止犯的适用范围，破坏立法的严肃性。同时，对于共犯脱离者一律按照中止犯处罚，对原本是主犯、教唆犯的共犯脱离者的处罚就会显得轻微，可能导致罪责的失衡。其次，国外的障碍未遂类似于我国刑法中的犯罪未遂，是指已经着手实施犯罪行为而非基于自己的意志没有既遂的情况，又称狭义的未遂。犯罪未遂与共犯脱离最本质的区别就在于犯罪停止是否基于行为人的自动性。在犯罪未遂中，犯罪停止是由于犯罪人意志以外的原因而被迫停止，而在共同犯罪中，共犯脱离者是出于自己的意志主动放弃犯罪，显然前者的主观恶性更大。从人身危险性上来看，如果不是基于外界环境等行为人意志以外的原因影响，障碍未遂者完全可能继续实行犯罪，并最终完成犯罪，达到犯罪既遂，而共犯脱离者基于自己的意志自动放弃了本可以继续进行下去的犯罪，甚至尽己所能采取措施以阻止其他共犯继续实施犯罪。可见，后者的人身危险性明显小于前者，如果按照障碍未遂来对共犯脱离者进行处罚，明显有失公平。最后，按酌定情节处理，实际上要求共犯脱离者承担既遂责任，然后再酌情处理。按酌定情节处理，事实上并没有对共犯脱离者的脱离行为进行合理的评价，不仅打击了共犯脱离者从共同犯罪中脱离出来的积极性，也不符合刑法罪责刑相适应原则的精神。

三、共犯脱离处罚之我见

由于我国刑法没有对共同犯罪的未遂和中止问题作出明确规定，也没有关于共犯脱离的规定，故当实践中遇到共犯脱离问题时，只能以单独犯的规定为基础进行处理。因此，笔者认为有必要在我国刑法中增加共犯脱离的专门条款，以解决共犯脱离的定罪量刑问题。

---

① 洪细根：《英美刑法共犯理论探究》，载《理论界》2007 年第 3 期。

认可共犯脱离理论的根本意图在于对共犯进行合理归责，即如何确认脱离者与剩余共犯之共犯关系存续期间行为的责任以及脱离者脱离共犯后对剩余共犯后续共同犯罪行为是否担责。因此该理论所研究的目标是明确的，即对脱离出共犯关系的人的责任归结问题，其具体所指向的对象为脱离者个人。在共犯脱离与共犯中止的关系上，共犯中止是指共同犯罪整体应当具有自动性、时空性、有效性，但共犯脱离研究的对象为脱离者本人，而非共同犯罪整体，因此，共犯脱离应当具有自动性、时空性、彻底性。共犯脱离除主犯应当具有有效性特征外，对于其他共犯而言，无须具备有效性特征，因为其他共犯脱离后，未必能有效切断其之前的行为与未脱离者行为之间的因果关系，其脱离行为未必会对其他共同犯罪人产生影响，但即使这样，共犯脱离依然成立，只是脱离者的行为不能成立犯罪中止，而是应视其他共犯最终的犯罪所呈现的犯罪停止形态，或成立犯罪未遂，或成立犯罪既遂。共同犯罪是犯罪连带、责任共负，而脱离共犯关系的行为人（主犯除外），当其对于共犯结果已经不再具有原因力时，就表明脱离者业已脱离出共犯关系，其犯罪的停止形态应当有别于处于共犯关系之中的其他共犯。

我国刑法根据共同犯罪人在共同犯罪中所起的作用和所处的地位不同，将共同犯罪人分为主犯、从犯、协从犯和教唆犯。从司法实践来看，主犯、从犯、协从犯和教唆犯都可以成为共犯脱离的主体，从共犯脱离的时间来看，共犯脱离可以存在于犯罪预备阶段，也可以存在于犯罪实施阶段，犯罪完成之前。故共犯脱离之处罚，必须分别对不同的共同犯罪人在不同的犯罪阶段加以探讨。

（一）主犯脱离

我国《刑法》第 26 条规定：“组织、领导犯罪集团进行犯罪活动的或者在共同犯罪中起主要作用的，是主犯。”根据该条的规定，主犯分为组织、领导犯罪集团进行犯罪活动的主犯和在共同犯罪中起主要作用的主犯。

1. 组织、领导犯罪集团进行犯罪活动的主犯，即犯罪集团的首要分子，在刑法理论上通常将其称为组织犯。因其在犯罪集团中起组织者、领导者的作用，在犯罪集团成员召集、发起成立犯罪集团、制定犯罪集团行动方案、对犯罪集团成员进行分工、犯罪收益分配等方面居于支配地位，犯罪集团的所有犯罪行为均体现其意志，该种主犯应对全案负责。组织犯如果在组建犯罪集团或纠集犯罪集团成员的犯罪预备阶段自动放弃犯罪，致使犯罪集团没有组建成功，则组织犯不构成犯罪。如果组织犯自动放弃犯罪，并明确表示不成立犯罪集团，但其他成员在组织犯自动放弃成立犯罪集团后，又另行成立犯罪集团，并实施犯罪，则组织犯成立共犯脱离。因为组织犯自动放弃犯罪后，犯罪集团没有组建成功，而后组建的犯罪集团是在组织犯完全脱离后又独立组建的犯罪集团，该犯罪集团的组建已与组织犯没有任何关系，即组织犯因自己的自动放弃犯罪而与后成立的犯罪集团成员及犯罪集团所犯罪行完全切割，故组织犯脱离之前所实施的预备行为如果构成犯罪的，组织犯成立预备中止。当犯罪集团组建完成，进入犯罪实施阶段后，组织犯要成立共犯脱离，则需要消解共犯关系。共犯关系如何消除？笔者认为，其一，组织犯必须对犯罪集团其他成员明确表示自己自动放弃犯罪，且其他犯罪集团成员已明确知晓组织犯的真实意思表示。其二，组织犯需采取措施有效阻止其他犯罪集团成员继续实施犯罪集团已预谋的所有犯罪。构成脱离不仅需要放弃自己的组织行为，并且还要阻止其他被组织者的犯罪继续进行，[①] 从而使组织犯的影响力归于消灭。其三，其他犯罪集团成员接受组织犯的意思表示。其四，其他犯罪集团成员后续所实施的犯罪不属于原组织犯脱离前犯罪集团所预谋实施的犯罪，即后续犯罪行为与组织犯无关。只有上述四个条件同时具备，组织犯才能成立共犯脱离，对脱离的组织犯按犯罪中止论处。如果组织犯决定自动放弃犯罪，并有效中止了其他犯罪集团成员也全部自动放弃犯罪，或使主要犯罪集团成员自动放弃犯罪，那么，即使有其他犯罪集团成员不太情愿放弃犯罪，但最终还是放弃了犯罪集团所预谋的犯罪，则整个犯罪集团成立犯罪中止，在此种情形下，组织犯的行为不属于共犯脱离，因为此种情形并不仅仅是组织犯自动放弃犯罪，而是整个犯罪集团自动放弃犯罪，是所有犯罪集团成员共同中止犯罪。如果组织犯脱离后，没有成功解散犯罪集团并阻止其他共犯实施原犯罪计划，则组织犯不能成立共犯脱离。其他共犯依然按原计划实施犯罪，如果由于其意志以外的原因犯罪未得逞，则犯罪集团所实施的犯罪成立犯罪未遂，组织犯按犯罪集团全部的罪行承担犯罪未遂的刑事责任。如果其他共犯最终完成了原计划的犯罪，则犯罪集团所实施的犯罪成立犯罪既遂，组织犯按犯罪集团全部的罪行承担犯罪既遂的刑事责任。

2. 在共同犯罪中起主要作用的主犯，其又包括在犯罪集团中起主要作用的罪犯和在一般共同犯罪中起主要作用的罪犯。第一种主犯通常是犯罪集团犯罪实施阶段的主犯，该种主犯既可以是犯罪集团中某次犯罪或多次犯罪的组织犯，但该组织犯与整个犯罪集团的组织犯相比是居于第二层次的组织犯，也可以是实行犯，并且在犯罪集团实施的犯罪中起主要作用。如果该种主犯是组

---

① 张明楷著：《刑法学》，法律出版社 2016 年版，第 447-449 页。

织、指挥其他犯罪集团成员实施犯罪的组织犯，则必须自己自动放弃犯罪，并对自己所组织、指挥的其他犯罪集团成员采取有效措施加以阻止，以切断自己与其他犯罪集团成员的共犯关系，如果其他犯罪集团成员放弃了该组织犯组织、指挥的犯罪而实施其他犯罪，则该组织犯成立共犯脱离，按原组织、指挥的犯罪以犯罪中止处理。如果这种组织犯从共同犯罪中脱离时没有采取有效措施，或采取的阻止措施不具有有效性，从而没有彻底阻止其他共同犯罪人继续实施原计划的犯罪，则该组织犯不能认定为共犯脱离。其他共同犯罪人继续实施的犯罪行为如果由于其意志以外的原因犯罪未得逞，则该次共同犯罪成立犯罪未遂，对已脱离的该组织犯按其所组织、指挥的全部罪行，追究其犯罪未遂的刑事责任。如果其他的共犯继续实施原计划犯罪，并最终完成了犯罪，则该次共同犯罪成立犯罪既遂，对已脱离的该组织犯按其组织、指挥的全部罪行，追究其犯罪既遂的刑事责任。第二种主犯通常是实行犯（这里包括在犯罪集团实施犯罪中起主要作用的主犯），如果该主犯从共同犯罪中脱离，与其他共犯解除了共犯关系，并采取措施彻底阻止其他共同犯罪人继续实施犯罪，则该主犯不能成立共犯脱离，该次共同犯罪整体成立犯罪中止，对所有共同犯罪人以犯罪中止追究刑事责任。如果该主犯自动放弃犯罪，并与其他共同犯罪人解除了共犯关系，且其他共同犯罪人放弃了主犯脱离前的共同犯罪行为，但又实施了原计划外的共同犯罪行为，则已脱离的主犯成立共犯脱离。如果该主犯没有真正脱离，其他共犯依然按原计划实施犯罪，如果由于其意志以外的原因犯罪未得逞，则其他共犯所实施的犯罪成立犯罪未遂，该主犯对自己参与的全部犯罪承担犯罪未遂的刑事责任。如果其他共犯最终完成了原计划的犯罪，则其他共犯所实施的犯罪成立犯罪既遂，该主犯对自己参与的全部罪行承担犯罪既遂的刑事责任。

（二）从犯脱离

我国《刑法》第27条规定："在共同犯罪中起次要或者辅助作用的，是从犯。"根据我国刑法的规定可以看出，从犯有两种：第一种是在共同犯罪中起次要作用的犯罪分子。这种从犯在刑法理论上通常称为实行犯（正犯），虽然直接参与犯罪，但在共同犯罪中只起次要作用。这里所说的次要作用，是与主犯的主要作用相对而言的。所谓在共同犯罪中起次要作用，是指行为人虽然直接参与了刑法分则所规定的某种犯罪客观方面的行为，但是在共同犯罪中较主犯所起的作用小。其具体表现为：在犯罪集团中，听从首要分子的指挥参与实施某种犯罪，罪行较轻或者犯罪情节不严重；在一般共同犯罪中，虽然直接参与实施犯罪，但所起的作用不大，没有造成严重的危害后果或者情节较轻。第二种是在共同犯罪中起辅助作用的犯罪分子。这里所说的辅助作用，实际上也是一种次要作用。一般是指行为人虽然没有直接实施某种犯罪构成客观方面的行为，但却为共同犯罪的实行和完成提供了有利条件。这种从犯的犯罪行为通常表现为提供犯罪工具、指示犯罪目标、察看犯罪地点、排除犯罪障碍以及事前通谋答应事后隐匿罪犯、消灭罪迹、窝藏赃物来帮助实施犯罪等情况。该种从犯即刑法理论上所说的帮助犯。①

由于在共同犯罪中起次要作用的实行犯对共同犯罪是否完成所起的作用有限，其参与和退出不会影响共同犯罪的走向，因此，笔者认为，只要其从共同犯罪中自动脱离出来，无论是否向其他共同犯罪人加以明示，也无须消除自己在共同犯罪中所实施的犯罪行为的影响，就应当成立共犯脱离，按犯罪中止追究其刑事责任。这样处理，有利于鼓励犯罪分子自动放弃犯罪，瓦解共同犯罪。

帮助犯以自己的行为为其他共同犯罪人提供帮助，对共同犯罪的影响和贡献相对较小，因而比较容易消除自身影响，从而达到脱离的目的。由于帮助犯的帮助行为为共同犯罪提供了便利，有利于共同犯罪的实施与完成，因此，帮助犯仅仅从共同犯罪中脱离出来，还不足以成立共犯脱离，还必须努力消除自己的帮助行为对共同犯罪的影响，从而消解整个共犯关系，才能成立共犯脱离。具体而言，如果是为正犯提供了犯罪工具或资金，应收回犯罪工具、资金，提供犯罪场所的，要对犯罪场所予以收回，从而切断自己与共同犯罪的联系，如果是提供望风、探路等帮助，则应予以撤销，并须使正犯知晓，以消除帮助行为为其带来的安全感。如果已经进入着手后的实行阶段，则必须向正犯明确表示放弃帮助行为，已经提供了帮助的，如果帮助能撤回，则应当予以撤回。如果是提供犯罪方法或者受害者信息等无形帮助，正犯对这些帮助已经了解和有记忆，无法收回时，则要为消除这些帮助对犯罪所起作用而付出真诚的努力，如及时通知被害人、及时向有关机关报案等。帮助犯通过这些行为，表明了自己脱离的诚意，帮助犯才能成立共犯脱离。由于帮助犯在共同犯罪中所起作用有限，帮助犯的帮助行为无法左右共同犯罪的进程，因此，帮助犯脱离共同犯罪后，只要行为人为了阻止犯罪付出了积极的努力，即使其他共同犯罪人依然按原计划实施犯罪，帮助犯仍然成立共犯脱离，按犯罪中止论处。

（三）胁从犯脱离

根据我国《刑法》第 28 条的规定，胁从犯是指被胁迫而参与共同犯罪的罪犯。胁从犯原本不愿意参与共同犯罪，而是因受到他人的暴力威胁或精神强

① 王作富主编：《刑法》，中国人民大学出版社 2016 年版，第 134 页。

制才被迫作出犯罪的选择，因而其在共同犯罪中行为往往比较消极，缺乏积极主动的精神，犯罪的作用小于从犯。因此，只要胁从犯从共同犯罪中脱离，无论是公开脱离还是偷偷脱离，也无论胁从犯是否有与共同犯罪切割的言行表示，均应认定其行为成立共犯脱离，按犯罪中止处理。

（四）教唆犯脱离

根据我国《刑法》第29条的规定，教唆犯是指故意唆使他人犯罪的罪犯。教唆犯的脱离分为实行犯着手之前的脱离和实行犯着手之后的脱离。关于教唆犯在实行犯着手之前是否存在脱离，刑法理论上存在共犯从属性与共犯独立性之争。共犯从属性观点认为，共犯团体只有在正犯着手实行犯罪行为之后才能够形成，所以在教唆犯的场合，行为人仅仅引起他人犯意而他人并没有实施构成要件行为属于单纯的教唆行为，不值得处罚。而共犯独立性观点认为，教唆行为也是行为人反社会的表征，具有指向犯罪结果的原因力，其本身就应该是可罚的，因而是独立的、固有的犯罪。[①] 笔者赞同共犯从属性观点之行为人仅仅引起他人犯意而他人并没有实施构成要件行为属于单纯的教唆行为，在此种情形下，由于被教唆的人没有犯被教唆的罪，故教唆犯与被教唆的人不能成立共同犯罪，但不赞同不值得处罚的观点，因为该情形属于教唆未遂。在我国，教唆未遂依然要受到刑罚处罚。被教唆人如果没有实施教唆者教唆的罪行，不成立共犯关系，只有当被教唆者接受教唆犯的教唆后，教唆犯才能与被教唆者形成共同犯罪，才有可能存在共犯脱离问题。教唆犯之所以成立犯罪，其原因在于引起了被教唆者的犯罪意图，所以被教唆者在着手犯罪实行行为前，教唆犯想要切断因果关系就必须消除被教唆者因被教唆而产生的犯意。如果被教唆者由于教唆犯的劝阻而打消了犯意，此时，因被教唆者不构成犯罪，故教唆犯不能认定成立共犯脱离。在被教唆者着手犯罪实行行为后，此时，教唆犯仅仅是撤回了教唆行为还远远不够，还需要竭力说服被教唆者放弃犯罪意图，让其不能或不敢继续实行被教唆的犯罪行为，如果被教唆者放弃了被教唆的犯罪行为，则教唆犯与被教唆者成立共同犯罪中止，教唆犯的行为不属于共犯脱离。只有当教唆犯撤回教唆，被教唆者因教唆犯的制止而放弃被教唆的犯罪行为，但其后又基于自己的犯意重新实施了先前被教唆的犯罪行为或又实施被教唆的犯罪行为以外的其他犯罪行为时，因教唆犯与被教唆者之间所形成的共犯因果关系被阻断，故教唆犯成立共犯脱离，应对教唆犯以犯罪中止论处。

---

① ［日］大塚仁：《犯罪论的基本问题》，冯军译，中国政法大学出版社1993年版，第278页。

主要参考文献

一、图书

［1］储槐植、江溯著：《美国刑法》，北京大学出版社 1987 年版。

［2］赵秉志主编：《刑法总论》，中国人民大学出版社 2012 年版。

［3］高铭暄主编：《刑法学原理》（第 2 卷），中国人民大学出版社 1994 年版。

［4］马克昌主编：《犯罪通论》，武汉大学出版社 2001 年版。

［5］周光权著：《刑法总论》（第三版），中国人民大学出版社 2016 年版。

［6］高铭暄、马克昌主编：《刑法学》，北京大学出版社、高等教育出版社 2011 年版。

［7］王作富主编：《刑法》，中国人民大学出版社 2011 年版。

［8］陈兴良著：《本体刑法学》，商务印书馆 2001 年版。

［9］蔡墩铭著：《现代刑法思潮与刑事立法》，台湾汉林出版社 1977 年版。

［10］［德］弗兰茨·冯·李斯特著：《德国刑法教科书》，徐久生译，法律出版社 2000 年版。

［11］张明楷著：《未遂犯论》，法律出版社、成文堂 1997 年版。

［12］陈子平著：《刑法总论》，中国人民大学出版社 2009 年版。

［13］黄村力著：《刑法总则比较研究》，三民书局 1995 年版。

［14］刘之雄著：《犯罪既遂论》，中国人民公安大学出版社 2003 年版。

［15］刘宪权主编：《刑法学》，上海人民出版社 2008 年版。

［16］苏惠渔主编：《刑法学》，中国政法大学出版社 2007 年版。

［17］贾宇主编：《刑法学》（上册·总论），高等教育出版社 2020 年版。

［18］高铭暄主编：《中国刑法学》，中国人民大学出版社 1989 年版。

［19］何秉松：《犯罪构成系统论》，中国法制出版社 1995 年版。

［20］苏惠渔主编：《刑法学》，法律出版社 2001 年版。

[21] 张明楷主编：《刑法学》，法律出版社2003年版。

[22] 杨兴培著：《犯罪构成原论》，中国检察出版社2004年版。

[23] [日] 山口厚著：《危险犯的研究》，东京大学出版社1982年版。

[24] 陈兴良著：《共同犯罪论》，中国人民大学出版社2006年版。

[25] 王志祥著：《危险犯研究》，中国人民公安大学出版社2004年版。

[26] 谢望原主编：《刑法学》，北京大学出版社2012年版。

[27]《辞海》（上），上海辞书出版社2009年版。

[28] 何秉松主编：《刑法教科书》，中国法制出版社1997年版。

[29] 徐立著：《刑事责任根据论》，中国法制出版社2006年版。

[30] 黎宏著：《刑法总论问题思考》，中国人民大学出版社2007年版。

[31] 李洁著：《犯罪既遂形态研究》，吉林大学出版社1999年版。

[32] 赵秉志著：《犯罪未遂的理论与实践》，中国人民大学出版社1987年版。

[33] [日] 西原春夫主编：《日本刑事法的形成和特色》，李海东等译，法律出版社、成文堂1997年版。

[34] 鲜铁可：《新刑法中的危险犯》，中国检察出版社1998年版。

[35] 甘添贵：《刑法总论讲义》，中兴大学出版社2003年版。

[36] 陈忠林主编：《刑法总论》，高等教育出版社2007年版。

[37] 蔡墩铭：《刑法总论》，三民书局1998年版。

[38] [日] 木村龟二主编：《刑法学词典》，顾肖荣译，上海翻译出版公司1991年版。

[39] [德] 乌尔里希·贝克：《风险社会》，何博闻译，译林出版社2004年版。

[40] [日] 关哲夫：《现代社会中法益论的课题》//赵秉志主编：《刑法论丛》（第12卷），法律出版社2007年版。

[41] [德] 克劳斯·罗克辛：《德国刑法学总论》（第1卷），王世洲译，法律出版社2005年版。

[42] [日] 大谷实：《刑法总论》，黎宏译，法律出版社2003年版。

[43] 韩忠谟：《刑法原理》，中国政法大学出版社2002年版。

[44] 曲新久：《刑法的精神与范畴》，中国政法大学出版社2000年版。

[45] 刘仁文：《过失危险犯研究》，中国政法大学出版社1998年版。

[46] [法] 卡斯东·斯特法尼等：《法国刑法总论精义》，中国政法大学出版社1998年版。

［47］［日］团藤重光：《刑法纲要总论》，创文社 1979 年修订版。

［48］陈朴生、洪福增：《刑法总则》，台湾五南图书出版公司 1982 年版。

［49］史卫忠著：《行为犯研究》，中国方正出版社 2002 年版。

［50］郑飞著：《行为犯论》，吉林人民出版社 2004 年版。

［51］姜伟著：《犯罪形态通论》，法律出版社 1994 年版。

［52］陈兴良著：《刑法哲学》，中国政法大学出版社 1992 年版。

［53］《日本刑法典》，张明楷译，法律出版社 1998 年版。

［54］［日］大塚仁：《刑法概说（总论）》，有斐阁 1992 年改订增补版。

［55］曲新久主编：《刑法学》，中国政法大学出版社 2008 年版。

［56］陈兴良著：《规范刑法学》（第三版），中国人民大学出版社 2013 年版。

［57］［日］福田平、大塚仁著：《日本刑法总论讲义》，李乔等译，辽宁人民出版社 1986 年版。

［58］赵秉志主编：《刑法学通论》，高等教育出版社 1993 年版。

［59］吴振兴著：《罪数形态论》，中国检察出版社 1996 年版。

［60］马克昌主编：《刑法理论探索》，法律出版社 1995 年版。

［61］［德］弗兰茨·冯·李斯特著：《德国刑法教科书》，徐久生译，法律出版社 2006 年版。

［62］［苏联］皮昂特科夫斯基等著：《苏联刑法科学史》，曹子丹等译，法律出版社 1984 年版。

［63］［法］卢梭著：《社会契约论》，商务印书馆 1962 年版。

［64］马克昌主编：《比较刑法原理》，武汉大学出版社 2002 年版。

［65］陈兴良、周光权著：《刑法学的现代展开》，中国人民大学出版社 2006 年版。

［66］张明楷著：《外国刑法纲要》，清华大学出版社 1999 年版。

［67］［意］贝卡利亚著：《论犯罪与刑罚》，黄风译，中国大百科全书出版社 1993 年版。

［68］朱华荣主编：《各国刑法比较研究》，武汉大学出版社 1995 年版。

［69］［苏联］别利亚耶夫等主编：《苏维埃刑法总论》，马改秀等译，群众出版社 1987 年版。

［70］田宏杰著：《中国刑法现代化研究》，中国方正出版社 2001 年版。

［71］包雯、李玉华：《21 世纪刑罚价值取向研究》，知识产权出版社 2006 年版。

［72］陈兴良著：《刑法的价值构造》，中国人民大学出版社 1998 年版。

［73］李海东著：《刑法原理入门（犯罪论基础）》，法律出版社 1998 年版。

［74］张明楷著：《刑法的基础理念》，中国检察出版社 1999 年版。

［75］《德国刑法典》，徐久生译，中国法制出版社 2002 年版。

［76］［日］平野龙一：《现代刑法的功能》//《现代化Ⅱ——现代化与刑罚》，岩波书店 1965 年版。

［77］王明星著：《刑法谦抑精神研究》，中国人民公安大学出版社 2005 年版。

［78］宁汉林等著：《定罪与处理罪刑关系常规》，人民法院出版社 1998 年版。

［79］［美］美国法学会：《美国模范刑法典及其评注》，刘仁文等译，法律出版社 2005 年版。

［80］赵秉志主编：《犯罪停止形态适用中的疑难问题研究》，吉林人民出版社 2001 年版。

［81］赵秉志主编：《中国刑法案例与学理研究·刑法总则》，法律出版社 2004 年版。

［82］张旭：《英美刑法论要》，清华大学出版社 2006 年版。

［83］杨敦先、张文著：《刑法简论》，北京大学出版社 1989 年版。

［84］刘士心著：《美国刑法中的犯罪论原理》，人民出版社 2010 年版。

［85］［美］乔治·弗莱彻著：《反思刑法》，邓子滨译，华夏出版社 2008 年版。

［86］［日］野村稔：《刑法总论》，青林书院 1993 年版。

［87］李春雷、张鸿巍主编：《外国刑法学概论》，北京大学出版社 2011 年版。

［88］梁剑主编：《犯罪中止比较研究》，中国方正出版社 2002 年版。

［89］陈家林著：《共同正犯研究》，武汉大学出版社 2004 年版。

［90］陈伟强著：《共同犯罪刑事责任研究》，清华大学出版社 2013 年版。

［91］陈子平著：《刑法总论》，中国人民大学出版社 2009 年版。

［92］贾济东著：《外国刑法学原理》，科学出版社 2013 年版。

［93］叶良芳著：《实行犯研究》，浙江大学出版社 2008 年版。

［94］吴振兴著：《论教唆犯》，吉林人民出版社 1986 年版。

［95］陈兴良著：《共同犯罪论》，中国社会科学出版社 1992 年版。

［96］阴建峰、周家海主编：《共同犯罪适用中疑难问题研究》，吉林人民出版社 2001 年版。

［97］［日］大塚仁：《犯罪论的基本问题》，冯军译，中国政法大学出版社 1993 年版。

［98］张明楷：《刑法学》，法律出版社 2016 年版。

［99］赵秉志主编：《刑法论丛》（第 12 卷），法律出版社 2007 年版。

［100］王昭武：《我国“共犯关系的脱离”研究述评》//赵秉志主编：《刑法论丛》（第 12 卷），法律出版社 2007 年版。

二、期刊

［1］刘宪权：《故意犯罪停止形态相关理论辩证》，载《中国法学》2010 年第 1 期。

［2］徐光华：《论我国刑法分则的立法模式》，载《刑法论丛》2009 年第 2 卷。

［3］鲜铁可：《论危险犯概念与特征》，载《法律科学》1995 年第 4 期。

［4］杨兴培：《危险犯质疑》，载《中国法学》2000 年第 3 期。

［5］陆诗忠：《“犯罪既遂形态”的反思与初构》，载《法治研究》2014 年第 10 期。

［6］朱慧灵：《对现有犯罪既遂类型的思考》，载《河南司法警官职业技术学院学报》2011 年第 3 期。

［7］侯国云：《对传统犯罪既遂定义的异义》，载《法律科学》1997 年第 3 期。

［8］李居全：《关于犯罪既遂与未遂的探讨》，载《法商研究》1997 年第 1 期。

［9］温建辉：《论犯罪既遂的标准》，载《广西社会科学》2012 年第 1 期。

［10］段立文：《试论我国刑法上犯罪结果的概念》，载《法学研究》1992 年第 6 期。

［11］孙彩霞、齐文远：《我国危险犯理论通说质疑》，载《环球法律评论》2006 年第 3 期。

［12］徐光华：《排除危险状态行为之认定》，载《河北法学》2009 年第 3 期。

［13］王志祥：《危险犯实行阶段的中止问题研究》，载《云南大学学报（法学版）》2004 年第 3 期。

［14］王志远、李世清：《论犯罪的“既遂后中止”——以危险犯为视角》，载《云南大学学报（法学版）》2006 年第 5 期。

［15］苏彩霞：《危险犯及其相关概念之辨析》，载《法学评论》2001 年第 3 期。

［16］熊选国：《论危险犯》，载《中南政法学院学报》1992 年第 2 期。

［17］许玉秀：《无用的抽象危险犯》，载《台湾本土法学杂志》2000 年第 8 期。

［18］张明楷：《危险犯初探》，载《清华法学评论》1998 年第 1 期。

［19］徐跃飞：《论犯罪既遂的新标准：“期待结果出现说”》，载《湖南社会科学》2016 年第 1 期。

［20］金泽刚、张正新：《行为犯的概念及其既遂形态研究》，载《法商研究》1999 年第 3 期。

［21］张明楷：《新刑法与法益侵害说》，载《法学研究》2000 年第 1 期。

［22］段立文：《结果犯与举动犯术语探略》，载《现代法学》1991 年第 6 期。

［23］张庆立：《情节犯若干基本问题之教义学检视》，载《西部法学评论》2020 年第 2 期。

［24］叶俊南：《犯罪结果概念研究》，载《中国法学》1996 年第 1 期。

［25］贾学胜、梁玉霞：《犯罪预备的立法反思及完善》，载《学术界》2008 年第 3 期。

［26］张明楷：《论刑罚的谦抑性》，载《法商研究》1995 年第 4 期。

［27］刘士心：《犯罪实行“着手”的判断标准新探》，载《天津法学》2010 年第 2 期。

［28］赵秉志：《论实行行为着手的含义》，载《东方法学》2008 年第 1 期。

［29］胡家贵等：《关于犯罪形态的几个问题》，载《政法论坛》1997 年第 6 期。

［30］王昭武：《论中止犯的性质及其对成立要件的制约》，载《清华法学》2013 年第 5 期。

［31］谢雄伟：《对中止犯处罚原则中“损害”概念之界定》，载《法学评论》2006 年第 1 期。

［32］张明楷：《中止犯中的“造成损害”》，载《中国法学》2013 年第 5 期。

［33］赵秉志：《海峡两岸犯罪中止形态比较研究》，载《法制与社会发展》1997年第5期。

［34］徐光华：《排除危险状态行为之认定》，载《河北法学》2009年第3期。

［35］谢望原：《论中止犯减免处罚之根据》，载《华东政法大学学报》2012年第2期。

［36］赵廷光、胡学相：《对“放弃重复侵害行为”质疑》，载《现代法学》1988年第5期。

［37］张明楷：《论放弃重复侵害的行为性质》，载《中外法学》2017年第6期。

［38］荣晓红：《论共同犯罪刑事立法政策》，载《公安学刊——浙江警察学院学报》2016年第3期。

［39］刘宪权：《货币犯罪若干司法疑难问题探析》，载《犯罪研究》2008年第2期。

［40］陆诗忠：《共同犯罪中“一人犯罪既遂则全体既遂”质疑》，载《内蒙古社会科学》2005年第6期。

［41］金泽刚：《论共犯关系之脱离》，载《法学研究》2006年第2期。

［42］洪细根：《英美刑法共犯理论探究》，载《理论界》2007年第3期。

［43］李永升、林培晓：《我国犯罪预备处罚原则的缺陷及立法建议》，载《昆明理工大学学报（社科版）》2008年第11期。

三、论文

［1］苏宏峰：《犯罪未遂基本问题研究》，华东政法大学2011年博士学位论文。

［2］李林：《危险犯研究》，西南政法大学2010年博士学位论文。

［3］张纪寒：《犯罪结果研究》，武汉大学2011年博士学位论文。

［4］苏宏峰：《犯罪未遂基本问题研究》，华东政法大学2011年博士学位论文。

［5］吴波：《共同犯罪停止形态研究》，华东政法大学2010年博士学位论文。

［6］张海枫：《抽象危险犯研究》，中南财经政法大学2017年硕士学位论文。

［7］任江：《犯罪既遂标准问题研究》，西南政法大学2017年硕士学位

论文。

［8］黄俏莉：《犯罪既遂标准研究》，广西民族大学 2016 年硕士学位论文。

［9］周梦凡：《论危险犯中的危险要素》，山东大学 2019 年硕士学位论文。

［10］廖若冰：《危险犯停止形态研究》，西南政法大学 2015 年硕士学位论文。

［11］郭柯言：《不能犯的可罚性研究》，安徽大学 2013 年硕士学位论文。

［12］解婷：《不能犯的可罚性研究》，西南政法大学 2016 年硕士学位论文。

［13］海伟：《犯罪未遂若干问题研究》，中国政法大学 2006 年硕士学位论文。

［14］李辰：《犯罪未遂研究》，中国政法大学 2002 年硕士学位论文。

［15］闫鹏飞：《犯罪预备的司法适用之实证研究》，西南政法大学 2017 年硕士学位论文。

［16］戴李平：《犯罪中止认定中的疑难问题探析》，扬州大学 2017 年硕士学位论文。

［17］邵明：《危险犯的犯罪中止形态基础理论研究》，华东政法大学 2013 年硕士学位论文。

［18］常小红：《中止犯疑难问题研究》，辽宁大学 2018 年硕士学位论文。

［19］尚晓晓：《共犯关系脱离之认定》，西南政法大学 2017 年硕士学位论文。

［20］谭其举：《论共犯关系脱离的相关问题》，西北政法大学 2016 年硕士学位论文。

后　记

在本书的写作过程中，本人收集和参阅了大量的资料，借鉴了一些专著、教材、论文的观点和内容，专家学者们的观点对我启迪很大，可以说，没有这些专家学者们的知识滋养，本书是很难完成的，在此对他们表示衷心的感谢。本书得以付梓，虽然过程艰辛，但是甚感欣慰，并借此机会表达感谢之情。

感谢湖南警察学院使我有机会融入治安系这个光荣的集体，使我能和治安系全体师生共建国家一流专业。感谢治安系王彩元教授、刘振华教授、贺红梅教授、陈俊豪教授、杨继恩副教授、刘力鞍副教授、张献副教授、易轩宇博士以及全系其他所有的老师，是他们的支持和鼓励使我静下心来专注于本书的写作。其中特别要感谢治安系党总支书记刘振华教授，如果没有他的督促和鼓励，对于像我这样怠于写作的人来说，本书可能还在酝酿之中，不会这么快交付出版。感谢湖南警察学院法律系全体老师，尽管我于 2018 年年初经学院党委决定轮岗到治安系，但这些年来他们依然给予我关心，特别是刑法教研室的邢馨宇教授、罗朝辉副教授、邱赛兰副教授、刘传华副教授、杨向华副教授，在本书的写作过程中提供了诸多帮助，提出了许多建设性意见和建议，使我深受启发。

最后，我要特别感谢我的妻子和女儿，是她们的鼓励、关心和爱护，使我没有怠于本书的写作，同时也使我在紧张工作之余感受了家庭给予的轻松和快乐。

由于本人水平有限，书中难免存在缺点、错漏甚至谬误之处，恳请专家、学者、同仁不吝赐教。

徐跃飞

2021 年 9 月 25 日